O BRASIL É UM ESCAMBO

LITERATURA TELÚRICA E MEMÓRIA CULTURAL
O BRASIL E O OUTRO: DA CARTA AO GOLPE

DENEVAL SIQUEIRA DE AZEVEDO FILHO
CINTHIA MARA CECATO DA SILVA
CLÁUDIA FACHETTI BARROS
ELIZABETE GERLÂNIA CARON SANDRINI

Deneval Siqueira de Azevedo Filho
Cinthia Mara Cecato da Silva
Cláudia Fachetti Barros
Elizabete Gerlânia Caron Sandrini

O BRASIL É UM ESCAMBO

LITERATURA TELÚRICA E MEMÓRIA CULTURAL: o Brasil e o outro – da carta ao golpe

EDITORA CRV
Curitiba - Brasil
2017

Copyright © da Editora CRV Ltda.
Editor-chefe: Railson Moura
Diagramação e Capa: Editora CRV
Capa: Idealização – Deneval Siqueira de Azevedo Filho
Caricaturas: Marllus Vinícius B. Teixeira
Revisão: Os Autores

DADOS INTERNACIONAIS DE CATALOGAÇÃO NA PUBLICAÇÃO (CIP)
CATALOGAÇÃO NA FONTE

A993

Azevedo Filho, Deneval Siqueira de.
    O Brasil é um escambo literatura telúrica e memória cultural: o Brasil e o outro – da carta ao golpe / Deneval Siqueira de Azevedo Filho, Cinthia Mara Cecato da Silva, Cláudia Fachetti Barros e Elizabete Gerlânia Caron Sandrini. – Curitiba: CRV, 2017.
298 p.

    Bibliografia
    ISBN 978-85-444-1691-4
    DOI 10.24824/978854441691.4

    1. Literatura brasileira 2. Literatura telúrica 3. Literatura e memória cultural 4. Poesia brasileira contemporânea 5. Teoria e história literária 6. Crítica I. Silva, Cinthia Mara Cecato da. II. Barros, Cláudia Fachetti. III. Sandrini, Elizabete Gerlânia Caron. IV. Título V. Série.

CDD B869.91

Índice para catálogo sistemático
1. Literatura brasileira B869.91

ESTA OBRA TAMBÉM ENCONTRA-SE DISPONÍVEL EM FORMATO DIGITAL.
CONHEÇA E BAIXE NOSSO APLICATIVO!

2017
Foi feito o depósito legal conf. Lei 10.994 de 14/12/2004
Proibida a reprodução parcial ou total desta obra sem autorização da Editora CRV
Todos os direitos desta edição reservados pela: Editora CRV
Tel.: (41) 3039-6418 - E-mail: sac@editoracrv.com.br
Conheça os nossos lançamentos: www.editoracrv.com.br

Conselho Editorial:

Aldira Guimarães Duarte Domínguez (UNB)
Andréia da Silva Quintanilha Sousa (UNIR/UFRN)
Antônio Pereira Gaio Júnior (UFRRJ)
Carlos Alberto Vilar Estêvão (UMINHO – PT)
Carlos Federico Dominguez Avila (UNIEURO)
Carmen Tereza Velanga (UNIR)
Celso Conti (UFSCar)
Cesar Gerónimo Tello (Univer. Nacional Três de Febrero – Argentina)
Elione Maria Nogueira Diogenes (UFAL)
Élsio José Corá (UFFS)
Elizeu Clementino (UNEB)
Francisco Carlos Duarte (PUC-PR)
Gloria Fariñas León (Universidade de La Havana – Cuba)
Guillermo Arias Beatón (Universidade de La Havana – Cuba)
Jailson Alves dos Santos (UFRJ)
João Adalberto Campato Junior (UNESP)
Josania Portela (UFPI)
Leonel Severo Rocha (UNISINOS)
Lídia de Oliveira Xavier (UNIEURO)
Lourdes Helena da Silva (UFV)
Maria de Lourdes Pinto de Almeida (UNICAMP)
Maria Lília Imbiriba Sousa Colares (UFOPA)
Maria Cristina dos Santos Bezerra (UFSCar)
Paulo Romualdo Hernandes (UNICAMP)
Rodrigo Pratte-Santos (UFES)
Sérgio Nunes de Jesus (IFRO)
Simone Rodrigues Pinto (UNB)
Solange Helena Ximenes-Rocha (UFOPA)
Sydione Santos (UEPG)
Tadeu Oliver Gonçalves (UFPA)
Tania Suely Azevedo Brasileiro (UFOPA)

Comitê Científico:

Andre Acastro Egg (UNESPAR)
Andrea Aparecida Cavinato (USP)
Atilio Butturi (UFSC)
Carlos Antônio Magalhães Guedelha (UFAM)
Daniel de Mello Ferraz (UFES)
José Davison (IFPE)
José Nunes Fernandes (UNIRIO)
Janina Moquillaza Sanchez (UNICHRISTUS)
Luís Rodolfo Cabral (IFMA)
Patrícia Araújo Vieira (UFC)
Rafael Mario Iorio Filho (ESTÁCIO/RJ)
Renata Fonseca Lima da Fonte (UNICAP)
Sebastião Marques Cardoso (UERN)
Valdecy de Oliveira Pontes (UFC)
Vanise Gomes de Medeiros (UFF)
Zenaide Dias Teixeira (UEG)

Este livro foi avaliado e aprovado por pareceristas *ad hoc*.

CINTHIA MARA CECATO DA SILVA

Aos meus pais, Cleres e Rosa, raízes telúricas que permitiram o meu florescer por vários caminhos por onde, até hoje, passei.

CLÁUDIA FACHETTI BARROS

*Para meus amores mais que especiais:
Franciscarlos, João Carlos e Francisco
– pelo amor, carinho e compreensão
nessa bela e difícil jornada que é viver!*

DENEVAL SIQUEIRA DE
AZEVEDO FILHO

À minha rainha mãe, arte da minha vida, esteio dos meus sonhos e vida da minha vida.

ELIZABETE GERLÂNIA
CARON SANDRINI

Para Ataide Sandrini – meu amor, companheiro incondicional em todo e qualquer momento – e para meus amados filhos – Kamili e Pedro Henrique – minhas grandiosas bênçãos e razão do meu viver.

Machado de Assis e Mário de Alencar apeiam no largo do Machado.

Descem do bonde como se fossem pai e filho. Continuam a prosa animada enquanto esperam no largo o bonde para a Bica da Rainha.

O primeiro bonde chega e é dispensado por eles; chega o segundo, o terceiro... Finalmente, o escritor sexagenário trepa no estribo com a ajuda do mais jovem. Acomoda-se no assento e se despede. O bonde sobre a Rua das Laranjeiras e leva o passageiro até as águas verruginosas da Bica da Rainha, lá no alto do Cosme Velho. O discípulo dá adeus ao Mestre. Triste e meditativo, Mário retoma o bonde que segue pela rua Senador Vergueiro e, ao contornar o morro da Viúva, ele continua a viagem em ausência pelo bonde Stephenson, pintado em flamejante amarelo pela Companhia de São Cristóvão.

(Silviano Santiago)

Um homem tem muitas mortes:
aquela que irá morrer porque nasce
aquela que matará o seu batismo
ou o simples nome que lhe é atribuído,
enfim, todas aquelas em que morrerão
as máscaras sociais
com que foi sendo vestida sua vida.

(Silviano Santiago)

SUMÁRIO

A LITERATURA QUE DEFECA NOSSA MISÉRIA CARRANCUDA..............21
O resumo da carta..............24

APRESENTAÇÃO TEÓRICO-METODOLÓGICA..............37
Diáspora Judaica..............38
Diáspora africana e chinesa..............38
Literatura Telúrica..............39
Escambo..............42

1. TRANSMITINDO CULTURA: a catequização dos índios do Brasil,
1549-1600 – o escambo divino..............45
1.1 A Catequese e o escambo divinatório..............46
1.2 A catequese salvacionista..............47
1.3 O teatro e o escambo divinatório..............48
1.4 A catequese legalista..............49
1.5 Os índios..............49
1.6 O escambo do idioma..............50

2. A LITERATURA DA COLÔNIA: Gregório de Matos Guerra – a poesia satírica, a terra, as gentes e o escambo..............53

3. NA TERRA DE MÚCIO DA PAIXÃO, POETAS DE CAMPOS DOS GOYTACAZES E A POESIA TELÚRICA E DE MEMÓRIA CULTURAL:
Adriano Moura, Flavia D'Angelo e Zedir de Carvalho Nunes..............65
3.1 Adriano Moura..............65
3.2 Zedir de Carvalho Nunes e as aldravias – poesia minimalista..............74
3.3 A poética catártica com traços cubistas de Flavia D'Angelo..............77

4. O ESCAMBO NA GEOPOÉTICA DE LUIZ GUILHERME SANTOS NEVES: as muitas formas de colonização presentes em seu discurso pós-colonial..............83
4.1 Apresentando o escambo na geopoética do capixaba –
Luiz Guilherme Santos Neves..............83
4.2 As muitas formas de colonização presentes no discurso pós-colonial de LGSN..............89
4.3 Retratos do colonizador e do colonizado na representação literária de LGSN: vozes historicamente silenciadas em processo de revanche......103

4.4 Na narrativa telúrica de LGSN, Clíope reflete a retórica europeia da "descoberta" do Novo Mundo e a experiência do colonizado 118

5. O REALISMO MÁGICO E A LITERATURA TELÚRICA NA POÉTICA DE BERNADETTE LYRA EM SUA GÊNESE: o conto – do Jardim das Delícias ao Parque das Felicidades e a literatura telúrica e a memória cultural em *A Capitoa*............ 139
O Parque Moscoso fica no centro de Vitória... 140
A Capitoa............ 150

6. NO TRANSE TELÚRICO DA PERSONAGEM FABIANO, DE GRACILIANO RAMOS: o devir rizomático de uma *vida seca* diaspórica 157
6.1 O "transe": da arte literária graciliânica à personagem Fabiano 157
6.2 O telúrico: do romance à personagem 162
6.3 Diáspora: a experiência-limite das *vidas secas*............ 164
6.4 Fabiano: o devir rizomático de uma *vida seca* diaspórica............ 178

7. O TELURISMO COMO REPRESENTAÇÃO DA BRASILIDADE: a terra-pátria sob o juízo de Lima Barreto............ 201
7.1 O espaço estético de Lima Barreto e as marcas telúricas em *Triste fim de Policarpo Quaresma*............ 207
7.2 O obceno da identidade nacional: o telúrico como instrumento de desconstrução 219
7.3 O bovarismo como matriz de explicação do Brasil na narrativa barretiana 236

8. A PENA CRÔNICA DE HILDA HILST E A CARA DO BRASIL: um país de memória cultural escrita ao rés do chão............ 251

9. Ó, DE NUNO RAMOS: o espanto das máscaras mortuárias – a nova literatura brasileira contemporânea do século XXI, "uma literatura exigente"............ 271

10. *MACHADO*, DE SILVIANO SANTIAGO: uma trama romanesca ensaística e documental de memória cultural 281

BIODATAS DOS AUTORES............ 295

A LITERATURA QUE DEFECA NOSSA MISÉRIA CARRANCUDA

"Estamos de quatro diante do mundo", estamos de costas para nossa latino-brasilidade, estamos sendo esmagados pelo escambo, neopentecostal, arlequinal, pagão, antiminorias, anti-igualdade racista, antigay, antitudo, desde que privilegie os ladrões e vendilhões do templo-congresso-planalto central, alvorada do nosso retrocesso, jaburu do nosso pantanal, das nossas riquezas, corvo do planalto central. Estou vendo enterradas nossas raízes mais telúrico-culturais. A mim, escolhido pelas nobres colegas que fazem parte deste projeto ousado, coube escrever este prefácio. E lá me vou, de cócoras, defecando nossa miséria carrancuda e dolorida, babando nosso silêncio diante deste Brasil infame dos doleiros, dos políticos de alcova, dos papagaios de pirata.

Fomos achados, fomos colonizados, fomos todo o tempo explorados, continuamos sendo golpeados pelo espelho do colonizador-mentor da nossa desgraça federal, republicana, tão clarividente na *Carta de Achamento do Brasil*, de Pero Vaz de Caminha, enviada ao Rei Dom Manoel de Portugal, para lhe falar da fartura e da fratura estrutural de nossa terra e da nossa gente.

Desse debate, surge o nosso pigarro, metáfora de nossas reflexões acerca do escambo telúrico, da ruína do transe terral, do arregaço divinatório e da exploração humana e material: o pigarro, em engasgo, é a pergunta fundamental que pode nortear o nosso leitor no roteiro-argumento desse livro: Até que ponto nossa Literatura Brasileira pode performatizar o enredo de nossos infortúnios desde o achamento de nossa Pátria "mãe gentil tão distraída", tão maltratada, tão adormecida pelo escambo capitalista e mercadológico/tecnológico? Eis a questão. Fomos seguindo o chamamento. Um chamamento profético. Um quê de usura, mas também de gozo; de febre e jejum, mas também de gula; de vontade mnemônica e de escarro! Fora, Fu! Fora, Fu!, já nos ensinara Mário de Andrade, estrela de nosso modernismo.

Também me coube escrever, juntamente com minhas parceiras, sobre os escambos vários representados em nossa Literatura, sobre Memória Cultural e seus vários desdobramentos, já que uma coisa vai puxando a outra; tipo uma contaminação, esta de gosto de amora, de bom tom estilístico – repositório do nosso maior amor – a arte das Letras, no fio de Ariadne!

Mas como expulsar esses burgueses? Como construir este oxímoro de, ao expulsá-los por odiá-los, dar a graça de ter sido a Literatura, – tão amada! – a voz que perpassou o pigarro e que aliviou a febre e o jejum?

Ode ao Burguês é o nono poema da obra *Paulicéia desvairada*, de Mário de Andrade. Foi lido durante a Semana de Arte Moderna de 1922, para o espanto da plateia, alvo evidente dos versos:

> *Eu insulto o burguês!*
> *O burguês-níquel,*
> *o burguês-burguês!*
> *A digestão bem-feita de São Paulo!*
> *O homem-curva!*
> *O homem-nádegas!*
> *O homem que sendo francês, brasileiro, italiano,*
> *é sempre um cauteloso pouco-a-pouco!*

Em *Ode ao Burguês*, Mário de Andrade atacou as elites retrógradas. O poema caracteriza uma fase do Modernismo marcada pelo empenho na destruição de um passado literário, político e cultural que mantinham a sociedade brasileira atada a modelos e comportamentos que vigoraram em fins do século XIX.

Tomo-o como mote para este prefácio. O que quer este projeto, o que pretendem estas escritas: O BRASIL É UM ESCAMBO, Literatura Telúrica e Memória Cultural – O Brasil e o Outro: Da Carta ao Golpe?

Pois bem. Nosso "passado literário". Nosso "presente literário". Hão de mostrar a cara de quê? Ou de quem? E com os seus olhos de quê ou de quem?

Coube a mim, reitero, a priori, a desova das primeiras ideias ainda bastante lacônicas, pois que truncadas. Historicamente, tínhamos os golpes, todos! E uma historiadora de mãos cheias, a Profa. Dra. Cláudia Fachetti Barros. Muito bom! Tinhamos também minha ousadia hilstiana, isso muito me enobrece, e minha ousadia de monasta transgressor. Uma pepita de cobre e pesada ancestralidade: ferro e estanho. Também serviu. A Carta e o escambo: nos incendiaram a mente! Eis a nossa "Primeira Missa"!

Mas quem? Machado de Assis com a "Igreja do Diabo"? "A Teoria do Medalhão"? Sim, também! Liberdade é o que queremos! Então vamos a Silviano Santiago, a Graciliano Ramos? Ouvi sim de minhas doutoras tão empolgadas! Uma viagem a Silviano! Que tal? Mas queremos o quê? – Liberdade!!! Da Terra, da nossa Pátria! Justiça!

Em liberdade (SANTIAGO, 1981) foi considerado pelo crítico literário Fábio Lucas – em matéria no *Jornal da Tarde* – uma das obras que melhor representa a ficção, a poesia e a ensaística brasileiras do século XX. Uma Ode ao que pretendíamos, via Literatura Telúrica e Memória Cultural, que fosse o nosso livro!!! E também houve um conjunto de críticos da *Folha de S. Paulo*, há algum tempo, listou o livro entre os dez melhores romances brasileiros dos últimos 30 anos. Passando pela história de Cláudio Manoel da Costa, no século XVIII, *Em liberdade* pauta-se em Graciliano Ramos, mas chega a Wladimir Herzog, discutindo a questão do intelectual e o poder. Para Santiago, o livro é um grande mergulho na realidade brasileira. "Uma tentativa de integrar o Brasil, levando em conta seu dilaceramento", afirma ele. Desde quando foi publicado – na década de 80 – *Em liberdade* tem suscitado diversas interpretações. A reação da crítica foi entusiástica e salientava a audácia da proposta ficcional. Para os leitores, o romance causou grande rebuliço por ir contra a maré do início dos anos 80, pois se tratava de um livro que enfatizava a liberdade no momento em que, apesar de ser importante o problema da reconstrução da democracia no país, os relatos de prisão eram dominantes nas livrarias. Publicado originalmente no início dos anos 1980, quando os relatos de prisão dominavam a cena literária brasileira, *Em liberdade* causou rebuliço ao abordar justamente o oposto das "memórias do cárcere". O que teria sentido o escritor Graciliano Ramos, em 1937, ao arriscar os primeiros passos em liberdade, depois de um ano encarcerado? No livro, Santiago apresenta uma ficção "alterbiográfica", recriando Ramos política e existencialmente. Para mergulhar nesta história, ele estudou durante quatro anos a vida do escritor alagoano, sua obra, pesquisou jornais, revistas e livros da época e consultou mapas do Rio de Janeiro de então. "A partir deste material deixei que minha imaginação delirasse. Para mim foi uma coisa mágica, como se eu estivesse psicografando", conta ele.

Isso! É o que queremos psicografar! Da Carta ao Golpe! Mas são vários os golpes! Somos quatro! E a Carta? O que nos interessa da Carta é que foi ela que propôs o "nela se plantando tudo dá!". E deu! O escambo foi plantado: O Brasil é um escambo! Bom título! A essa altura já éramos Dra. Cinthia Mara Cecato da Silva (Ufes), Dra. Cláudia Fachetti Barros (Ufes), Dr. Deneval Siqueira de Azevedo Filho (Unicamp, ACL, Fairfield University, SUNY, ASU, ex-Ufes, pois que se aposentou) e Dra. Elizabete Gerlânia Caron Sandrini (Ifes).

– E a Ode ao Burguês, de Mário de Andrade? Ah, já sacaram!!! Deixa pra lá. Hoje todo mundo é burguês. É? Não bateram panelas? Ahn? Nossa latinidade? Nossa brasilidade? Em Liberdade?

Não abro mão de Hilda Hilst (aliás, lembre-me de fazer uma oração!) em prol do Brasil, já que dizem que Santo Expedito é o Santo das causas perdidas. Ah, de alguns grandes poetas campistas, de Literatura do Espírito Santo, de falar das Diásporas, do *Machado*, de Silviano! Era muita coisa! O Brasil é muita coisa! Nossas perdas são muito grandes! Mas e então? Deu no seguinte, esse escarro-desabafo, ensaístico, a 4 cabeças e 4 mãos, para tentar "um transe" orientado no leitor:

O resumo da carta

A carta que Pero Vaz de Caminha escreveu para D. Manuel, o rei de Portugal na época do descobrimento do Brasil, relata com detalhes a chegada dos portugueses no Brasil, como foram os primeiros contatos destes com os indígenas e, a partir desta carta, podemos perceber as intenções portuguesas quanto à nova terra e o que seria dela depois de então.

A partida da frota portuguesa de Belém, Portugal, ocorreu no dia 9 de março, a chegada às Ilhas Canárias no dia 14 do mesmo mês e no dia 22 chegaram à Ilha de São Nicolau. No dia 21 de abril toparam com os primeiros sinais de terra, o que eles chamam de botelho, espécie de ervas compridas. No dia seguinte houve o avistamento de terra, que foi chamada de Terra De Vera Cruz, a qual tinha um monte alto que recebeu o nome de Monte Pascoal.

Avistaram os primeiros habitantes da terra, os quais eram, de acordo com a descrição de Caminha, pardos, um tanto avermelhados, de bons rostos e narizes, nus, traziam arcos e setas, o beiço de baixo furado com um osso metido nele, cabelos corredios e corpos pintados. Com eles tentaram estabelecer um primeiro contato, o que foi uma surpresa, pois um deles começou a apontar para o colar de ouro do capitão da frota e, em seguida, para a terra, como se quisesse dizer que naquela terra havia ouro. A mesma coisa ocorreu com o castiçal de prata e o papagaio. Ao verem coisas que não conheciam, faziam sinais, dando-se a entender que queriam propor uma troca.

Conclui-se então que desta forma começou a troca de ouro, prata e madeira por quinquilharias vindas da Europa. Os portugueses traziam os indígenas para as embarcações a fim de estabelecer um melhor contato com os indígenas. No início, eles mostraram-se muito esquivos, mas com o passar dos dias passaram a conviver mais com os portugueses e, até mesmo, ajudá--los no que precisavam e levá-los às suas aldeias.

Os portugueses realizaram uma missa, construíram uma enorme cruz. Tudo para mostrar aos nativos o acatamento que tinham pela cruz, ou melhor, pela religião. Desde já, possuíam a vontade de convertê-los à igreja, tendo em vista, sua inocência, já que faziam tudo o que os portugueses faziam ou mandavam... A intenção de dominá-los é facilmente observada na seguinte passagem: "Contudo, o melhor fruto que dela se pode tirar parece-me que será salvar esta gente". Eis que surge, no Brasil, o escambo!

Toda a parte de apresentação teórico-metodológica do que interessava a nós explorar em função da trajetória do livro, cujo título, *O Brasil é um escambo, Literatura Telúrica e Memória Cultural: O Brasil e o Outro – Da Carta ao Golpe* já previa, por concordância pós-*Ode ao Burguês* que trilharia por uma troca integral das pesquisas, leituras e conhecimentos dos pesquisadores que leriam suas respectivas escrituras, dando um formato daquilo que Roland Barthes chamou de Bricolage, que é senão a prática do fragmento no texto já fragmentado em função do objetivo a ser perseguido que foi surgindo dos nossos conhecimentos mais básicos e trocas coordenadas sobre o conhecimento da Carta e os objetivos a serem alcançados; e também as noções de Devir, de Deleuze e Guatarri, além dos conceitos de escambo e seus devires, de Memória cultural, de de tantos outros aspectos da teoria e história literária que aparecem no texto "em transe". Assim o fizemos *vis-à-vis*.

Todos escrevemos, usando da troca de ideias a apresentação teórico--metodológica, visando à busca da integralidade semântica do escambo, das diásporas e, essencialmente, do escambo divinatório, que depois é retomado por Cláudia Fachetti Barros e por nós mesmos em vários momentos da Literatura Brasileira do Espírito Santo, na obra de Luiz Guilherme Santos Neves: "Para tal empreitada, iniciamos nossa escrita focados na *Carta de Achamento do Brasil* e a questão da catequese, que consideramos um "Escambo Divinatório": sobre tal aspecto a Carta de Caminha surge como um testemunho impressionista da terra achada, um documento literário que questiona, sob suas impressões, as novas, sim, novas realidades do Eldorado e transmite-as ao Rei em tom profético".

Ainda, no Capítulo I, exploram-se Historicismo e Literariedade NA CARTA porque entende-se que seja um documento impressionista, escrito à luz do espanto de Caminha; o escambo e sua projeção nos dias de hoje; o transe, a Outridade, a Catequese e os Escambos-divinatórios na catequese; a catequese salvacionista e reações; o teatro como meio de erradicar o escambo divinatório e, consequentemente e por fim, a força maior do golpe colonizador: a catequese legalista e o escambo do idioma X a reação dos nativos: "O que poderia pensar o índio ao tomar conhecimento de tantos misteriosos ordenamentos? No seu catecismo havia uma lista, em português e tupi, de vinte e quatro impedimentos matrimoniais. Não adiantaria nenhuma explicação! Era-lhes inacessível a chave de tão complexa sociedade".

No segundo capítulo, intitulado **A LITERATURA DA COLÔNIA: GREGÓRIO DE MATOS GUERRA – A POESIA SATÍRICA, A TERRA, AS GENTES E O ESCAMBO,** faz-se a leitura de "Ó Triste Bahia", de Gregório de Matos Guerra, o Boca do Inferno, não somente visando a enfatizar as características da poesia satírica do poeta, mas também sua angústia diante da situação em que se encontrava a Bahia nas mãos dos então "mulatos desavergonhados", em pleno ciclo da exploração do comércio de açúcar, de uma nova classe de mercenários e embusteiros a surgir e a enriquecer: Este ensaio apresenta, além de uma análise estética e do transe do poema "À cidade da Bahia", de Gregório de Matos Guerra, sua relação com a identidade das gentes, da moral e do escambo na colônia, muito presente nos poemas do Boca do Inferno, alcunha do poeta. Nesse texto, primeiramente, identificamos uma sátira que vai além do ataque contundente ao seu meio social, atitude que o tornou tão famoso e polêmico (haja vista, na crítica brasileira, o estudo de sua obra e o grande embate crítico-teórico entre Haroldo de Campos e João Adolfo Hansen sobre muitíssimas questões) manifestando sentimentos, como nostalgia e angústia, o que lhe confere uma tonalidade particularmente lírica. Esta análise divide, para facilitar seu transe, o poema gregoriano em duas partes: com os quartetos de um lado, desconstruindo a forma e o tema, fortalecendo nossa teoria do escambo, e, consequentemente, como sua literatura nos mostra no Brasil escambo daquela época; e os tercetos de outro, para arrematarmos com a teoria que introduzimos neste livro de ensaios, da troca, da mercadoria e da religião. Portanto, esta leitura explora, também, a dualidade temática e a estrutura do poema. Consideremos o poema abaixo, tomado da edição organizada por José Miguel Wisnik (1976).

"A última estrofe apresenta um tom optativo. Irritado com os desastres, o eu poético deseja falência total para a Bahia. De fato, "capote de algodão" é uma metonímia que indica condição humilde, estado de pobreza mesmo. Uma agressividade assim é inerente à sátira: "A sátira e, mais ainda, o *epos* revolucionário são modos de resistir dos que preferem à defesa o ataque" (BOSI, 1977, p. 160).

Por último, neste capítulo, mostra-se que, num poema como esse, o seu sentido profundo acaba sendo o significado aparente multiplicado por recursos da linguagem poética de que o autor lançou mão para organizá-lo. Na verdade, quase tudo concorre para indicar e sabiamente reforçar a imagem de um mundo implacavelmente transtornado pelas mudanças mais corruptas trazidas pela continuidade e aumento do escambo [...]".

"Ode ao burguês nádegas!"

O capítulo III, **NA TERRA DE MÚCIO DA PAIXÃO, POETAS DE CAMPOS DOS GOYTACAZES E A POESIA TELÚRICA E DE MEMÓRIA CULTURAL: ADRIANO MOURA, FLAVIA D'ANGELO E ZEDIR DE CARVALHO NUNES**, faz uma homenagem ao grande dramaturgo e escritor campista-goitacá Múcio da Paixão, meu patrono na cadeira que ocupo na Academia Campista de Letras. De que forma? Fazendo a leitura poética de três escritores da planície fluminense: Adriano Moura, Zedir de Carvalho Nunes e Flavia D'Angelo. São de Adriano os poemas iniciais, este escritor, professor, ator, dramaturgo e multiartista: "Em vez de mediações empíricas, o eu-lírico, apesar de não ser a nenhum momento vulgar, deixa o leitor mais distraído inclinado a dar sua alma na concretitude do poema, estabelecendo um transe correlacionado às verdades do mundo cotidiano, em voz poética do eu, com seu próprio conteúdo de vida, de catarse, de gozo e significado, com as manifestações líricas do mundo teluricamente, resultando, no leitor, no transe, a intuição empírica adequada do homem primitivo, mas contemporâneo em sua experiência particular e em face do que nela não pode ser entendido à base de outros eventos, mas que somente pode ser apreendido enquanto *poíesis* em si mesmo como o símbolo de um contexto secreto, supracausal, com o signo intangível do mundi absolutamento telúrico".

Zedir de Carvalho Nunes se faz presente com suas famosas Aldravias. "ALDRAVIA tem origem em "aldrava", batedor, argola de metal com que se bate às portas para que estas sejam abertas por quem está dentro da casa. Era comum na maioria dos casarões antigos de Mariana, Sabará, Ouro Preto e outras cidades mineiras. Tem, portanto, um caráter telúrico-cultural, de uma determinada região do país. O movimento aldravista se propôs a criar uma arte que chama atenção, que insiste, "que abre portas para as interpretações inusitadas dos eventos cotidianos, em relatos daquilo que só o artista viu". Leram-se alguns poemas bem relevantes no que diz respeito a essa modalidade lírica tão singular e que presenteia a planície diariamente.

Flavia D'Angelo, multiartista, "sua poesia parece sempre quando vem aos nossos olhos um grito retido numa zona de guerra. No entanto, cortada pelas formas geometrais de seu contexto meio infernal, seus versos literalmente nos jogam no campo da zona erógena, do erotismo mais que alimento pois se trata de uma poesia que é autofágica e provém muito mais da necessidade da autora de performatizar suas misérias carnais que, na *poíesis*, se fazem mutação, num vaivém lírico de extremado despudor, sem que isso desmereça seus jogos da libido mórbida:

1-
semântica escrita
estória
denotativa recíproca
linhas mãos suas
leitura cria
palavras lidas
tua verdade
troca me dara
divergi gramática
conotativa resposta
revelou tempo
reciprocidade
texto em lápis
desprezo teu dissertara
amor que nunca
me escreveu...

No capítulo IV, apresenta-se **O ESCAMBO NA GEOPOÉTICA DE LUIZ GUILHERME SANTOS NEVES: AS MUITAS FORMAS DE COLONIZAÇÃO PRESENTES EM SEU DISCURSO PÓS--COLONIAL**, uma análise muito rica em detalhes e historiografia, em que é analisada detalhadamente a obra literária do historiador e literato Luiz Guilerme Santos Neves: "O olhar de extensão do autor capixaba está centrado em sua vertente telúrica: a terra e o povo capixaba. Referência em beleza natural e famoso pela culinária à base de peixes e frutos do mar, o **Espírito Santo,** narrado por LGSN, vai além das suas praias e do clima ameno de montanha: possui múltiplas riquezas naturais de norte a sul de seu território. As belezas naturais variam de mar à montanha, das águas turvas dos manguezais às águas cristalinas das lagoas, de serras antigas cobertas por matas inexploradas a pontões rochosos, entre outros vários chamarizes que, em cada região do Estado, possuem características paisagísticas singulares.

Em sua construção poética da região são frequentes alusões sobre o espaço geográfico e a natureza vibrante, em uma tentativa de figurar a terra como um espaço privilegiado. As paisagens naturais e manifestações culturais são fonte de inspiração para esse literato que as moldam em palavras e as transformam em imagens poéticas, fruto de uma postura imaginativo-figurativa do ambiente advindas da imaginação e experiências pessoais do autor.

Investigar essa veia telúrica na obra do capixaba e perceber a inserção do espaço geográfico e caracterizações culturais derivadas da relação espaço--homem na poética é nosso foco para este capítulo. E, ainda: compreender de que maneira o conceito de ambiente adentra o espaço literário do navegante do imaginário[1]. Esses objetivos nos conduzem a uma alusão que o autor faz, em suas obras, da tradição pesqueira e da herança da cultura indígena e negra revelando como essas vertentes culturais influenciaram profundamente esse povo. Na culinária a influência é sentida tornando-a eclética, produto de muitas influências dos habitantes locais como: portugueses, africanos e povos do norte da Europa. Ao mesmo tempo em que apresenta a culinária capixaba e suas paisagens locais exuberantes, o literato, de forma pitoresca, vai tecendo em seu discurso as muitas formas de colonização presentes no discurso pós-colonial capixaba".

O capítulo V, **O REALISMO MÁGICO E A LITERATURA TELÚRICA NA POÉTICA DE BERNADETTE LYRA EM SUA GÊNESE: O CONTO – DO JARDIM DAS DELÍCIAS AO PARQUE DAS FELICIDADES E A LITERATURA TELÚRICA E A MEMÓRIA CULTURAL EM *A CAPITOA***, analisa a obra de Bernadette Lyra, autora capixaba de renome nacional na historiografia, prêmios e importância para a Literatura Brasileira Contemporânea, desde seus primeiros contos ao seu último romance, "Bernadette Lyra, encontram-se os contos que representam a Literatura Telúrica e Mágica do Espírito Santo no contexto brasileiro, universalizando-se também enquanto latinidade, tornando-a uma das maiores representantes dos escritores que marcam sua escrita pelos aspectos mais importantes da memória cultural:

1. O desaparecimento do velho romance "criollista", de tema rural, e o surgimento do neo-telurismo urbano; 2. O desaparecimento do romance "engajado" e o surgimento do romance "metafísico"; 3. A tendência a subordinar a observação à fantasia criadora e à mitificação da realidade; 4. A tendência de enfatizar aspectos ambíguos, irracionais e misteriosos da realidade e da personalidade, desembocando, às vezes, no absurdo como metáfora da existência humana; 5. A tendência a desconfiar do conceito de amor como suporte existencial e de enfatizar, em troca, a incomunicabilidade e a solidão do indivíduo. Antirromantismo; 6. A tendência a desprover de valor o conceito de morte num mundo que, por si só, é infernal; 7. A revolta contra toda espécie de tabu moral, sobretudo aqueles relacionados à religião e à sexualidade. A tendência paralela a explorar a tenebrosa magnitude de nossa vida secreta; 8. Um emprego maior de elementos eróticos e humorísticos; 9. A tendência a abandonar a estrutura linear, ordenada e lógica, típica do romance tradicional (e que refletia um mundo concebido como mais ou menos

---

[1] LGSN na crônica: "Vilão Farto do Capitão dos Sonhos", refere-se ao capitão Vasco Fernandes Coutinho como navegante do imaginário. Tal expressão foi posteriormente usada por Maria Thereza Coelho Ceotto (2000) em sua obra homônima para fazer referência ao próprio literato. O que também faremos aqui.

ordenado e compreensível), substituindo-a por outra estrutura baseada na evolução espiritual do protagonista, ou com estruturas que refletem a multiplicidade do real; 10. A tendência a subverter o conceito de tempo cronológico linear; 11. A tendência a abandonar os cenários realistas do romance tradicional, substituindo-os por espaços imaginários; 12. A tendência a substituir o narrador onisciente em terceira pessoa por narradores múltiplos ou ambíguos; 13. Um emprego maior de elementos simbólicos.

O aspecto extraordinário e fantástico sempre esteve presente na Literatura. Desde a relação íntima entre deuses e homens de Homero, onde as divindades interferiam na vida mundana, participavam ativamente dos eventos, o sobrenatural e o inexplicável foram incorporados pela Literatura e utilizados para expressar uma verdade maior. A realidade, tal qual, fornecia os elementos básicos da narrativa literária, posto que os autores eram pessoas como outras quaisquer e buscavam em suas épocas e no comportamento de seus contemporâneos a inspiração; no entanto, a verdade pertencia a um plano superior, algo próximo a um platonismo literário, no qual a verdade sempre estaria para além do que os olhos enxergavam – o Livro do Mundo sempre nos remetia ao Livro do Universo, o microcosmo como manifestação do macrocosmo. Fosse no contexto clássico, com o panteão grego ou romano, fosse no contexto cristão, com uma divindade todo-poderosa, a tradição literária expressou, em vários momentos, suas mensagens através do fantástico: Dante desceu aos infernos, conduzido pelo poeta romano Virgílio, para se encontrar com sua Beatrice; as lendas do ciclo arturiano apresentaram cavaleiros em busca do mítico Santo Graal; em Rabelais, os gigantes Gargântua e Pantagruel atravessavam a França, guerreando e festejando, e partiram em busca de Théleme, uma abadia fictícia onde poderiam encontrar a verdade; Fausto entregou a alma a Mefistófeles em troca da sabedoria. De fato, o fantástico não permeava apenas as obras ficcionais, mas também narrativas que se pretendiam verídicas. Em Heródoto, o extraordinário estava presente o todo tempo, mesclado a eventos históricos, e a própria Bíblia propaga tradições orais calcadas no fantástico, tais como os milagres e ressurreição de Jesus. E esta predominância do mágico não era um problema para autores e leitores, até o Racionalismo entrar em cena e, como afirmou Descartes, daquele ponto em diante só se poderia confiar no "certo e indubitável", e não mais em meras fantasias (Meditações Metafísicas, 1641).

Ao falar de Bernadette Lyra, Francisco Aurélio Ribeiro (1990, p. 41) afirma ser a escritora "um nome ímpar na literatura capixaba contemporânea". Concordo. A gênese da sua alta literatura está no livro de contos, *As contas no canto* (1981), premiado no Concurso Fernando Chinaglia, que apresenta como marcas principais a extrema capacidade de síntese (contos com cerca de dez linhas), um gênero muito caro à autora, e lirismo, aliados à acidez, à ironia e uma postura cética diante da vida, das mazelas da burguesia e do barroquismo humano – contradições, paradoxos e ambiguidades. É uma autora que "persegue o sublime por vias avessas, sempre na tentativa de violá-lo, por meio de uma clara e intensa excitação dos narradores pelo perverso e insólito" (AZEVEDO FILHO, 2006, p. 23) originados em sua força imaginativa. O texto de Bernadette é caracterizado, vigorosamente, desde seus primeiros contos, pela transgressão, aquela que alfineta tabus. Rompe com o cânone ao convidar o leitor a "olhar" os clássicos de modo a (des)construí-los e pastichá-los, sempre que nos propõe uma aproximação para (re)pensar as convenções e a ordem estabelecida. Assim, sua poética assume o culto do (re)novo, do (re)lido, do dialogismo e da farra intertextual para estabelecer uma contemporaneidade que tenta romper com a tradição, apesar de sempre se justapor a ela quando a revisita. Exemplo mais concreto é o valoroso conto "Branca de Neve e um Anão" (AZEVEDO FILHO, 2006, p. 21).

Uma Ode a Branca de Neve! Uma Ode aos anões, aqui estereótipos do grotesco e da Memória Cultural do circo. O circo telúrico que pode ser a literatura de Bernadette Lyra: Um Parque das Felicidades!

No capítulo VI, **NO TRANSE TELÚRICO DA PERSONAGEM FABIANO, DE GRACILIANO RAMOS: O DEVIR RIZOMÁTICO DE UMA *VIDA SECA* DIASPÓRICA**, vemos "Em *Vidas secas* (1938), o interlocutor atento acompanha a crise da natureza, do homem, das formações sociais, políticas e econômicas. Inicialmente, o princípio do conflito é o sofrimento que surge, em meio à paisagem árida e infértil do sertão nordestino que empurra uma família de pobres miseráveis pela caatinga, enquanto estes procuram um lugar menos agreste para viver, na verdade, para sobreviver. O decorrer da narrativa, entretanto, desvela, em grande medida, a consciência coletiva da situação social, política e econômica não somente de uma região, uma vez que o sertão nordestino de Graciliano Ramos é o mundo. O resultado é o "transe telúrico" de um território envolto por situações violentas, não apenas por causa da natureza hostil, mas também da sociedade. As personagens, além de parecerem com a terra e se confundirem com a paisagem, trazem em si outros traços, os da consciência. Esta também segue a natureza, pois vincada pelo devir rizomático da vida seca diaspórica da personagem Fabiano, evidencia "o transe telúrico" de uma região, de um povo, melhor, de toda uma nação. Mediante todo esse contexto, convidamos você, leitor, a adentrar a este "transe telúrico" que, conforme verá, também é seu, pois a realidade ficcional desse romance, edificado sob a égide de inúmeros símbolos do *tellus mater* (CHEVALIER; GHEERBRANT, 1999), revela a nossa também".

Estão postas, vão vendo, caros leitores, toda a nossa disposição e devir de sermos leitores do escambo nos autores escolhidos, do devir/devires e deixar vir à baila o calidoscópico trapézio dos enredos da Literatura que se põe à mostra para desmascarar, em sua função pragmática, o escambo da Terra, vidas secas, vidas amargas, nordeste pau-de-arara. Macabéas em Ode à rádio relógio e aos estertores da vida campesina, sem código, a respirar o nada.

O capítulo VII trata de **O TELURISMO COMO REPRESENTAÇÃO DA BRASILIDADE: A TERRA-PÁTRIA SOB O JUÍZO DE LIMA BARRETO** para dizer-nos que "O duplo em Lima Barreto: ora um "escritor imperfeito", pois "Capricho não era com ele" (TOLEDO, 2017, p. 100), ora um "perfeito observador". Qual a imagem que nos hodiernos tempos prevalece? Roberto Pompeu de Toledo, no ensaio intitulado "Letras da dor", refere-se a uma nova biografia sobre o autor carioca, assinada pela historiadora Lilia Moritz Schwarcz: *Lima Barreto – Triste visionário* (2017). Mais robusta do que a lançada por Francisco de Assis Barbosa nos anos de 1950 – *A vida de Lima Barreto* (1964) –, a obra, de 656 páginas, descreve os passos e percalços do autor, revigorados com a pesquisa da antropóloga, multiplicando, na verdade, a potência dos registros. Indiscutivelmente, a imagem que prevalece é a do "perfeito observador". Reitera o texto do jornalista, sobre a obra recém lançada, que o subúrbio foi o cenário eleito para os seus cinco romances, dos mais de cento e cinquenta contos e do sem-número de crônicas para diferentes publicações. Vieram desse quase "não lugar" – o subúrbio – suas mais argutas impressões. O chão em que pisou, os trens que o transportavam e as relações sociais que testemunhou lhe inspiraram, sem dúvida. A volumosa obra, construída em apenas quarenta e um anos de vida, torna-se proporcional ao relevante papel crítico que assumiu sobre a "áspera trama social desenvolvida a seus olhos". Há um consenso: mesmo mestiço e alcoólatra, mesmo órfão de mãe e sem condições financeiras, Lima Barreto cativou um lugar de destaque nas letras nacionais. Apesar de não ter se sentado em uma cadeira da Academia nos idos de outrora, tornou-se destaque na Literatura. Prova tal é a homenagem póstuma que recebeu, neste ano, na prestigiada Feira Literária de Paraty, em sua terra natal, perpetrando, mesmo que tardiamente, o seu lugar. Todas essas prerrogativas indicam que Lima Barreto é um "[...] escritor obrigatório, um sensível tradutor da realidade brasileira de seu tempo (que em alguma medida ainda é a de nosso tempo" (TOLEDO, 2017, p. 103).

Afonso Henriques de Lima Barreto nasceu em 1881, no Rio de Janeiro, e morreu em 1922, "[...] na mesma cidade, da qual raras vezes saiu" (TOLEDO, 2017, p. 100). Foi nessa terra em que estabeleceu seus mais estreitos vínculos físicos e afetivos. Foi sobre esse chão que testemunhou todas as agruras que o capacitaram a exercer a "literatura militante", quiçá uma literatura em transe, tão cara à sua sobrevivência. Dos becos cariocas retirou o substrato para seus enredos, das personagens suburbanas inspirou-se para dar visibilidade às (in)vivências ficcionalizadas. Ora aproximando-se da realidade – ou até fazendo parte dela –, ora distanciando-se para melhor observar, o autor adotou essa pátria-Brasil como paradigma para transformar sua brasileira literatura em algo que atingisse o universal".

É a literatura que detona o Brasil do final do século XIX, o Brasil--presídio, o Brasil-republicano golpista, o Brasil mascarado na sua teluridade, o Brasil-loucura, dos quais Lima Barreto foi testemunha".

O capítulo VIII, **A PENA CRÔNICA DE HILDA HILST E A CARA DO BRASIL: UM PAÍS DE MEMÓRIA CULTURAL ESCRITA AO AO RÉS DO CHÃO**, "para estabelecer o que tem sido a representação da brasilidade, tanto nas suas formas mais diretas quanto nas suas formas mais fantásticas, visionárias e quixotescas, na literatura de Hilda Hilst, enquanto autora maldita, para o século XX – leia-se *A Obscena Senhora D, Com os meus olhos de cão e outras novelas e Cartas de um sedutor.* Isto porque o humor e a sátira, operados pelo narrador hilstiano, desmontam o nacionalismo neoutópico[2] *lato sensu*. Em vista disso, creio também que a própria linguagem dos textos hilstianos elabora a subjetividade estética antirromântica, posto que esta retoma o signo nacional para desfigurá-lo e, dessa forma, expõe como a arte literária aponta uma fratura na experiência representativa da linguagem na história da Literatura Brasileira – num terreno bastante profícuo para o texto ao rés do chão de que trata Candido (1992), portanto, "diferente". Tentando ser mais preciso, quanto a uma crítica à estética romântica formulada que indica a nervura da problemática nacionalista à medida que toma desta para desconstruí-la, colocando-a em tensão pelo viés da "diferença". Ao reler *Com os meus olhos de cão e outras novelas* – leia-se "Axelrod", de Hilda Hilst (1986, p. 209), que, já em finais do século passado, não fosse a profundidade do seu lirismo, a verve do seu escracho, até mesmo da sua pilhéria, e, principalmente, o valor estético de sua literatura, estaria fadada ao esquecimento e ao fracasso no sentido mesmo que lhe dá George Bataille. Para Bataille, o fracasso está associado ao desejo de transgressão,

---

2   In the contemporary urban lexicon, one word, perhaps more than any other, has characterized the last three decades of neoliberal expansion. In: CITY: analysis of urban trends, culture, theory, policy, action, v. 16, Issue 5, p. 595-606. No léxico urbano contemporâneo nenhuma palavra mais que qualquer outra tem caracterizado as três últimas décadas da expansão neoliberal. (Tradução minha).

ao risco do desconhecido, a experiência do não saber. Fracassar como risco, como procura de formas novas. Com o conceito de informe, o autor quer desclassificar, desorientar a exigência de que cada coisa tenha a sua forma. E por conseguinte a recepção das obras.

Em relação a essa observação, podemos citar a escassa penetração de Lima Barreto e Hilda Hilst junto ao grande público, que permanece ainda sem maiores alterações, como era de se esperar num país de poucos maus leitores. Porém, sua importância para a crítica, particularmente, tem passado por um processo de mudanças significativas. Na sociedade contemporânea, há de se lembrar, os leitores são levados a se entreterem com amenidades, ou ainda futilidades, imperando os valores de "troca", o escambo, em que o descartável, prático e fácil prevalecem.

Outrossim, parece-nos que Hilst investe todo o tempo de sua ficção maldita em uma leitura política do nosso país, salvaguardados o tempo histórico e o contexto social, o que provoca no leitor uma familiaridade com o que ele tem de mais contemporâneo em seu espírito de brasilidade e latinidade, em se tratando da (im)possível tarefa de construção de uma identidade nacional: a chegada, a esse projeto de construção, das marginalidades periféricas em sua inumanidade. A unumanidade de Hillé e de Vittorio são exemplos claros disso.

Em *Com os meus olhos de cão e outras novelas* (1986, p. 209), Hilda Hilst investe, no conto de nome "Axelrod (da proporção)", no contraste contínuo, no paradoxo permanente, para nos mostrar as verdades da nossa latinidade e da nossa brasilidade, estas, sim, postas de quatro aos olhos do mundo. É uma literatura que nos impõe, leitores, uma reflexão sobre a corrupção nativa endêmica, que já mostramos no início, na Carta de Caminha.

As definições, aporias, fanfarras e pilhérias nos são mostradas no limiar do conflito interior e externo de Seo Axelrod Silva, um **professor**, entre a loucura e a sanidade, pinceladas no lento fluxo de consciência do narrador hilstiano. A narrativa de Axelrod fala mais uma vez sobre tempo e finitude, e esfacela a visão que tínhamos até então dos dois primeiros contos que compõem a trilogia "Tu não te moves de ti", "Tadeu" (da razão) e "Matamoros" (da fantasia). Axelrod, protagonista, é um professor ortodoxo de história política, cuja fábula é muito significativa, principalmente no que diz respeito ao nome da obra. Em uma viagem à casa de seus pais, teluricamente, Axel repensa sua vida. O que mais intriga Axelrod é como seu imaginário espera reações e respostas dele, diferenciadas. A viagem que a personagem está fazendo em retorno a sua cidade natal, onde passou a sua infância, é completamente simbólica, nesta obra, fazendo com que a consciência histórica formada de Axel seja posta a prova nesta viagem de trem. O desfecho das novelas em *Com os meus olhos* *de cão e outras novelas* (1986) é proposto pelo personagem de Axelrod, que almeja, talvez, achar a proporção entre a razão (Tadeu) e a fantasia (Maria). O sujeito da narrativa experimenta uma espécie de êxtase ao se envolver com a textualidade histórica, moral e da terra natal".

No capítulo IX, *Ó*, DE NUNO RAMOS: O ESPANTO DAS MÁSCARAS MORTUÁRIAS – A NOVA LITERATURA BRASILEIRA CONTEMPORÂNEA DO SÉCULO XXI, "UMA LITERATURA EXIGENTE", tratará este livro de "artigo publicado na *Folha de São Paulo* (*Folha de S.Paulo – Ilustríssima – A literatura exigente – 25/03/2012*), Leyla Perrone-Moisés afirma que "entre as várias correntes da prosa brasileira atual, existe uma bem consolidada, que poderíamos chamar de literatura exigente. São obras de gênero inclassificável, misto de ficção, diário, ensaio, crônica e poesia" (PERRONE-MOISÉS, 2012).

Uma nova literatura surge, já não mais seguindo um cânone. "Exigem leitura atenta, releitura, reflexão e uma bagagem razoável de cultura, alta e pop, para partilhar as referências explícitas e implícitas". Ainda completa, em seu instigante artigo que "A linhagem literária reivindicada por esses autores é constituída dos mais complexos escritores da alta modernidade: Joyce, Kafka, Beckett, Blanchot, Borges, Thomas Bernhard, Clarice Lispector, Pessoa..".

Esses escritores brasileiros, nascidos quase todos por volta de 1960, a maioria passou por ou está na universidade, como pós-graduando ou professor, o que lhes fornece boa bagagem de leituras e de teoria literária; alguns são também artistas plásticos, o que acentua o caráter transgenérico dessa produção. E diga-se, desde já, que, se para alguns leitores, entre os quais me incluo, são excelentes escritores, para muitos outros são aborrecidos e incompreensíveis, completa Perrone-Moisés em seu artigo, com o qual concordo plenamente.. Os mais interessantes e que mais ilustram essa tendência são Evando Nascimento, Nuno Ramos, André Queiroz, Carlos de Brito e Mello, Julián Fuks, Juliano Garcia Pessanha e Alberto Martins. Em Silviano Santiago, *Machado* (2017), certamente é o mais completo, altoculto e rigoroso romance-ensaio que encontramos hoje.

Nas palavras de Perrone-Moisés, "Desconfiam do sujeito como "eu", do narrador, da narrativa, das personagens, da verdade e das possibilidades da linguagem de dizer a realidade. Pertencem ainda e cada vez mais àquele tempo que Stendhal chamou, já no século 19, de "era da suspeita" e que Nathalie Sarraute consagrou ao caracterizar o romance experimental do século 20".

Escolhemos Nuno Ramos para aprofundar um pouco essa reflexão. Seu livro *Ó* (Iluminuras, 2010) é um romance-ensaio dos mais instigantes desse nosso tempo, principalmente, porque enfrenta tragicamente a questão da decepção dos mitos e, especialmente, a lógica da falência que instaura a linguagem. *Ó* presta-se, com efeito, entre as produções contemporâneas no Brasil, ao exercício da crítica literária como diálogo e reflexão ético-política sobre o espaço ocupado hoje pela literatura. Defendemos, também, a obra *Ó*, como um romance trágico, telúrico, de vida e de morte, constituído por uma poética da negatividade, no conceito de Ricardo Piglia (apud AVELAR, 2010. Disponível em: <http://www.periodicos.ufsc.br/index.php/travessia/article/view/14632/13381>. Acesso em: 19 ago. 2011)".

O capítulo X, **MACHADO, DE SILVIANO SANTIAGO: UMA TRAMA ROMANESCA ENSAÍSTICA E DOCUMENTAL DE MEMÓRIA CULTURAL** "*Machado* (SANTIAGO, 2017) é Memória Cultural rica e abundante e nos traz à tona "o leitor, é preciso em primeiro lugar que a literatura seja" (SANTIAGO, 2004, p. 17), pois neste romance a literatura é. A montagem de Machado não se exime – talvez por isso mesmo – de viver, em radicalidade e intensamente, as instâncias mais cruciais e problematizadoras da humana condição. E isso se oferece em *Machado* (SANTIAGO, 2017) em todos os níveis da narrativa, quer no lúdico volteio da dança da escrita, seus relatos, seus delírios, seus retratos, suas ilustrações e documentos, quer no trânsito da existência em transe da vida ficcionalizada do autor Silviano/Machado. Ambos são.

Pretendi, neste ensaio, demonstrar que o memorialismo do escritor brasileiro Silviano Santiago, em *Machado* (2017), aponta para o fracasso do intelecto com seu poder parcializado e centralizador. Desconstruindo paradigmas literários antes eleitos, a obra de Silviano Santiago é sempre um ensaio, uma experimentação, um torneio de imprevistos, com alternâncias de matizes, bailado criador com pesquisa ímpar. Lançando-se à aventura do advento de inusitadas paragens narracionais em busca de um modelo fora dos cânones, ou seja, ao encalço do "transmodelo", explorando a linguagem machadiana em suas pesquisa, na *arkhé* (1. **Arkhé** [Filosofia] Segundo os pré-socráticos, seria o princípio presente em tudo, a substância da qual deriva todas as coisas que existem), na instância inaugural, a arqueologia do ser e das coisas do mundo. Porém, não se fixa aí. Acompanha o pulsar do processo, encetando inusitadas formulações.

Assim, nos tons de uma escrita proteiforme, anunciadora do Devir e, por excelência desconstrutivista, Silviano Santiago abre compassos que confluem para a Teoria Unitária da Arte. Arte salvadora. Arte que dribla a morte. Memória Cultural em sua essência, *Machado* é!"

Tenham todos uma leitura prazerosa! Esta leitura proposta por caminhos entrecruzados! Uma Ode ao Burguês Pum! O do Golpe! O Burguês-panela.

Deneval Siqueira de Azevedo Filho

APRESENTAÇÃO TEÓRICO--METODOLÓGICA

> *A troca de mercadorias começa onde as comunidades terminam: no ponto de seu contato com comunidades estrangeiras ou com membros de comunidades estrangeiras. A partir de então, as coisas que são mercadorias no estrangeiro também se tornam mercadorias na vida interna da comunidade* (Karl Marx, *O Capital*).

Este livro surge como uma necessidade de expressar como a Literatura Brasileira, em diversos momentos da historiografia oficial, da teoria da literatura e da marginalidade periférica, performatizando o escambo, essencialmente quando trata da Terra e afins, da Diáspora Cristã colonizadora e de seus efeitos de corrupção nativa endêmica constituída desde as impressões que Pero Vaz de Caminha passa ao Rei Dom Manoel até VÁRIAS manifestações histórico-literárias e sociais da colônia, do romantismo até os dias atuais EM OBRAS da Literatura Brasileira. Para tal empreitada, iniciamos nossa escrita focados na *Carta de Achamento do Brasil* e a questão da catequese, que consideramos um "Escambo Divinatório": sobre tal aspecto a Carta de Caminha surge como um testemunho impressionista da terra achada, um documento literário que questiona, sob suas impressões, as novas, sim, novas realidades do Eldorado e transmite-as ao Rei em tom profético. Em *Literatura em Transe* (AZEVEDO FILHO, 2017, p. 7), Deneval Siqueira de Azevedo Filho afirma que "Paulo Martins, [...] com o sonho de ser poeta e falar sobre temas políticos, é, na verdade, um observador desgraçado dos fatos que ele julgava ter algum controle sobre". Ainda nos diz que "Seu ego e talvez fé extrema nas mudanças sociais o fizeram apoiar e trair, difamar e promover campanhas políticas e representantes que um dia desprezara". (AZEVEDO FILHO, 2017, p. 7). Toda vez que se recupera numa ruína "em transe", procede-se politicamente ativo na escrita mirando a recepção e o efeito positivos e competentes no desempenho, na interlocução.

Pero Vaz de Caminha relata tudo da nova terra ao rei entre metáforas, hipérboles e sinédoques. Mas avisa-o da necessidade de catequese. Dá-se o embate entre transe (interlocução, recepção fantástica e metafórica da Terra achada e efeito objetivo fantástico do efeito, nas cabeças atrasadas dos portugueses, ainda formadas, à época, em torno dos supersticiosos credos do medievalismo português retardatário, que ainda dividia o mundo teocentricamente, mas já com vultos antropocêntricos que sabiam poder encontrar nas novas terras, eldorados, e toda a fantasmagoria das superticões) e sua missão. Foi além da missão. É neste exato ponto, nesta intersecção entre o linguístico, o histórico-literário e o embate antropológico-social que se inicia o escambo como elemento ultrapragmático, no telurismo, no testemunho da Terra, das gentes, da fauna e da flora em abundância. É, sem dúvida, uma celebração cristã mercadológica.

Considera-se Diápora um substantivo feminino com origem no termo grego "diasporá", que significa **dispersão de povos**, por motivos políticos ou religiosos, colonizadores ou comerciais.

Este conceito surgiu pela primeira vez graças à dispersão dos judeus no mundo antigo, principalmente depois do exílio babilônico, dispersão que continuou a ocorrer ao longo dos séculos e que se verifica até hoje.

Apesar da sua origem, o termo diáspora não é usado exclusivamente no caso dos judeus e serve para descrever qualquer comunidade étnica ou religiosa que vive dispersa ou fora do seu lugar de origem.

Diáspora Judaica

A diáspora judaica diz respeito ao conjunto de comunidades judaicas que vivem fora da Palestina por razões de ordem política (deportações) e, sobretudo, comerciais. A principal origem da diáspora se encontra no Cativeiro da Babilônia, pois apesar da liberdade concedida por Ciro II de regressarem à Palestina, a maior parte dos judeus preferiu permanecer na Babilônia. A partir daí se dispersaram por outros países de tal modo que passou a haver mais judeus fora do que dentro da Palestina. A diáspora egípcia se deve à tradução grega da Bíblia, dita dos Setenta (intérpretes ou tradutores), usadas pelos primeiros cristãos.

Diáspora africana e chinesa

A diáspora africana, também conhecida como Diáspora Negra consistiu no fenômeno histórico e sociocultural que ocorreu muito em função da escravatura, quando indivíduos africanos eram forçosamente transportados para outros países para trabalharem.

No caso da diáspora chinesa, é possível constatar que os chineses se espalham pelo mundo principalmente por motivos comerciais. Eles se adaptam e constroem negócios em vários países.

No caso da colonização portuguesa, no Brasil, também temos uma Diáspora e seus desdobramentos, o escambo enraizou-se de várias formas e atitudes, de diversos sentidos étnicos e éticos, assumindo várias formas e consequências. É, por excelência, uma troca, uma exploração, que surgiu como gênese de uma corrupção nativa endêmica, que se tentará mostrar ao longo dos ensaios escritos neste livro.

Literatura Telúrica

A Literatura Telúrica – Telurismo – traz como aporte teórico destes estudos, o bojo de questões que consideramos importantes, cortantes e deeniadianas na formação da nossa literatura, do nosso povo e da nossa brasilidade. Assim, sob esta égide, trazemos à tona vários conceitos para ilustrar nossas leituras:

1) Da Terra:

> A partir da insistente presença do caráter terral na obra de Juraci Dórea e de Miguel Torga, escritores de que trato na minha tese em curso, surge a necessidade de compreender quais conceitos e emblemas transcorrem no trabalho dos escritores mencionados no que toca ao telúrico, e, ainda, quais as aproximações e distanciamentos neste âmbito entre o texto de cada um. A princípio, porém, faz-se necessário perceber a terra na literatura para além dos escritores em questão. Assim, na literatura, percebe-se que a figuração da terra assume diversas significações, variando de acordo com a abordagem de cada autor. No caso de Juraci Dórea e de Miguel Torga, o telúrico admite feições distintas de autores como, por exemplo, Ruy Duarte de Carvalho, Fernando Pessoa e Gonçalves Dias; existe uma separação social, histórica e cultural – e isso não pode ser desconsiderado. Nesse contexto, após algumas leituras e hipóteses, estabelece-se a possibilidade de iniciar as discussões através da averiguação de uma geopoética – uma poética da terra – aliada a um levantamento do telúrico na literatura. O conceito em destaque, constituído pela união de geo (terra) + poética, nos indicando muitas direções, não se pauta, em relação à poética, num sentido acadêmico, nem de uso ordinário, mas em seu sentido maior, de criação, enquanto um modo de compreensão, uma estrutura psíquica, uma maneira de enxergar e entender o mundo. Dessa forma, tomando como base a geopoética, e a partir de um viés relacional – direcionado pelo conceito do rizoma, desenvolvido por Deleuze e Guattari (1995), operador de leitura escolhido –, apresento nesta proposta um brevíssimo panorama sobre a presença da terra no texto literário, a fim de traçar um contraponto com a obra de Dórea e de Torga, salientando o caráter singular do conjunto poético dos escritores referidos (MACEDO, 2017, O TELÚRICO NA LITERATURA: considerações e

contrapontos (uma breve exposição). Disponível em: <https://sefue-fs2015.wordpress.com/o-telurico-na-literatura-consideracoes-e-contrapontos-uma-breve-exposicao/>. Acesso em: 23 maio 2017.)

2) O testemunho

Da obra de Raquel de Queiroz, temos a escrita de Ana Miranda, atestando o caráter de *testemunho* na obra essencialmente telúrica da romancista e cronista:

Desde 2006, quando passei a morar em uma praia cearense, tenho me impressionado com a presença de Rachel no cotidiano cultural do Ceará. Ela parece ser onipresente e é venerada como uma rainha. Este é um dos aspectos da obra de Rachel muito ligado a sua literatura: a pertença à terra onde nasceu. Desde antes de publicar seu primeiro romance, a moça de 17 anos já atuava, pública e opinativamente, nas redações de jornais, ambiente onde iniciou uma lida que teria a sua mesma longevidade. Vida marcada, desde sempre, pela força da palavra. Em sua casa de infância havia uma biblioteca de livros aos milhares, e só essa presença física já teria peso para marcar uma criança sensível e de uma vivacidade fabulosa. Imaginemos, então, a menininha lendo esses livros. Ela conta que leu aos cinco anos de idade o romance Ubirajara, de seu parente José de Alencar, embora sem compreendê-lo.

Outro aspecto que acho interessante na construção dessa escritora é o nome Rachel, e não Raquel, nome que a menina e a adolescente carregavam porta de casa afora, causando estranheza, nome que lhe trazia uma diferenciação bastante ambígua e enigmática, no momento da afirmação de sua personalidade; ela mesma conta que as meninas da escola a chamavam de Rachel com a sonoridade do X, zombando da diferença, como se lhe dissessem que havia algo a averiguar nesse pequeno, mas profundo paradoxo. Nome que foi experimentado, retrabalhado, reescrito, fantasiado sob pseudônimos, um deles quase anagrama sonoro: Rita de Queluz, a autora dos seus primeiros textos publicados. Outro paradoxo: Rachel gostava de apregoar que era "jornalista profissional e ficcionista amadora". Ao publicar sob pseudônimo suas primeiras peças jornalísticas, e sob o nome de batismo e de família as suas obras ficcionais, indicaria aí a nativa compreensão de que era verdadeiramente ficcionista, iluminando na palavra amadora a sua etimologia mais pura: por amor.

A entrada de Rachel na literatura é muito curiosa. A sua expressão literária inicial teria sido uma carta. Lendo os jornais da época, Rachel encontrou a notícia da eleição da Rainha dos Estudantes; escreveu uma espécie de crônica em que ironizava o coroamento de uma rainha em pleno regime republicano, e enviou-a ao jornal. A carta foi comentadíssima pela sociedade cearense, a misteriosa Rita de Queluz que a assinava nascia ali, com esse estigma da crítica e da galhofa tão tipicamente cearenses. Uma crisálida, pois toda essa situação já fazia parte da persona literária de Rachel de Queiroz. Era a porta que ela abria, o labirinto que seguiria. Seus poemas, escritos no calor do desejo de expressar um mundo vivíssimo e pessoal, reforçam a sua ligação com a terra. Parte desses poemas Rachel reuniu sob o título de Mandacaru, prefaciando que eram seu desejo de inserir o Ceará no movimento modernista brasileiro, acompanhado com entusiasmo pela mocinha. Outra coleção de seus poemas, sem um título geral – mas que eu, organizadora de sua edição, intitulei de Serenata (Armazém da Cultura, 128 páginas, R$ 35), nome de uma das poesias –, contém os temas da seca, da casa de fazenda ou de sítio que ela amava, personagens populares como a costureira, anotações da religiosidade popular, ou louvações e sátiras em sonetos dedicados a figuras locais.

Nas crônicas, que publicou desde a adolescência, no entanto, por seu caráter não tão íntimo como a ficção, Rachelzinha sai pelo mundo em busca de temas, porém preservando e iluminando cada vez mais a maneira de falar cearense em nichos dentro da linguagem impessoal do jornalismo. Embora, em sua formação, tivesse lido inúmeros livros de autores estrangeiros, aquelas viagens a outros mundos não a afastavam do seu, parece que até, ao contrário, a enraizavam ainda mais (MIRANDA, Ana, 2010, *O Estadão*. Disponível em: <http://cultura.estadao.com.br/noticias/geral,obra-acima-de-tudo-telurica--imp-,639195>. Acesso em: 16 maio 2016.)

3) Do significado

Na criação literária, algumas obras literárias são consideradas telúricas e por este motivo fala-se de telurismo narrativo. O transe (AZEVEDO FILHO, 2017) telúrico deve ser entendido como o efeito de um terreno e territorial a partir da atmosfera narrativa. A literatura latino-americana, saliente-se a brasileira inclusive, para onde se dirigem nossos estudos neste livro, tem uma dimensão telúrica evidente. Neste sentido além de muitos romances, contos e crônicas, como as já citadas de Raquel de Queiroz, textos que descrevem as forças internas da natureza como um elemento que determina o temperamento dos indivíduos. Assim, a selva tropical ou os pampas têm sua própria energia interna e essa força acaba filtrando-se misteriosamente nas relações humanas. Daí as diásporas terem um papel de relevância na questão.

4) Da Poesia

Na poesia de língua portuguesa, o que se tem mais estudado como Poesia Telúrica é

> de que modo a simbologia da terra e da mulher se articulam na lírica da poetisa Ana Paula Tavares. Tais motivos, recorrentes em *O lago da lua* (1999), ganham dimensão estruturadora no universo poético da escritora angolana, pois arquitetam o seu estar no mundo no plano existencial e político. Paula Tavares cede a sua voz para expressar, com rebeldia e ternura, o clamor amargo das mulheres encarceradas no seu próprio silêncio. A simbiose entre terra e mulher funciona como elemento formador e fortalecedor da identidade (FERNANDES, Maria Lúcia Outeiro; SILVA, Paulo César Andrade da. Corpo lavrado: a poesia telúrica de Ana Paula Tavares. *Revista Alere*, v. 4, n. 4, p. 139-153, 2011. Disponível em: <http://hdl.handle.net/11449/124949>).
> Na primeira metade do século XX, surgiu na América Latina um movimento literário conhecido como romance telúrico. Esta tendência tem várias características que serão aqui usadas nos ensaios sobre outros autores: a) o interesse pelos espaços rurais e pela paisagem urbana; b) os temas sociais; c) a relação entre o indivíduo e a sociedade que o rodeia. Exemplos dessa literatura telúrica estão na obra do venezuelano Rômulo Gallegos, do argentino Ricardo Güiraldes e do colombiano José Eustásio Rivera, corrente considerada como precursora do realismo mágico.

Escambo

Escambo é o termo utilizado para designar a prática da *troca de serviços ou mercadorias*, método de pagamento caracterizado pela permuta e que substitui o uso do dinheiro. Também conhecido como *permuta* ou troca direta, o conceito do escambo era bastante comum no Brasil durante os primeiros anos da exploração dos recursos naturais do território. Sim, está no DNA da colonização predatória pelo uso do escambo, em profecias no transe que se dá na Carta de Achamento do Brasil, de Pero Vaz de Caminha, analisada no 1º. Capítulo. Durante toda a colonização as gentes que para cá foram primeiramente enviadas eram bandidos, prostitutas, sodomitas e jesuítas, pessoas de troca fácil.

No século XVI, por exemplo, os portugueses ofereciam aos indígenas objetos e ornamentos (espelhos, pentes e outros materiais supérfluos) em troca de serviços, como o corte e transporte de árvores do pau-brasil. Não existe qualquer tipo de relação monetária ou equivalências de valores no escambo que nos é descrito por Caminha, mas, literalmente, uma esperteza ante à ingenuidade e à curiosidade dos nativos, apenas a troca de mercadorias por outros produtos ou serviços específicos.

Atualmente, devido ao sistema econômico ser baseado em valores monetários, o escambo passou a ser um método bastante escasso. No entanto, continua a ser utilizado em algumas comunidades isoladas e pouco desenvolvidas ao redor do mundo. O escambo corrupto, no entanto, está solto à deriva, em territórios não demarcados, mas no Brasil, persequiremos mostrar, pela literatura, alguns momentos mais densos dessa atitude.

Como uma tendência em pequenos grupos sociais, principalmente no âmbito da internet, o escambo foi reavivado por meio de sites *on-line* de trocas de objetos e serviços. Estas práticas incentivam o "desapego" às coisas que determinado indivíduo não utiliza mais, além de propiciar uma alternativa ao atual sistema de consumo capitalista. Essa premissa já não estava descrita na Carta?

1. TRANSMITINDO CULTURA:
a catequização dos índios do Brasil, 1549-1600 – o escambo divino

Propondo-se estudar a forma da catequese que os jesuítas submeteram os nossos índios, no contexto da colonização: 1549-1600, José Maria de Paiva, em artigo publicado na Revista Diálogo Educacional (v. 1, n. 2, p. 1-170, jul./dez. 2000) nos afirma que:

> Este período se justifica por compreender a primeira catequese, organizada no contexto da implantação de um governo central. A forma da catequese diz respeito à atuação dos jesuítas e à *assimilação* pelos índios. Os jesuítas pertenciam à sociedade portuguesa quinhentista e agiam, por conseguinte, segundo a visão de mundo dessa sociedade. O determinante da cultura portuguesa da época era a sacralidade da sociedade: a crença no *orbis christianus* que se realiza, sob o comando do Papa e do Rei. Todos realizavam, no que lhes era próprio, o reino de Deus: o rei governando, o padre rezando, o soldado guerreando, o comerciante tratando, a mulher guardando a casa. Nada havia que não pertencesse à esfera do sagrado, tal como era compreendido. Esta era a visão de mundo cristão. Este era o *serviço* que as pessoas faziam: serviço de Deus, serviço do Rei.

Nesta compreensão, a sociedade era perfeita, a salvação já estava pronta: cumpria apenas realizá-la individualmente. Por isto, a tônica da pregação recaía sobre a fidelidade individual. Os pecados jamais teriam caráter social, cabendo ao pecador arrepender-se e fazer penitência, reintegrando-se desta forma à ordem. Por isto também, aqueles e aquilo que não comungas-sem dessa ordem achavam-se na desordem, que é a negação do império de Deus. Não se poderia permitir que houvesse espaço para a negação do sagrado. A natureza toda era sagrada. Havia que se restaurá-la, conquistando a terra, conquistando as gentes, plantando a cruz (portuguesa) e batizando os índios, fazendo-os cristãos (i.e. portugueses). Esta visão de mundo se realizou em circunstâncias históricas: a organização social ganhava foro de única possível, ninguém podendo imaginar situação diferente. A ordem estabelecida era a ordem definitiva. A obra colonizadora era querida pelo rei e, portanto, era obra de Deus. Tudo que se operasse estaria justificado. A catequese dos índios, da forma como a entendia a sociedade portuguesa de então, atenderia necessariamente aos intentos da colonização, intentos de uma sociedade sagrada. Para esta obra, o Rei, que já era Dom João III, enviou os padres da Companhia de Jesus: El-Rei, que esteja em glória, desejou a Companhia em suas terras, esperando por ministério dela cumprir com muitas obrigações que a Coroa tem, não só como Rei, mas ainda como Prelado, por ser ele e seus descendentes Mestres de Cristo, Santiago e Avis, por cuja razão é pastor espiritual em todas as Índias e terras de sua Conquista, e em muita parte do Reino.

Foi Simão de Vasconcelos quem reafirmou: comunicou a cousa (o Padre Simão Rodrigues de Azevedo) à Alteza del-Rei Dom João o III que então vivia, Príncipe tão pio, e inclinado a propagar a fé, que se lhe ouvira muitas vezes, que desejava mais a conversão das almas, que a dilatação de seu império. E com esta disposição da parte do Rei, e obrigação de nosso Instituto, foi fácil ajustar os intentos, e concluir, que se expedisse uma gloriosa missão a partes tão necessitadas.

Vieram, o Padre Nóbrega e seus cinco companheiros, com o primeiro governador-geral no ano de 1549, estabelecendo-se em Salvador, na Bahia. De 1549 a 1600 chegou uma centena de jesuítas, entre padres e irmãos, para cumprirem sua missão no bojo da missão do rei. Tão logo chegaram, iniciaram junto aos índios o seu trabalho de conversão. É deste trabalho que analisarei a essência do escambo divinatório por meio da sua funcionalidade.

1.1 A Catequese e o escambo divinatório

A *catequese* é entendida como toda a ação pastoral da Igreja: doutrinação de gentios para escravização da fé, na troca de sua cultura original. A catequese é, portanto, um escambo depredatório da Terra, de sua gente e das suas riquezas naturais (*Revista Diálogo Educacional*, v. 1, n. 2, p. 1-170, jul./dez. 2000) nação, práticas devocionais, o próprio comportamento dos cristãos. Quero observar sua funcionalidade colonizadora. Não interessa a este estudo avaliar essa catequese nem pastoral nem teologicamente. Meu objetivo é mostrar (e já considero que esteja elucidado o escambo neste jogo doutrinário) como a catequese dos índios esteve, sem mediações, a *serviço do rei*. É óbvio que a religião, naquela época, naquele contexto histórico-literário, era uma expressão cultural, de necessidade, e que a catequese dos índios atendia a essa característica, objetivando, com toda evidência, aportuguesá-los. Aportuguesar implicava situá-los socialmente: arranjar um lugar e um papel para os índios dentro da sociedade portuguesa. Não custa imaginar que lugar e que papel lhes estavam destinados (*Revista Diálogo Educacional*, v. 1, n. 2, p. 1-170, jul./dez. 2000).

Dá-se, então, o início do "aloiramento" dos nossos nativos e o grande ícone do transe dessa performance é A Primeira Missa e a Cruz, ao pé da qual se colocaram. Dá-se o início do escambo divinatório pela europeização dos nativos, que mais tarde irá aparecer no nosso Roamantismo tão elucidativamente em *Iracema* e *O Guarani*, de José de Alencar. Quando Iracema usa o Segredo da Jurema, o chá divinatório para ter Martim, está se aloirando. Ao mesmo destino está fadado Peri quando é batizado. São performances divinatórtias que se dão pelo escambo. Pela corrupção da cultura natural.

Supondo que os índios não tinham a perpicácia para distinguir a diferença dos diversos gestos sociais, apassivavam-se no impacto da colonização como uma totalidade que os retirava do seu *modus vivendi* natural e os punha em nova situação, preservando a natureza, mas aloirando-a, exigindo-lhes trabalho braçal, participação nas guerras, mudança de costumes, para uma adesão visível à doutrina. Por isto, a catequese se lhes tornou expressão de sua conformação com a vontade dos invasores.

1.2 A catequese salvacionista

Salvação: o escambo divinatório era próprio da época e os jesuítas o aplicaram aqui: se a sociedade sagrada já estava pronta, restava garantir a salvação individual. Esta foi a tônica da pastoral da Igreja então. O momento presente é grave, porque dele pende a salvação ou a condenação para sempre. O caminho do mal está sempre aberto. O caminho da salvação é a Igreja. Seu ofício de pregadores, desempenhavam-no os jesuítas num estilo milenarista e messiânico: o Senhor (Não Tupã e/ou outros entes divinos nativos) está aí, não há tempo a perder! São abundantes os textos jesuíticos que traduzem esta forma de pensar. Eles correm as aldeias, anunciam a mensagem, procuram em cada canto alguém que esteja morrendo e, cumpridas as mínimas exigências, **batizam** e dão graças a Deus pela alma que, dessa vez, não foi para o inferno.

O seguinte relato é ilustrativo do escambo divinatório: Estava um índio doente nesta aldeia e viu-se tão mal que parecia a todos que morria. Falou-lhe o Padre Gaspar Lourenço se queria ser cristão: ele secamente respondeu que não queria sê-lo. Voltou o padre a replicar sobre isto, pondo-lhe diante a glória do paraíso e as penas do inferno, e que em mui breve (das duas) uma: ou se fazia filho de Deus e herdeiro da glória ou servo perpétuo do diabo e morador do inferno. Não aproveitou, então, de nada para fazer-se cristão, parecendo-lhe (coisa mui comum entre eles) que com isto porventura o matariam. Foi-se o padre desconsolado, avisando, todavia, a seus filhos (um dos quais é catecúmeno e o outro, cristão) que olhassem por ele e o convencessem do batismo. Não pouco depois de sua ida, veio um filho seu a chamar ao padre, dizendo: "vem acudir a meu pai que morre e pede que o batizes".

Foi o padre correndo e encontrou-o inconsciente e depois que voltou a si lhe disse: se era verdade que queria ser cristão? Respondeu que era sim, e que queria que o batizasse. Ora (disse o padre), como me dizias que não querias? O índio se desculpou que não estava em si, repetindo: "Se meus filhos são cristãos, como não queres tu que também o seja? Por isto batiza-me e, assim, possa ir para o céu".

Não, dizia o Padre Gaspar Lourenço, que dizes agora isto com o medo que te pus do inferno, aonde te haviam de levar os demônios se não fosses batizado; se eu vir em ti melhores mostras e melhor vontade, te batizarei, pois nós só costumamos fazê-lo senão a quem o pede de coração. Vendo-o o padre nestas condições, lhe declarou o que havia de crer e confessou-o e moveu-o a ter contrição de sua vida passada. Feito isto, tornou a lhe perguntar o padre se queria que o batizasse.

Disse-lhe o índio: "Já te disse há muito que sim".
Disse-lhe: "Por amor de quem?"
Diz: "Por amor de Deus".
"Para ir para o céu".
Estando nestas conversas, disse: "Batiza-me que me quero ir desta vida".
E os filhos instavam, dizendo: "Padre, batiza-o, e depressa: cuidado para que ele não morra sem o batismo. Bem vês que ele te pede com boa vontade".
E o padre o batizou (Idem).

Deu-se assim o escambo divinatório, telúrico, pois afetou a moral e os costumes da terra. Confirmou-se o que já houvera previsto na *Carta*, Pero Vaz de Caminha.

1.3 O teatro e o escambo divinatório

Anchieta teatraliza esta doutrina: a alma, já a caminho do céu, é cercada por demônios insidiosos que a querem levar, acusando-a de pecados cometidos. Ela contesta. Invoca a Nossa Senhora. Um anjo a salva e expulsa os demônios. O drama humano se configura em poucos termos: de um lado, Deus, a Virgem, os Santos e os Anjos; de outro, os demônios. Cada grupo parece ter uma só atividade: conquistar o homem. A alma entra em alucinação: Eles mentem! São malévolos. O padre me batizou, sim. Eu renunciei a todos os meus hábitos, ouvindo as palavras do sacerdote. Sou cristão. Sou batizado. Era preciso ser cristão, deixar-se batizar, ingressar na Igreja dos portugueses, ingressar em sua sociedade: aí estava a salvação. O batismo abria a porta para essa sociedade. Desta forma, a pregação jesuítica tinha um dúplice caráter salvacionista: salvava o índio do inferno e salvava-o de sua situação "inferior", mas o mameluco, salvo era uma farsa. Dificilmente se poderia discernir entre uma e outra salvação: nem o índio, nem o jesuíta. O batismo, escambo divinatório, *in articulo mortis*, denota a violência cultural e, portanto, telúrica, que sofriam os índios: era tal a potência dos invasores que, mesmo não tendo mais nada a perder, ainda assim tinham medo de perder aquilo que os portugueses afirmavam ir acontecer depois da morte. Eles, os portugueses, é que sabiam da verdade. Como dizia o chefe *fiji*: *Verdade – tudo que vem do país do homem branco é verdade; os mosquetes e a pólvora são verdades; sua religião também tem de ser verdade.* Só que não. Assim começou a destruição do verdadeiro ameríndio brasileiro, pelo escambo divinatório, pois a presença do europeu e o aloiramento do nativo foram, afirmo, em relação aos nossos índios, *um fato social total, ao mesmo tempo religioso, político e econômico.* Portanto, telúrico.

1.4 A catequese legalista

A lei era a forma de explicitação da ordem, ordem sagrada. Esta estava dada. Havia que se lhe garantir a vigência. A lei (as regras, as normas) tem por função garantir com clareza a coerência da forma do comportamento com a ordem estabelecida pelo opressor colonizador. O escambista. A falta de coerência significava negação do mundo querido por Deus. Os índios não tinham comportamento coerente com a ordem de Deus: estavam na desordem, reino do demônio. A Farsa: cumpria retirá-los da jurisdição do demônio e inseri-los na comunidade cristã. A lei, que lhes hão de dar, é defender-lhes comer carne humana e guerrear sem licença do Governador; fazer-lhes ter uma só mulher, vestirem-se, pois têm muito algodão, ao menos depois de cristãos; tirar-lhes os feiticeiros, mantê-los em justiça entre si e para com os cristãos, fazê-los viver quietos sem se mudarem para outra parte, se não for para entre cristãos, tendo terras repartidas que lhes bastem, e com estes padres da Companhia para os doutrinarem (*Revista Diálogo Educacional*, v. 1, n. 2, p. 1-170, jul./dez. 2000).

Cabe aqui um diálogo com um poeta contemporâneo campista, Marcelo Sampaio (1985, p. 13), que nos traz um poema sobre este tema, performatizando o escambo etnico-cultural:

1.5 Os índios

Índio quer apito
mas deram-lhe a mordaça.
Índio quer tanga
mas deram-lhe camisa-de-força.
Índio quer brinco

mas deram-lhe escuta.
Índio quer falar
mas deram-lhe microfone mudo.
Índio quer gozar
mas deram-lhe revistinhas.
Índio quer amar
mas deram-lhe a solidão.
Índio quer participar
mas deram-lhe identidade, CIC,
carteira de habilitação.
Índio quer nascer
mas romperam-lhe os ventres.
Índio quer chorar
mas impuseram-lhe o riso.
Surgiu daí o vício
de que para ser índio
é preciso muito sacrifício. (SAMPAIO, 1985)

Este poema é uma performance-transe contemporânea na qual os índios, que viviam *sem fé, sem lei, sem rei*, passaram a ser uma preocupação dos portugueses legalistas. A legalização do escambo *lato-sensu* nos é mostrada de maneira clara e sardônica – "é preciso muito sacrifício" – e foi!

Será interessante observar a preocupação dos jesuítas com a legislação do matrimônio, contrastando com a própria prática cultura dos índios:

O gentio desta terra, como não tem matrimônio verdadeiro. Será necessário haver de Sua Santidade nisso largueza destes direitos positivos e, se parecer muito duro ser de todo o positivo, ao menos seja de toda afinidade, e seja tio com sobrinha, que é segundo grau de consanguinidade, e é cá o seu verdadeiro casamento. ... não se casam para sempre viverem juntos como outros infiéis, e se disto (prescrições do direito positivo) usamos alguma hora, é fazendo-os primeiro casar "in lege naturae". Cristianizou-se o escambo!

1.6 O escambo do idioma

O que poderia pensar o índio ao tomar conhecimento de tantos misteriosos ordenamentos? No seu catecismo havia uma lista, em português e tupi, de vinte e quatro impedimentos matrimoniais. Não adiantaria nenhuma explicação! Era-lhes inacessível a chave de tão complexa sociedade. Mas os portugueses tinham a verdade! Tinham a Terra inteira!

REFERÊNCIAS

PAIVA, José Maria de. *Revista Diálogo Educacional*, v. 1, n. 2, p. 1-170, jul./dez. 2000.

SAMPAIO, Marcelo. *O Real Imaginário*. Campos dos Goytacazes: Ed. do Autor, 1985.

2. A LITERATURA DA COLÔNIA:
Gregório de Matos Guerra – a poesia satírica, a terra, as gentes e o escambo

Este ensaio apresenta, além de uma análise estética e do transe do poema "À cidade da Bahia", de Gregório de Matos Guerra, sua relação com a identidade das gentes, da moral e do escambo na colônia, muito presente nos poemas do Boca do Inferno, alcunha do poeta. Nesse texto, primeiramente, identificamos uma sátira que vai além do ataque contundente ao seu meio social, atitude que o tornou tão famoso e polêmico (haja vista, na crítica brasileira, o estudo de sua obra e o grande embate crítico-teórico entre Haroldo de Campos e João Adolfo Hansen sobre muitíssimas questões) manifestando sentimentos, como nostalgia e angústia, o que lhe confere uma tonalidade particularmente lírica. Esta análise divide, para facilitar seu transe, o poema gregoriano em duas partes: com os quartetos de um lado, desconstruindo a forma e o tema, fortalecendo nossa teoria do escambo, e, consequentemente, como sua literatura nos mostra no Brasil escambo daquela época; e os tercetos de outro, para arrematarmos com a teoria que introduzimos neste livro de ensaios, da troca, da mercadoria e da religião. Portanto, esta leitura explora, também, a dualidade temática e a estrutura do poema. Consideremos o poema abaixo, tomado da edição organizada por José Miguel Wisnik (1976, p. 40):

À CIDADE DA BAHIA

Triste Bahia! ó quão dessemelhante
Estás e estou do nosso antigo estado!
Pobre te vejo a ti, tu a mi empenhado,
Rica te vejo eu já, tu a mi abundante.

A ti tocou-te a máquina mercante,
Que em tua larga barra tem entrado,
A mim foi-me trocando, e tem trocado,
Tanto negócio e tanto negociante.

Deste em dar tanto açúcar excelente
Pelas drogas inúteis, que abelhuda
Simples aceitas do sagaz brichote.

Oh se quisera Deus que de repente
Um dia amanheceras tão sisuda
Que fora de algodão o teu capote!

Numa leitura inicial, numa leitura naif, percebemos que o seu significado aparente é relativamente simples. O eu-lírico trata da transformação (para pior) de estados ocorrida com as "duas personagens centrais do poema", a Bahia e ele próprio, o eu poético, devido à presença dominadora do mercantilismo, do escambo em suas várias nuances e em abundância. É um lamento? Com efeito, como já apresentado no caráter do escambo presente na colonização do nosso país, foi principalmente na relação comercial com o mercador estrangeiro, que saímos perdendo, incluindo aí, também, o escambo divinatório. A leitura inicial já nos mostra uma ingênua Bahia que sai perdendo no contrato comercial, sai perdendo sobretudo de sua posição primitiva de abastança descambando para uma posição de penúria.

O eu poético, em meio, também, a uma desenfreada atividade mercantilista, é levado como que de roldão para esse estado de pobreza, aderindo ao escambo, característica mor daquele estádio de Brasil Colônia de Portugal e alhures. A degradação, isto é, a passagem do estado ideal para o estado incômodo configura o escambo, possivelmente, no aspecto mais relevante do poema, porque os seus elementos constitutivos concorrem para tal fim, conforme será notado no transcorrer da análise.

Há uma ascenção acelerada do escambo e, com ela, o surgimento de uma classe social não bem-vinda aos grandes donos de engenho. E nos fica muito claro, e aos leitores mais ingênuos, porque o filho de tradicional família proprietária de engenho de açúcar vê com muito maus olhos a ascensão desenfreada e notória dessa classe social de negociantes, atravessadores e outros tantos ávidos de lucros. Personagem de tal mundo arrevesado, e em literal oposição a ele, Gregório de Matos atua brandindo sua arma antiescambo, antimercantilismo e anticorrupção nativa endêmica – coloca em ação a irreverente poesia satírica: "[...] diante de um mundo 'trocado pela troca', Gregório põe em jogo a maquinaria das trocas poéticas, afiadas também nos seus truques, trocadilhos, jogos paronomásticos, em suma, numa série de deslocamentos de significante e significado" (WISNIK, 1976, p. 19).

Enquanto temática telúrica, faz jus a dança das classes sociais que foi largamente abordado pelo poeta na sua extensa obra satírica. Em vários de seus textos corre solta a crítica à facilidade com que se ascendia na sociedade baiana fazendo uso de práticas suspeitas. Veja-se exemplo dos mais evidentes e conhecidos em seus poemas satíricos:

> Veem isto os filhos da terra, e entre
> tanta iniquidade são tais, que nem
> inda tomam licença para queixar-se.
> Sempre veem, e sempre calam, até que
> Deus lhes depare
> quem lhes faça de justiça
> esta sátira à cidade.
> (WISNIK, 1976, p. 55)

O soneto em leitura apresenta-se com um dado mais específico em relação a outros poemas satíricos do autor, pois vai além do ataque contundente ao seu meio social, manifestando uma gama maior de sentimentos, como nostalgia e angústia, o que lhe confere uma tonalidade particularmente lírica, o que lhe confere, tom lírico-telúrico, em decorrência de seu maior mote – o escambo mercantilista, a negociata desonesta e a ganância em decorrência das riquezas da Terra. Mas e a moral, e a honestidade, e os valores preconizados pelo escambo divinatório, já que Gregório de Matos Guerra foi todo o tempo de sua vida um religioso cristão, barrocamente dilemático: esteve entre o céu e a terra todo o tempo, questão essencial para entendermos sua poesia encomiástica ou lírico-religiosa?

Veremos como é notório o corte fundamental no poema, com os quartetos de um lado, os tercetos de outro. No primeiro segmento, o eu poético lamenta a modificação, as mudanças e procura apontar os agentes transformadores; o clima é, no geral, de angústia telúrica e moral. No segundo, de tom desabusado, a Bahia é acusada e abominada pelas mudanças ocorridas, de tom crítico e maldito ao escambo e à ascenção de uma classe exploradora. Tal dualidade – Bahia antiga/Bahia atual; Bahia nostálgica/Bahia amaldiçoada – percorre visceralmente o poema, estruturada por meio de uma série de elementos, como a sonoridade, o vocabulário, as figuras de sintaxe e de semântica, enfim, com riquíssimos recursos da linguagem poética em geral e da barroca em particular, cujo exame, neste texto, procura avaliar suas funções na organização da obra lírico-satírica, para tal, faz-se mister uma análise que privilegie também o aspecto estilístico do poema, o que faremos na medida do nosso entendimento e ancorado em Wisnik (1976, p. 55).

O soneto inicia-se por um vocativo. As duas primeiras palavras do verso inicial constituem uma apóstrofe, recurso de figura de construção da forma já peculiar, na obra de Gregório de Matos. De fato, observando-a, em conjunto, é clara a preferência por essa figura em todas as suas temáticas: religiosa (Pequei, Senhor, mas não porque..".); amorosa ("Ai, Custódia! sonhei...) e de circunstância ("... São, ó Bahia! vésperas choradas..".). O poeta, por meio de seu singular e muito dilemático eu-lírico, interpela a todos, num propósito dialógico evidente. Resulta daí um assumido posicionamento perante os interlocutores cujas implicações imediatas dão sempre um certo teor dramático ao texto e, no mesmo passo, um *vis-à-vis* para pleitear (exigir) uma (im)possível remissão dos pecados, caracterizando, assim, também, um escambo divinatório *lato-sensu*: manifestar ardente paixão ou admoestar (às vezes louvar, como na poesia encomiástica) uma pessoa ou a coisa personificada. Este último precisamente é o caso poeta-Bahia.

Abusa, no soneto, da pontuação emotiva, com três pontos de exclamação. Não é nenhum exagero; porém, numa obra onde parcimoniosamente esse tipo de pontuação é visceral para seu entendimento e sua leitura, vale a pena considerar tal presença, pois nem em sua poesia lírico-amorosa (lá isto seria mais naturalmente entendido) se encontram em abundância esses sinais, sempre indicativos de uma maior adesão do eu poético à temática do texto. Isto não se mostra, claro, apenas pela pontuação. O essencial é assinalado pelos planos do enunciado e da enunciação que se dá no transe. Pois sua singularidade indica um dado sintomático da disposição anímica do eu-lírico. Nessa perspectiva, outro fator bem sugestivo e emblemático é a presença repetida da interjeição "oh", palavra pertencente, por classe gramatical e sua natureza à dimensão da linguagem afetiva, robustecendo assim a tonalidade emotiva do texto.

Comparado a outros sonetos de Gregório, este em questão apresentará um feitio mais narrativo, na medida em que seu propósito é enunciar as trajetórias da Bahia e do eu poético. Via de regra, o autor aplica a forma narrativa em poemas longos (as décimas e os chamados romances, por exemplo), por certo mais indicados para tal finalidade, pois "contam uma história". Por seu turno, o soneto, enquanto modalidade lírica-narrativa-dramática, mantém ligação mais íntima com pinceladas descritivas e dissertativas, dado seu tamanho restrito.

Em "Triste Bahia", a intenção é flagrar um quadro em mutação, que parte de um plano positivo para uma posição problemática. Como a voz predominante no poema basicamente emite juízos, e a descrição tende a oferecer um quadro já pronto, um texto com traços narrativos se presta mais eficazmente para apontar as transformações da cidade e do eu poético. Um indício são os tempos verbais. No cotejo deste poema com outros do autor, sobretudo com aqueles que são verdadeiros "retratos", percebe-se uma aplicação distinta dos verbos. À falta de um nome mais adequado, a designação aqui sugerida de "poemas retratos" é dada àqueles que, descrevendo uma cidade, uma personagem, um festejo popular etc., em tom telúrico, têm como efeito geral uma cena ou quadro fixados e caracterizados pela presença do escambo nativo. Pelo caráter pictórico desses textos, as formas verbais têm tendência a imprimir um aspecto de constância, mesmo quando a aparência é de ação. "Aparentemente, há o intuito de conferir permanência ao quadro, na medida em que as formas verbais predominantes são infinitivas" (DIMAS, 1981, p. 36). Seus desfechos normalmente são versos de sentido categórico: "E eis aqui a cidade da Bahia"; "É a procissão de cinzas em Pernambuco"; "Pouco estudo, isto é ser estudante"; "Estas as festas são do Santo Entrudo" (DIMAS, 1981, p. 15, 35, 36 e 38). Quando não no infinitivo, ainda assim os verbos denotam permanência, como, por exemplo, neste verso "Todos os que não furtam muito pobres", em que o indicativo presente é na realidade um presente para além do tempo, pois tanto se volta para o passado como remete para o futuro – seu sentido também pode ser "Quem não furtou é pobre" ou "Quem não furtar será pobre". Na terra da Bahia, centro do Brasil colônia, à época, há claramente o escambo em mutação, já que é ele o que move a dança das classes sociais e dos privilégios e dos lucros: fator de consequente miséria da maioria. A poesia aí toma um posicionamento de transe profético, de função profética, projetando o infortúnio, nos dizendo do futuro também, pois o que vemos nos dias de hoje, projetando o eu poético para o século XXI no Brasil?

Ocorrem, também, no poema, casos extremos em que simplesmente não há verbos. A presença de apenas sintagmas nominais encarrega-se de estabilizar o quadro. Mas, em "Triste Bahia", é notável a variação verbal: pretérito/ presente/gerúndio/tempos compostos, modos diferentes, tudo de modo a indicar o processo de metamorfose do escambo (conteúdo) pela forma (estilo), tudo a sugerir movimento. É um poema, portanto, avesso ao estático, pois é muito variado no aspecto verbal, para que se compreenda melhor a onisciência do eu-lírico em relação ao passado, presente e futuro da Bahia. O leitor é, assim, levado a pensar em duas situações: uma anterior, outra atual. Essa dualidade acaba funcionando como o princípio organizador do texto, tão contemporâneo, tão em transe na brasilidade de hoje.

Qual é a maneira pela qual a vontade lírico-satírica construtiva do eu poeta faz confluir os elementos do texto para indicar e enfatizar ao máximo a transformação ocorrida? Com efeito, a passagem de um estado para outro apresenta muitas implicações. Uma que se impõe desde o início, como já foi dito, é a divisão do poema em dois blocos, os quartetos e os tercetos, que podem ser distinguidos pelo vocabulário. As palavras do primeiro bloco (versos 1 – 8) por si próprias não atraem a atenção de modo especial. Talvez a expressão "máquina mercante", muito insólita, cause o transe primeiro no entendimento do escambo descrito. Porém, no segundo bloco, o leitor recebe um certo impacto, porque termos "atrevidos" embasam e desequilibram semanticamente esses últimos versos (9 – 14), rompendo a normalidade inicial. Sátiras, é claro, costumam valer-se desse tipo de palavra. O dado surpreendente resulta no caso da brusca mudança de tonalidade dos vocábulos. Compare-se: de um lado, "triste", "dessemelhante", "antigo", "trocado", por exemplo; depois, "abelhuda", "inúteis", "Brichote", "sisuda". Antes de prosseguir, um rápido comentário a respeito do termo "sisudo": o sentido dado hoje em dia pelo dicionário é "sério", "sensato", "prudente". Na época de Gregório, o sentido era outro. Neste fragmento "que o povo por ser sisudo

/ largue o ouro e largue a prata / a uma frota patarata, / que entrando..". (WISNIK, 1976, p. 58), "sisudo" tem significado próximo a "tolo", "obtuso", "parvo", portanto num sentido quase oposto ao atual. O vocabulário instaura, pois, as dessemelhanças entre as duas Bahias e denota suas relações com o eu poético.

Na primeira parte, assim, prepondera um clima de nostalgia e tristeza, sem nos esquecermos, pois, que estão em um poema satírico! Paradoxo real! Poemática, por excelência, de telurismo, ao jogar com recursos barrocos, porém trazendo uma verdade. Explica-se o caráter descritivo do poema e as exclamações de espanto e conscientização dos problemas socioeconômicos que nos são jogados na cara! Por sofrerem uma experiência comum, o poeta e a Bahia compactuam, têm uma ligação bem próxima, estão num plano de equivalência, de miséria moral, por assim dizer. Nesse primeiro momento, o poema permanece envolto numa onda de angústia e saudade, metamorfoseados em pilhéria tal, que não seria fácil classificá-lo como poesia somente satírica caso terminasse aí. Melancolia difusa e sentimentalismo forte são peculiares antes a textos intimistas, de caráter lírico e subjetivo, do que a sátiras, gênero mais afeito à objetividade e ao mundo prático. No plano da sonoridade, esse clima se manifesta de três maneiras principais:

1) A presença dominante da vogal "i", nas duas primeiras palavras do poema, que surge como tônica em ambos os casos. As palavras seguintes nos auxiliam no entendimento da questão: Experiências mais precisas devem-se ao grande linguista Edward Sapir, que testou a correlação das vogais /a/, /i/ com sensações de 'grande' e 'pequeno', encontrando um alto número de respostas positivas (por volta de 80%). Sapir arriscou uma hipótese articulatória para explicar o resultado: 'No caso do /i/, a língua sobe muito em direção ao céu da boca e se articula bem para a frente. Em outros termos, a coluna de ar em vibração passa por uma estreita câmara de ressonância' (SAPIR apud BOSI, 1977, p. 43-44). Por sinal, "estreiteza" é um dos significados da palavra angústia, enfatizando-se assim a adequação dos meios à mensagem.

2ª) a intensa repetição da consoante "t". Fonema destacado da palavra "Triste", o /t/ será excessivamente reiterado durante todo o texto – chega a aparecer cinco vezes em versos de dez sílabas – provocando uma espécie de eco, que acaba por espalhar a tristeza pelos versos do poema. A recorrência do som "is" (Triste) também desenvolve uma função semelhante à do fonema /t/ – (Estás e estou – estado).

3ª) Um tom plangente, marcado pela forte quantidade de sons nasais, sobretudo nos quartetos. Na década de 70, Caetano Veloso recriou e gravou o poema com o nome de "Triste Bahia". Sintomaticamente aparecem na música apenas os quartetos, pois é ali, como vimos, que se intensifica a relação eu-lírico/cidade. A melodia tem no início um ritmo bem lento, com sons de berimbaus ao fundo, chorosos, captando admiravelmente o tom de angústia da primeira parte do poema. Ao mesmo tempo, com toda a brasilidade dos instrumentos propõe-nos um transe vertical, marcado pelo suporte música. Mas é o escambo ainda a tônica cultural. Choramos nossa herança!

Na segunda parte, onde o corpo satírico é mais nítido, transparece um aspecto de disjunção, em que o transe se dá principalmente pela maneira imprecativa com que o eu-poético se dirige à cidade. Inconformado, ele atribui à Bahia a responsabilidade direta pelo empobrecimento. De forma moral, de forma telúrica! Um Boca do Inferno moralista? Não! Satíco-Telúrico! Nesse sentido é que o vocabulário se torna desaforado levando o leitor ao auge no transe dos versos. Estilisticamente, o azedume que percorre os tercetos pode ser evidenciado pela presença da vogal /u/ em sílabas poéticas tônicas (que não aparecera nos quartetos nessa posição). A vogal /u/ produz uma impressão de fechamento que, dentro de um contexto adequado, pode prender-se a campos semânticos e simbólicos diversos como "obscuridade", "morte", "má aventurança" etc. (BOSI, 1977, p. 47-53). A rigor, são estas as duas posturas telúrico-satíricas do eu poético perante a Bahia. "A Bahia é duas, as duas 'sociedades" da sátira a que nos referimos acima: uma saudada nostalgicamente, porém de forma debochada e irônica ("Triste Bahia"), outra amaldiçoada ("quisera Deus... que fora de algodão o teu capote")" (WISNIK, 1976, p. 19).

É importante registrar que a Bahia nostálgica, da idade de ouro, atua no presente somente por força da recordação. A Bahia real é a dos dias de hoje, degradada, do escambo mais imoral, mas conivente com sua transformação, como mostra o verso 6 – "Que em tua larga barra tem entrado". Mais de perto, o transe é claro: a Bahia permite a entrada dos mercadores em seus domínios e não há absolutamente restrições para as práticas comerciais de escambo de todas as espécies. Isto repercute na dimensão sonora do verso por meio do predomínio do uso de vogais abertas – "Que em tua larga barra tem entrado". "No caso do /a/, a língua se abaixa de maneira considerável, em comparação com o /i/, e também se retrai. Em outros termos, a coluna do ar em vibração passa agora por uma câmara de ressonância muito mais larga" (SAPIR apud BOSI, 1977, p. 44). Num poema carregado de sons nasais, salta aos olhos a presença maciça de vogais orais e abertas, muitas delas em posição tônica, com a nítida intenção de representar a abertura/liberdade de valores de troca de toda espécie a que o verso refere.

Tem-se insistido na proximidade Bahia – eu poético no primeiro bloco do poema, pois nos são apresentados de forma paralelística, manifestada no primeiro quarteto por meio de "correlações rítmicas e morfológicas ("pobre te vejo a ti / rica te vi eu já)" (WISNIK, 1976, p. 19). No quarteto seguinte, nos chama logo a atenção a simetria dos versos 5 e 7, aos quais se ligam respectivamente os versos 6 e 8, também estes em posição simétrica, um em relação ao outro. Esse quarteto tematiza basicamente as relações com os agentes transformadores. Apesar de pacientes da ação verbal (objeto direto), o eu poético e a Bahia destacam-se como primeiras palavras dos versos, em posição de primazia, portanto. Já aos sujeitos do escambo ("máquina mercante" e "Tanto negócio e tanto negociante") dá-se o devido desprezo ao serem remetidos para depois dos verbos e dos complementos, como que num ato de vingança ou despreza, diríamos, do poeta. Se o verso 6 indica a liberdade ao comércio qualquer, conforme já exposto, o verso 8 é simétrico e semanticamente semelhante a ele, na medida em que nomeia os que provocam as modificações. Mas, embora relegados ao final do período, os "trocadores" do poeta ocupam um verso inteiro, o que não deixa de causar certa surpresa gramatical, digamos, porque se trata de um único termo da oração (sujeito); os demais versos sempre possuem sintaticamente outros termos. Há aí um dado bastante sugestivo, cuja interpretação poderia ser assim formulada: o poeta é um, os comerciantes, vários; os negócios e os negociantes estão tão espalhados, monopolizam de tal maneira a paisagem que, no plano da linguagem poética isso é representado por uma linha inteira no texto; ou seja, o que é alguma coisa que se estende de ponta a ponta no verso, no delírio da imaginação, no transe, revolucionariamente, pode ser visto pelo que também se estende de ponta a ponta na cidade. Essa situação pode ser documentada paralelamente com os esclarecimentos históricos de Caio Prado Jr.:

> Ao lado da economia agrícola que até então dominara, se desenvolve a mobiliária: o comércio e o crédito. E com ela surge uma rica burguesia de comerciantes que, por seus haveres rapidamente acumulados, começa a pôr em xeque a nobreza dos proprietários rurais, até então a única classe abastada e, portanto, de prestígio da colônia (apud WISNIK, 1976, p. 14).

Se nas estrofes iniciais as duas figuras ocupam o primeiro plano, sobretudo no que se refere às "aparições" no texto, nas finais o eu poético sai de cena (permanece numa posição só de observador/narrador), passando a Bahia a dominar a paisagem telúrica. Em condição negativa, porém; pois a partir de então será duramente repreendida. A ideia parece ser a de que, a partir de um certo momento, a riqueza da cidade passa docilmente às mãos do estrangeiro: "Deste em dar tanto açúcar excelente" – o verso indica claramente as razões da transformação, e o produto de troca, a moeda de troca na transação do escambo mercantilista e corrupto – o açúcar.

Alguns recursos caros à estética barroca evidenciam ainda mais a oposição entre as duas Bahias. A terceira estrofe, por exemplo, registra a maior concentração de antíteses do texto: dar/aceitar, excelente/inútil, simples/sagaz, num poema que já registrara outras mais (pobre/rica, empenhado/abundante). Como se sabe, essa figura estilística foi amplamente empregada pelos poetas barrocos no seu afã de exprimir um mundo "desconcertado", "desmedido", "retorcido". Caracterizada pela justaposição de palavras ou ideias opostas, a antítese adequava-se de modo eficaz a apontar as bases sobre as quais se assentava um universo carregado nos contrários. Aqui o poeta converge a força expressiva das antíteses para denotar a oposição entre a Bahia do passado e a atual. Oposição emblematizada sobretudo no par "excelente/inútil", um tipo de definidor das duas épocas em questão.

Outra figura importante é o hipérbato. Indicativo de inversões, atua como poderoso reforço num poema que tematiza "mudanças". A alteração por que passam a Bahia e o poeta se reflete na arquitetura frasal com a ruptura da ordem direta de seus termos. Logo, no lugar da linearidade, vários períodos aparecem com reviravoltas sintáticas ("A ti trocou-te a máquina mercante"). Uma verdadeira dança dos elementos dentro da frase numa sugestiva alusão aos estados invertidos.

A oposição continua: dessa vez os pronomes é que marcam o contraste. Repare-se no primeiro segmento a clara ênfase à presença do eu poético e da Bahia por meio de um número abundante de pronomes pessoais. Eles "personalizam" as figuras centrais do poema, pois nesse momento a ideia é de proximidade. Nos tercetos, portanto, já nos domínios da Bahia atual, os pronomes pessoais simplesmente desaparecem. Nessa parte, a Bahia é identificada apenas por desinências verbais ou adjetivação, nunca diretamente. E também não há nenhum termo explícito indicando o eu poético. No segundo quarteto, os pronomes mimetizam a passagem do estado antigo (forte) para o atual (fraco). Vejamos:

> A ti trocou-te a máquina mercante,
> A mim foi-me trocando, e tem trocado,

Os pronomes que aparecem em primeiro lugar (ti/mim) são tônicos; os que aparecem após o verbo dependem foneticamente dele; são, portanto, átonos. Sendo o teor semântico o mesmo (ti = te; mim = me), este ressalta a passagem de forte para fraco ou, dentro da perspectiva do poema, de "abundante" para "empenhado".

No verso 11 ("Simples aceitas do sagaz Brichote"), há um traço formal curioso: ao reconhecer no mercador estrangeiro um adversário ardiloso, o poeta combate-o em duas frentes. Primeiramente coloca-o na desprestigiada condição de última palavra na estrofe onde sua ação é bem explícita. Depois isola-o de maneira engenhosa: 13 versos, dos 14 que compõem o poema, são mais afeitos ao ritmo do heroico (acentos com predomínio nas sílabas 6 e 10); somente o verso 11 é sáfico (acento nas sílabas 4, 8 e 10), o que o deixa na situação de único verso "estrangeiro" do soneto. No intuito de desqualificar e afastar o "Brichote", já em si uma denominação pejorativa do estrangeiro, o poeta acaba por fazer uma espécie de exorcismo poético provocando o transe.

A última estrofe apresenta um tom optativo. Irritado com os desastres, o eu poético deseja falência total para a Bahia. De fato, "capote de algodão" é uma metonímia que indica condição humilde, estado de pobreza mesmo. Uma agressividade assim é inerente à sátira: "A sátira e, mais ainda, o *epos* revolucionário são modos de resistir dos que preferem à defesa o ataque" (BOSI, 1977, p. 160).

Por último, vemos que, num poema como esse, o seu sentido profundo acaba sendo o significado aparente multiplicado por recursos da linguagem poética de que o autor lançou mão para organizá-lo. Na verdade, quase tudo concorre para indicar e sabiamente reforçar a imagem de um mundo implacavelmente transtornado pelas mudanças mais corruptas trazidas pela continuidade e aumento do escambo, da mesma forma como faz Gregório de Matos Guerra no poema abaixo, um hino ao escambo, nos poemas gregorianos:

Descrevo que era Realmente Naquele Tempo a Cidade da Bahia

> A cada canto um grande conselheiro,
> E que nos quer governar cabana, e vinha,
> não sabem governar sua cozinha,
> e podem governar o mundo inteiro.
>
> Em cada porta um freqüentado olhei
> que a vida do vizinho, e da vizinha
> pesquisa, escuta, espreita, e esquadrinha,
> para a levar à Praça, e ao Terreiro.
>
> Muitos mulatos desavergonhados,
> trazidos pelos pés os homens nobres,
> posta nas palmas toda a picardia.
>
> Estupendas usuras nos mercados,
> todos, os que não furtam, muito pobres,
> e eis aqui a cidade da Bahia.

A literatura de Gregório de Matos Guerra, nesta análise, integralmente satírica, nos indica, inclusive em tantos outros poemas, no que se tornou o Brasil de Pero Vaz de Caminha: o escambo desavergonhado, inclusive na miscigenação: um país de "mulatos desavergonhados", fazendo referência ao escambo das raças e DNAs. O Brasil é um escambo!

REFERÊNCIAS

BOSI, Alfredo. *Dialética da colonização*. São Paulo: Companhia das Letras, 1992.

_____. *O ser e o tempo da poesia*. São Paulo: Cultrix, 1977.

CANDIDO, Antonio. *Literatura e sociedade*. 5. ed. São Paulo: Editora Nacional, 1976.

DIMAS, Antonio (Org.). *Gregório de Matos*. São Paulo: Abril Educação, 1981. (Literatura Comentada).

VELOSO, Caetano. *Transa*. Rio: Phonogram, 1972. Disco.

WISNIK, José Miguel (Org.). *Poemas escolhidos* (Gregório de Matos). São Paulo: Cultrix, 1976.

3. NA TERRA DE MÚCIO DA PAIXÃO, POETAS DE CAMPOS DOS GOYTACAZES E A POESIA TELÚRICA E DE MEMÓRIA CULTURAL: Adriano Moura, Flavia D'Angelo e Zedir de Carvalho Nunes

Na terra de Múcio da Paixão, patrono da cadeira que ocupo, na Academia Campista de Letras, temos poetas de tom maior, essencialmente telúricos e de uma erótica bastante imersa na natureza local, e adjacências praianas, em temáticas variadas, dialogando com questões vitais da vida contemporânea do Estado do Rio de Janeiro e com a Cidade de Campos dos Goytacazes e São João da Barra e com os simulacros do escambo, da Memória cultural e da terra com forte herança da cultura indígena e escravocrata.

Múcio da Paixão escreveu *Theatro no Brasil* (Rio de Janeiro: Moderna, 1917, 608 p.) enfocando dados teóricos, históricos e comparativos ao Teatro Latino-americano, nesta obra de suma importância para se entender o teatro brasileiro, desde a sua origem e evolução, até o século XIX, bem como a sua relação com outros gêneros e teatros de outros países que aqui estiveram se apresentando. E ainda, uma relação dos principais artistas de todos os tempos, que construíram o nosso teatro. Livro RARO/ESGOTADO, especialmente destinado a pesquisadores e colecionadores. Fica, aqui, de relíquia e de orgulho seu registro.

No que tange à poesia campista, queremos deixar bem evidente o critério de seleção para este panorama, aqui ora apresentado, no intuito único e maior, de registrar poetas em produção e que tem relação direta e indireta com as questões e debates proposto por nosso livro.

A contemporaneidade, a ousadia, o erotismo terral, a abundância lírica e o valor estético contribuíram para nossa escolha: Adriano Moura, Flavia D'Angelo e Zedir de Carvalho Nunes.

3.1 Adriano Moura

Adriano Moura nasceu em Campos dos Goytacazes, em 11 de dezembro de 1972. É professor de Literatura, mestre em Cognição e Linguagem. Autor do livro de poemas "Liquidificador: poesia para vitamina" (Imprimatur/7 Letras, 2007), do romance *O julgamento de Lúcifer* (NOVO SÉCULO, 2013); *Todo verso merece um dedo de prosa* (CHIADO, 2016) escreveu as peças teatrais *A matrioska ou o jogo da verdade* (2014, premiado no concurso nacional de dramaturgia da FETAERJ – Prêmio João Siqueira), *Meu querido diário* (2009) e *Relato de professores* (2005). Atua na graduação em Letras e na pós-graduação em Literatura, Memória Cultural e Sociedade do Instituto Federal Fluminense. Autor dos artigos "Estudo deleuziano de literatura contemporânea: literatura menor e agenciamento em António Lobo Antunes" (DIÁLOGOS: Revista de Estudos Culturais e da Contemporaneidade, 2015); "Autobiografia: gênero literário ou forma de recepção" (MIGUILIM, 2015); "Babel: cinema hipertextual e processos de significação" (TEMPO BRASILEIRO, 2011).

De acordo com o poeta algumas leituras foram determinantes para sua formação como escritor: Fernando Pessoa, Arthur Rimbaud, Manoel de Barros. O primeiro pela multiplicidade temática e estética, para além do fenômeno da heteronímia. Os dois últimos pela alquimia do verbo.

O homem decide-se, diria Heidegger, seguindo o círculo vicioso do seu pensamento, a ser ele mesmo, um ser autêntico. E a essência dessa autenticidade é a liberdade, apesar de ainda não sabermos: liberdade para que fim? Para fazer o quê? E esse círculo vicioso é uma natural consequência do subjetivismo exasperado dessa mesma concepção, de um liberalismo "paradoxo", pois, no caso da poética de Adriano Moura, diríamos, o existencialismo telúrico, moral, vital e experimental, muitas vezes, em seus poemas, tem seu lirismo alicerçado por estruras objetivas, individuais e supra-individuais, conteúdos lógicos ou éticos, embriões de um sistema de valores heterogêneos, em que se misturam elementos e modalidades as mais originais e diferentes, diferenciando seus poemas de um evangélico poemático, já que podemos afirmar que ele põe o mundo entre parênteses para tornar-se autêntico. Como? Para ativar o ativismo e o empenho, intuir a sua e a nossa liberdade como nos versos com que joga livre e de forma altamente heroico/telúrica, só para começarmos o comentaire-composé: decide-se, enquanto eu poético, com grave decisão, por nada senão pela sua própria decisão na modalidade lírica que constrói/desconstrói.

Sua *poíesis* e *techné* estão sempre estruturadas como arcabouço do seu eu-lírico, do imperativo categórico que encontra uma base na razão prática do homem: é como se sua *poíesis* e *techné* formassem uma máxima que se torna, a priori e no todo, uma lei geral da modalidade que o poeta quer cantar, pois, ao contrário, poderia, numa época, em que é geral a confusão com que o homem – e principalmente os intelectuais – se empenham em demonstrar triunfalmente que o homem poético pode ser irracional – opinião que, depois de uma pequena redução, ninguém de sã consciência poderá negar.

Adriano Moura é ensaísta e crítico, professor, dramaturgo, romancista e experimentalista, por excelência. Domina as técnicas, passeia pelos valores da literatura contemporânea com uma parcela bem amadurecida, talvez, por isso, rica, de racionalidade, *de logos*, de "razão prática" e de "objetividade", aplicável não somente ao telurismo mundi, mas à poesia de caráter verdadeira que só poderia surgir na terra própria, com tom telúrico e dicção universal. São seus os poemas:

o marido da cidade

o rio que corta tuas artérias
deságua São João sem fogos
em território seco.
Resta-te o choro
dos homens que te calçam.
Descalços já não cortam as canas
cachaças de teus engenhos,
mas engendram, solitários,
com retalhos de petróleo,
o poema de bacias
sujas e sem roupas.
Prenhes de meninos,
meninas desfilam,
putas maquiadas no asfalto de tuas colunas.
Em tua cama há um coito interrompido
toda vez que um pau,
lá dentro,
acena transmutar em gente
o ovo oco
do teu útero.
Então permaneces, assim,
mulher rica e satisfeita
apenas em gozar multiplamente,
enquanto teus homens, piranha,
acordam com a marmita da manhã
pra satisfazer teus caprichos.

Temos que chamar de mito qualquer narração (hoje tudo nos é narrado) de um evento senvivelmente real em que este evento é sentido e representado como telúrico divinal. Há, neste poema um eu divinal, da criação, terral, moral, erótica e telúrica, por excelência, nos mostrado objetivamente sem rodeios, de maneira mundi, mas com uma vivência mítica que arranca o fato ou objeto causal do contexto causal e do tecido das imediações empíricas, apreendendo-os com toda a paixão da alma na sua concretude singular e relacionando *poíesis* e *techné*. Em vez de mediações empíricas, o eu-lírico, apesar de não ser a nenhum momento vulgar, deixa o leitor mais distraído inclinado a dar sua alma na concretitude do poema, estabelecendo um transe correlacionado às verdades do mundo cotidiano, em voz poética do eu, com seu próprio conteúdo de vida, de catarse, de gozo e significado, com as manifestações líricas do mundo teluricamente, resultando, no leitor, no transe, a intuição empírica adequada do homem primitivo, mas contemporâneo em sua experiência particular e em face do que nela não pode ser entendido à base de outros eventos, mas que somente pode ser apreendido enquanto *poíesis* em si mesmo como o símbolo de um contexto secreto, supracausal, com o signo intangível do mundi absolutamente telúrico.

O mesmo pode-se inferir em vários outros poemas de Adriano Moura. Eis uma mostra de sua contribuição riquíssima ao cancioneiro brasileiro:

Não meta linguagem

Hoje amanheci de poesia
mas não soube dizer,
esperei o verso cair do céu
mas ele quis continuar nuvem,
pensou que mais chuva inundaria meus rios
bueiros
buracos
beiras,
provocaria deslizamentos,
frases orações períodos inteiros
e viraria texto.
Entendo a condição de nuvem do verso:
metamorfose
pode ser planta bicho monstro gente: Deus.
Chuva: apenas gota água lama onda lágrima.
Mas enquanto durar a estiagem,
aprendo a pilotar aviões
e a navegar nuvens.

Vereda de um poema

Ser
Tão
A
Cada
Dia:
Dor
In

A dança

a valsa dançada à areia
beira o mar
e a música sereia
o silêncio das ondas.

os que dançam movediços
na turbulência
movem os passos
nos passeios
em que ser público não satisfaz.

dance
e realize os aplausos do mundo
de pé
não é Fred Astaire
Nijinski
mas um quadro de Kandinski
cheio de cor e formas que só a poesia
define.

dance
funk
fauno urbano sedutor de ninfas
dríades ex
aladas de árvores lâmpada.

sua luz dá ritmo
a essa flora
desprovida de deuses.

seja o Pã
dançarino

a embriagar a noite
com o vinho
dos seus doces passos de menino.

Parto

do espanto
do espasmo
do enquanto
do orgasmo
do estorvo
da vida
do ovo
da ferida
do amor
do prazer
do horror
de conhecer
do rosa
em pessoa
da prosa
da proa
nasce senverso
enquanto converso

Porque não só rio

Porque me cortas a cidade e o peito
Com águas e lembranças,
Deságuas nos meus olhos
Alegrias e detritos,
Alimentas e derrubas
Minhas casas e esperanças
E quando seco
Meninos brincam nas areias de teus quintais

Porque inspiras protestos e poesias
Dais abrigo a beatas e piranhas,
Lavas homens e animais...

Rio

E te atravesso apesar das correntezas

E

Só

Rio
Porque tens lágrimas demais
E meus dentes se misturaram a teu lodo fértil,
Manguezais formaram-se em minha boca,
Guaiamuns fartaram-se de poesia
E as palavras tragaram os catadores de livros
E puãs
Entre a minha
e a tua vida
há o naufrágio de grandes vapores
e a teimosia de pequenos barcos

Rio
Porque me guarda um beijo quente
O oceano.

Os donos do poder

Lavra
Dores
Mas colhe gozos
Lava
Dores
E suja as mãos
Canta
Dores
Mas ouve gritos
Maquia
Dores
E diz que não
Ora
Dores
Mas diz que é Cristo
Saca
Dores
E não sai do chão
Chora
Dores
Mas tem lenços secos.

Pensa
Dores
E livros vãos
Moe
Dores
Mas bebe scotch
Salva dores
E não os são(s)
Os perde
dores

Com quantas conchas se faz um verso

Apanhar palavras no vento
É como ouvir os segredos do mar
Nas conchas dos caramujos,
São notas perdidas no tempo
A espera de composição.
Palavras cato no vento
Que não me lança contra rochedos em dias de fúria
Mas segredos....
Não há como os do mar!
Então eu ouço os segredos de um,
Colho palavras do outro
E conto para o mundo:
Eis minha infidelidade.
Queria aventurar-me a maiores turbulências
Mas sou poeta de horas vagas e concursos literários,
Subtraído pelos livros de ponto
E prestações de conta.
Deito a tranqüilidade das brisas
E guio o leme dos meus versos.
Vez em quando cato uma concha das grandes
E fico sentindo saudade do Ulisses que não fui.
O vento sabe da minha preferência pelo mar,
Por isso em dia de fúria
Varre todos os caramujos de minha margem.

O qui nóis vai fazê di nossa roça pai?

Nascido casado
Amado no campo

Crescido arado
Chorado no canto

Vencido cansado
Afogado no pranto

Curtido solado
Domado no campo

Perdido parado
Achado no canto

Querido falado
Plantado no pranto

Vencido calado
Enterrado no campo

Enquanto enterravam o corpo do pai
As lágrimas fertilizadas do filho
Irrigavam o deserto.

Nasciam petúnias frutas-pão mandacarus rosas margaridas azaléias
Dálias papoulas narcisos bem-me-quer

Mas era o espinho do cacto que mantinha aberto
O grito desamparado da criança.

Uma outra relação muito mundi-telúrica, do dia, das pessoas e das mais recônditas grutas da alma, é a do Eu-Tu-Natureza-Forma. Nela o Eu reconhece o Outro como ser autônomo. Trata-se de um encontro, de um lado havendo um homem na integralidade do seu ser espiritual e emocional; de outro, um ente que se abre em toda a riqueza infinita do seu ser peculiar, O Eu abraça o outro ente com todas as forças, não sendo mais sujeito diante do objeto, ou ser rapace diante do "material", mas um ente em face do Outro, um Eu em face do Tu, TU, vida, Tu, mundo, Tu, Terra e gentes.

Todo encontro lírico-narrativo-dramático de valor estético, portanto, na poética de Adriano Moura, leva o homem além dos limites imanentes do Tu, visto cada ente assim apreendido apontar para o Tu terral e o Tu eterno, pois o divino terral, revivido com vigor e beleza e *techné*, singulares no telúrico de Adriano Moura, impregnará qualquer ser no transe.

3.2 Zedir de Carvalho Nunes e as aldravias – poesia minimalista

Zedir de Carvalho Nunes é filha de Waldir Pinto de Carvalho (Grande Poeta!) e Zeni Pereira de Carvalho. Nasceu em 21/02/1947, em Campos dos Goytacazes (RJ), onde mora. Professora e Diretora do Centro Escolar João Barcelo Martins (Depois Escola Técnica), desenvolveu o Projeto Radioteca Jovem, projeto cujos resultados foram apresentados em Congresso na UERJ. É Graduada em Letras, Língua Portuguesa e Literaturas e Pós-graduada especialista em Literatura e Análise Cultural, pela Universidade Estácio de Sá, Curso de Letras, tendo defendido para a Banca a Monografia intitulada "Tropicalismo: Síntese de Imagens e Signos, Movimento e Corpo". Publicou seus poemas em *Certos dias* (Campos dos Goytacazes: Ed. do Autor, s/d), onde reúne "poemas sem a preocupação e o rigor cronológicos. São transcritos ao sabor da indefinição, pois surgidos do *insight* de "certos dias".

ALDRAVIA tem origem em "aldrava", batedor, argola de metal com que se bate às portas para que estas sejam abertas por quem está dentro da casa. Era comum na maioria dos casarões antigos de Mariana, Sabará, Ouro Preto e outras cidades mineiras. Tem, portanto, um caráter telúrico-cultural, de uma determinada região do país. O movimento aldravista se propôs a criar uma arte que chama atenção, que insiste, "que abre portas para as interpretações inusitadas dos eventos cotidianos, em relatos daquilo que só o artista viu" (Disponível em: <http://www.recantodasletras.com.br/teorialiteraria/3797797>. Acesso em: 17 jun. 2017).

> Aldravia
> Zedir de Carvalho Nunes
> Batente
> Manter
> A
> Porta
> No
> batente

A poeta campista-goitacá Zedir de Carvalho Nunes tem nos presenteado com suas *Adravias* diariamente. São exemplo de sua poeticidade e que aqui cabem como objeto de estudo para enriquecer alguns apontamentos historiográfico-teóricos, tomando o termo ALDRAVIA, aquele que nos traz à tona a nova forma, a nova poesia, sem prejuízo do conteúdo e/ou do entendimento do texto.

Daremos às Aldravias de Zedir, poeta de outras tantas grandes poesias, o crédito de ser uma campista, portanto, terral, cuja arte da poesia já experimentou muitas formas. Ela sempre esteve certificada pela grandeza com que a arte encanta olhos e ouvidos. E consagrou nomes e eternizou formas, além de ter revelado muitas faces ocultas das paixões pela vida. Não é à toa que sua poesia é tida por muitos e por nós mesmos como uma das mais nobres entre todas as artes da planície goitacá.

Das narrativas longas da antiguidade, passando pela condensação dos sonetos do advento da era moderna ou pela síntese do haicai, a poesia experimentou extremos: muitas palavras para muitos conteúdos ou muitos conteúdos em poucas palavras.

Em novembro de 2000, com o lançamento do Jornal Aldrava Cultural, nascia o novo movimento poético em Mariana (MG). Hoje o Movimento Aldravista já alcança algumas cidades da Europa. O primeiro legado dos aldravistas foi a ideia de organização do mundo artístico a partir do conceito de metonímia: porções constitutivas das coisas podem representá-las, muito bem, no mundo das significações. Ao mesmo tempo, a poesia metonímica ou sinedoquista busca demonstrar que a poeticidade pode estar na simplicidade, ou melhor ainda, que sua grande *techné* está no transe provocado pela pétala da rosa, sem, contudo, deixar de nos despertar ainda mais para a rosa no seu todo. Isto porque sentidos têm que saltar da forma poética com a facilidade com que se captam os significados na fala cotidiana. Trata-se de pôr em prática o que o espírito da poesia já revela há milênios: o mínimo de palavras para a abertura do máximo de possibilidades significativas, como nos mostrou Pound em sua reflexão sobre a arte da poesia.

> Aldravia
> Zedir de Carvalho Nunes
> Entrega
> Cabal
> Não
> É tarefa
> banal

A partir de reflexões sobre os destinos da poesia, os aldravistas, liderados por Gabriel Bicalho, "buscaram observar a poesia que aponta para a síntese nos poemas curtos, nas trovas, nos haicais. Mas, seriam, de fato, essas formas poéticas as mais sintéticas? Representariam elas, de fato, as metonímias perseguidas pelos aldravistas?" (Disponível em: <http://www.recantodasletras.

com.br/teorialiteraria/3797797>. Acesso em: 15 jun. 2017). Percebe-se que ao questionarmos a validade da "ideia poética de flash, de fotografia ou de uma porção de algo" (Disponível em: <http://www.recantodasletras.com.br/teorialiteraria/3797797>. Acesso em: 16 jun. 2017), apesar de parecer contemplada pela *techné* nessas formas poéticas, há, ainda, um certo questionamento sobre o artefato poético e a *poíesis*. Isto pode ser explicado pelo fato de elas demonstrarem também outro aspecto do aldravismo – a livre escolha de formas de poesia. Aí outro aspecto do espírito do poeta evidencia-se: a inquietação. Nas Aldravias de Zedir de Carvalho Nunes, essa inquietação faz do poeta um ser que está sempre em busca de algo mais, do ponto extra, da falta, do que ainda não foi visto. Mais uma vez, a poeta, como aldravista se vale do legado de Pound.

Algumas questões que queremos abordar aqui: Que novidade os aldravistas poderiam deixar às gerações futuras? O grande investimento aldravista está no conteúdo metonímico – pouco importando a forma? A forma é apenas textual, é apenas envelope dentro do qual os discursos se depositam em sua fecundidade ilimitada, disponíveis aos olhares de espectadores que alcançam alguma porção discursiva a partir da qual expande sua compreensão e interpretação? Mas, que tal uma nova forma? "Eis que do permanente congresso do movimento aldravista de artes, do qual participaram ativamente Andreia Donadon Leal, Gabriel Bicalho, e J. S. Ferreira, surgiu uma nova forma de poesia: a aldravia, nome sugerido por Andreia Donadon Leal a uma forma elaborada por Gabriel Bicalho" (Disponível em: <http://www.recantodasletras.com.br/teorialiteraria/3797797>. Acesso em: 15 jun. 2017). Podemos refletir acerca do que aprendemos com base na concepção de encontro com os sentidos na possibilidade real de se ter o máximo de poesia no mínimo de palavras, acompanhando a tendência minimalista mundial.

> Aldravia
> Zedir de Carvalho Nunes
> Seque
> Seu
> Pranto
> No
> Sagrado
> manto

Não se trata somente de um poema sintético, capaz de inverter ideias correntes de que a poesia está num beco sem saída. Essa forma nova vem inovar ricamente, jogando com uma via de saída para a poesia – aldravia.

Esta modalidade de poema é estruturada em seis versos univocabulares. Ou seja: somente 6 palavras, uma em cada verso. Esse limite de 6 palavras se dá de forma aleatória, porém preocupada com a produção de um poema que condense significação com um mínimo de palavras, sem que isso signifique extremo esforço para sua elaboração.

EFÊMERA
Zedir de Carvalho Nunes

EFÊMERA
ERA
FÊME (r) A
E
ERA
FE (m) ERA

3.3 A poética catártica com traços cubistas de Flavia D'Angelo

Flavia D'Angelo nasceu em Niterói, antiga capital fluminense, em 1972. Leu Clarice Lispector, sua grande paixão, Bukowiski, Rimbaud, todos os Beats, Hemingway, Maiakóvski, Fernando Pessoa, Hilda Hilst, Kavafis, Safo e muitos outros. Blogueira, catártica no seu âmago lírico já teve muitos de seus poemas editados em jornais, como O Diário, Campos dos Goytaczes, publicou pela Editora Sucesso, SP, 2014 e fez parceria com a Editora INDE – "Dez Tinos Poéticos". Multiartista, pensa em fazer um curta e escrever e atuar em teatro. Das Antologias de que fez parte, destacam-se *Poesias Sem Fronteiras*, organizado por Marcelo de Oliviera Souza, e Walking in Briarcliff – Revista de Literatura e Arte, site virtual.

É da poeta as seguintes palavras: "Não me considero poeta (odeio poetiza), mas encontrei uma terapia maravilhosa. Amo escrever [...] (Disponível em: <ltpst//www.facebook.com/pages/TRAP%C3%89ZIO-SEM-REDE/14008852 80163253>).

Sua poesia parece sempre quando vem aos nossos olhos um grito retido numa zona de guerra. No entanto, cortada pelas formas geometrais de seu contexto meio infernal, seus versos literalmente nos jogam no campo da zona erógena, do erotismo mais que alimento pois se trata de uma poesia que é autofágica e provém muito mais da necessidade da autora de performatizar suas misérias carnais que, na *poíesis*, se fazem mutação, num vaivém lírico de extremado despudor, sem que isso desmereça seus jogos da libido mórbida:

1-
semântica escrita
estória
denotativa recíproca
linhas mãos suas
leitura cria
palavras lidas
tua verdade
troca me dara
divergi gramática
conotativa resposta
revelou tempo
reciprocidade
texto em lápis
desprezo teu dissertara
amor que nunca
me escreveu...

Mais claramente explicitada em:

2-
dor...
na fria noite lancei meu achego
querendo ao meu lado quem não me precisa
sou assim, entendo a dor
no brinde solitário com a indiferença
sinto a secura do momento
antes revestido de ternura
palavras e gestos descabidos de sentido
selam a fria noite agora vazia
de entendimento
acarreando o seu pesar
a quem não se digna a esse
trato frio que machuca
tristeza vivida no desprezo
de uma entrega sincera
não há mal maior
daquele que não absorve
enquanto pode
o valor de um afago
perdas desadormecem fragilidades
do tempo que nos resta
e necessito gritar a vida

extrair o máximo
de pessoas que me pertencem
pelo maior tempo possível
Não sei quando findo, pode ser amanhã
hoje... quem sabe?
e nessa espera
tutelado será quem guardo aqui dentro
dizimando na medida que posso
o sofrimento que lhe afeta
e quando não me fizer presente
na distância lanço de mim a volição
de que matinadas vividas nessa estreiteza no peito
passarão...
assim deseja quem ama!

Os conflitos estão claros em seus versos. Para ela o conflito apesar de parecer insolúvel vai e volta na busca constante da luta íntima do eu-lírico, encarnando sempre um mundo interior em crise e na iminência de ruptura sempre. O conflito que nos é mostrado é a metáfora da crise por que passa o eu poético na tentativa de equilibrar os polos conflitantes, resultando numa luta constante, numa luta de equilibrar algo que nos parece insolúvel, pois que silenciado e reprimido. Ao silêncio da poeta, jorra o eu-lírico entregando sua autobiografia crítica, presente, essencialmente, nas reflexões do ser Outro e de sua consciente outridade:

3-
cedo
o receio
sinto
que nego
olho
não vejo
escuta
de cego
clara
que raio
nua
me deixo
cheiro
de tudo
fino
de medo

rasgo
que quebro
prumo
de meio
salto
do nada
perco
o veio
cruz
na espada
penso
desejo
morte
me afaga
cala
em cheio
sorte
afasta
meu devaneio...

4-
vejo compasso no anseio que peito deseja antigo sonho real tornar.
medo desvio em mergulho feito forço lembrança,
capaz que me sei quando entrega pura e cega ganho alcançar...
porta se aberta
entrada me deixo levar...

5-
domingo tem missa
cedo santuário espera
ser(mão)
altar vela no fogo aceso
pendura cama o terço
tua bênção
meu perdão
dispo melhor vestido
espero todo castigo
pecado
confessionário julgar
tomo-lhe da boca hóstia
corpo santo entoa
sino badalo dedos tocado
ecoa purgando

mulher pecadora
seu mais belo canto...

6-
perdão...
por ser-me humilhada pisada teu pano no chão cobria
por tanto traída cama vazia só rua prazer te satisfazia
por lado espaço presente fazia na dor que te tanto doía
por não me ser grata no quanto ingrato te via
por cobrar o tudo que pouco teu ser me podia
por saco pancada calada enchia tua frustrada vida
por surtar em fuga
por ver-me intrusa
no teu saber ser
perdão
por feito consolo
com dolo
te fiz esquecida...

Sua poesia, assim, revela um universo ambivalente onde a vigília e o sonho se confundem, levando a uma ambiguidade consciente e muito cara ao transe do leitor: ainda que o conhecimento de sua dor possa ser sonho, é. Assim mesmo, tudo o que sabemos de nós próprios: isso é o que nos diz a *poíesis* em todos os versos da poeta. A reversibilidade entre sonho e conhecimento garante ao eu poético recuperar-se na própria perda e fazer da negação uma afirmação. Uma Sor Juana pós-moderna, tão neobarrocamente destituída de qualquer impossibilidade de ser erótica, já que a carne é primordial para que se estabeleça o jogo Eros X Tanatos. O desenlace do conflito no jogo que se estabelece, por outro lado, é desabafo, é catarse, o que faz com que todo o poema termine onde o outro começa, radicalizando, na *techné*, o conflito exposto pelo eu-lírico, recuperando, sempre, de forma circular e caleidoscópica, para nós, leitores, a grandeza humana, desta poeta, que recupera esta sua mesma grandeza perdida no simulacro de sua própria natureza, também ela ambivalente. Bravo este escambo espiritual e erótico!

4. O ESCAMBO NA GEOPOÉTICA DE LUIZ GUILHERME SANTOS NEVES: as muitas formas de colonização presentes em seu discurso pós-colonial

4.1 Apresentando o escambo na geopoética do capixaba – Luiz Guilherme Santos Neves

> *Dedicar-se a este mundo, a este pequeno mundo, a este enorme mundo; é tarefa do romancista atual. Entender-se com ele, com esse povo combativo, criticá-lo, exaltá-lo, representá-lo, amá-lo, tentar compreendê-lo, tentar falar com ele, mostrá-lo, mostrar seu íntimo, os erros, as grandezas e as misérias: falar dele mais e mais, àqueles que permanecem sentados à beira do caminho, inertes, esperando-se sabe-se lá o que, talvez nada, mas que precisam, no entanto, ouvir algo que os movimente. Essa é, na minha opinião, a função do romancista atual. Essa é sua função social. Não pode fazer muito mais, e isso já é o bastante* (CARPENTIER, 1985, p. 32).

Dedicando-se a esse pequeno ou enorme mundo – terras capixabas –, dependendo do ângulo de visão, Luiz Guilherme Santos Neves[3], por meio de sua geopoética, busca representá-lo. Abrindo as entranhas desse terreno, mostra-nos seu íntimo: erros, grandezas, misérias. No entanto, em meio às críticas que o autor de *A nau decapitada*[4] faz durante a urdidura de suas tramas, o amor e a exaltação movimentam-se constantemente rumo ao enlace com a função social da literatura.

O autor capixaba evidencia em suas obras essa função social ao trazer, com fina ironia, uma inquietante discussão acerca do escambo. Em seu discurso pós-colonial a "troca" ganha um novo sentido, diferente do significado apreendido desde os tempos pré-históricos – durante o período neolítico (cerca de 10 mil anos atrás) – em que a agricultura e a criação de gado favoreceram a troca de trabalho por produtos ou, ainda, se preferirmos um passado mais recente, desde o início do século XVI – no contexto da exploração do pau-brasil em terras latino-americanas –, período em que os portugueses trocavam bugigangas (apitos, espelhos, chocalhos) com os indígenas e, em troca, os nativos

---

3   Usaremos a sigla LGSN para fazer referência ao autor capixaba Luiz Guilherme Santos Neves.
4   A sigla AND passa a ser utiliza por nós, a partir desse ponto, para fazer referência a obra: *A nau decapitada* do capixaba – Luiz Guilherme Santos Neves.

ofereciam o trabalho. Assim, por um utensílio qualquer, cortavam as árvores de pau-brasil e carregavam os troncos até as caravelas portuguesas.

Enfatizando o sentido de escambo, não agregado exclusivamente ao seu significado denotativo, LGSN volta-se para a vertente do passado mais recente, em que os índios, "[...] em troca de trabalho, [...] deveriam cortar as árvores de pau-brasil e carregar os troncos até as caravelas portuguesas", e para a pluralidade de significados que perpassam tal vocábulo. O escambo, dessa maneira, é enfatizado na pena de LGSN, apontando para o fortalecimento do colonialismo que nos assola e aprisiona, ainda em tempos hodiernos.

A troca de mercadorias por trabalho – muito utilizada no contexto exploratório colonizador – hoje (re)nomeia-se, conotativamente, pela alcunha de corrupção. Ao escrever as insólitas fortunas de suas personagens, o literato retoma à sua maneira – irônica –, as muitas formas de colonização presentes em nossa sociedade, demonstrando que o escambo sob essa nova alcunha está cada vez mais atual.

Tantas são as histórias dessa terra e de sua gente contadas pelo romancista capixaba! Muitas delas discurso uníssono, que consegue se arraigar profundamente no imaginário popular, criando mitos, heróis, anti-heróis. Quem poderia desconstruir tais discursos? Os fatos, sejam eles históricos ou cotidianos, jamais falam por si, são sempre interpretados. Segundo E. H. Carr (1989, p. 39-87), em se tratando de fato histórico, não existe nem mesmo consenso entre os historiadores quanto à importância de um ou de outro. Um historiador ou um literato pode selecionar um evento – aos moldes de Alain Badiou (1996, p. 53), "[...] esse ultra-um de um acaso, a partir do qual o vazio de uma situação é retroativamente detectável" – para estudo que passe totalmente despercebido por outro.

Sendo assim, a escrita de um romance histórico começa com a seleção e a ordenação dos fatos pelo autor que pretenda trabalhar seu tema por esse ou aquele viés – seu ultra-um. Tal ordenação consiste no trabalho de pesquisa historiográfica, que na ótica ora abordada é extremamente importante, pois é ele que pode colocar as massas silenciadas em primeiro plano ou simplesmente silenciá-las, pode continuar glorificando o caçador ou dar à caça seu dia de glória. O olhar lançado pelo pesquisador, nesse contexto, fará toda a diferença, como nos comprova a metáfora da historiografia tecelã:

> Os fios da pesquisa são os fios de um tapete; compõem uma trama que aumenta em densidade e homogeneidade à medida que vai sendo desvendada. Para entender a coerência dos desenhos inscritos no tapete é necessário percorrê-lo com os olhos a partir de múltiplas direções, percebendo que as possibilidades são inesgotáveis. A leitura em sentido vertical produz uma gama de resultados que variam se ela for feita em sentido horizontal ou diagonal (GINZBURG, 1999, p. 25).

Com essas considerações, voltamos nosso olhar para o romancista contemporâneo LGSN, que, como escritor, é peça motriz no motor da narrativa que revelará por meio de sua geopoética, personagens, espaços e mundos até então desconhecidos. Ele tem o poder de classificar um fato, seja ele grandioso ou pequeno, com o mesmo grau de importância com que coloca em evidência sua subjetividade e parcialidade, ou seja, sua experiência pessoal. Em meio ao processo e evolução dos métodos de sua pesquisa, para escrever o romance histórico contemporâneo o autor deve ficar atento, pois os fatos históricos não mudam o que muda é o olhar, que sofre uma espécie de extensão, como se uma grande lupa/ultra-um o socorresse, ampliando o leque de possibilidades interpretativas.

O olhar de extensão do autor capixaba está centrado em sua vertente telúrica: a terra e o povo capixaba. Referência em beleza natural e famoso pela culinária à base de peixes e frutos do mar, o **Espírito Santo**, narrado por LGSN, vai além das suas praias e do clima ameno de montanha: possui múltiplas riquezas naturais de norte a sul de seu território. As belezas naturais variam de mar à montanha, das águas turvas dos manguezais às águas cristalinas das lagoas, de serras antigas cobertas por matas inexploradas a pontões rochosos, entre outros vários chamarizes que, em cada região do Estado, possuem características paisagísticas singulares.

Em sua construção poética da região são frequentes alusões sobre o espaço geográfico e a natureza vibrante, em uma tentativa de figurar a terra como um espaço privilegiado. As paisagens naturais e manifestações culturais são fonte de inspiração para esse literato que as moldam em palavras e as transformam em imagens poéticas, fruto de uma postura imaginativo-figurativa do ambiente advindas da imaginação e experiências pessoais do autor.

Investigar essa veia telúrica na obra do capixaba e perceber a inserção do espaço geográfico e caracterizações culturais derivadas da relação espaço-homem na poética é nosso foco para este capítulo. E, ainda: compreender de que maneira o conceito de ambiente adentra o espaço literário do navegante do imaginário[5]. Esses objetivos nos conduzem a uma alusão que o autor faz, em suas obras, da tradição pesqueira e da herança da cultura indígena e negra revelando como essas vertentes culturais influenciaram profundamente esse povo. Na culinária a influência é sentida tornando-a eclética, produto de muitas influências dos habitantes locais como: portugueses, africanos e povos do norte da Europa. Ao mesmo tempo em que apresenta a culinária capixaba e suas paisagens locais exuberantes, o literato, de forma pitoresca,

---

5 LGSN na crônica: "Vilão Farto do Capitão dos Sonhos", refere-se ao capitão Vasco Fernandes Coutinho como navegante do imaginário. Tal expressão foi posteriormente usada por Maria Thereza Coelho Ceotto (2000) em sua obra homônima para fazer referência ao próprio literato. O que também faremos aqui.

vai tecendo em seu discurso as muitas formas de colonização presentes no discurso pós-colonial capixaba.

Na obra AND, o autor – por meio de uma **sopa de tartaruga e uma Moqueca de Papa-Terra** (alimentos considerados como verdadeiro banquete pelos pescadores da Vila de Meaípe e Ponta da Fruta, sucessivamente) reflete importantes questões acerca da sociedade colonial, revelando de forma impassível a verdadeira face do colonizador e a submissão do colonizado.

O Patrimônio Histórico Cultural é outro evento a ser descoberto (ou explorado, vivenciado) nas obras do navegante. Adentrar à sua proposta telúrica é realizar uma viagem entre o passado e o presente dos capixabas, preservados nos detalhes, ou seja, desde a denominação desse povo – inspirada na linguagem indígena: "trabalhadorem roça de milho" pelos – "canelas verdes" (portugueses), à vinculação entre a poesia e o espaço, isto é, no seu viés geopoético. Por meio da linguagem e da fotografia de sua poética, LGSN transpõe barreiras, evidenciando "[...] objetivos mais ousados, mais explícitos, mais combatentes e menos preocupados com divergências internas regionais" (AZEVEDO FILHO, 2008, p. 18). Além disso, nos apresenta diferentes tipos de paisagens – naturais e culturais da região – todas intrinsecamente vinculadas ao homem. Essas observações chamam a atenção para o "extrapolar de muros", para a necessidade de evitarmos orbitar apenas ao redor de nosso umbigo. É preciso ir adiante, para além da ilha.

Sair da ilha, estando nela! Isso significa ter a capacidade de fazer uma literatura ao mesmo tempo **do** e, mais avidamente, **no** Espírito Santo, com marcas capixabas – sem o caráter epigônico. Capacidade que será percebida no trabalho desenvolvido por LGSN. Exemplificaremos como o autor de *As chamas na missa* (1986) consegue singrar os mares para fora da ilha sem, no entanto, sair dela. Para proporcionar tal demonstração, apresentamos uma assertiva com o qual dialogamos em busca de entendimento: "[...] um agregado de atividades [...], um sistema que interage com outros sistemas" (EVEV-ZOHAR, 2014). Entendemos ser assim o trabalho do literato capixaba onde, inegavelmente, reside o seu valor político e estético.

O valor estético perceptível nas obras do autor de *Memória das Cinzas* (2009) deve-se, dentre outras coisas, a sua capacidade de articular e fazer interagir os sistemas. Um verdadeiro polissistema[6], onde a dinâmica da

---

6   O termo polissistema, aqui empregado, ancora-se nos estudos do professor Emérito de Pesquisa Cultural da Universidade de TelAviv, Itamar Even-Zohar. Sua *Teoria dos Polissistemas* tem por escopo levar à compreensão de que os processos que ocorrem dentro de um sistema alternam-se entre si de acordo com o fortalecimento ou enfraquecimento dos fenômenos. O que anteriormente encontrava-se à margem – obras, autores, gêneros ou apenas elementos parciais de vertentes literárias – poderá direcionar-se e ocupar o centro e vice-versa (movimento centro-periferia e periferia-centro) de acordo com a força, a mudança de diretrizes ou de outros elementos envolvidos no jogo intrínseco ao sistema. Even-Zohar, para organizar os elementos que constituem o polissistema, tomou emprestado o conhecido esquema da comunicação e da linguagem elaborado por Roman Jakobson e o adaptou ao caso da literatura, ficando assim constituído e definido: Instituição (contexto); Repertório (código); Produtor (emissor, escritor); Consumidor (receptor, leitor); Mercado (contato, canal); Produto (mensagem).

heterogeneidade cultural aflora, demonstrando a importância do diálogo entre as várias culturas. Um diálogo em que elementos políticos como: retórica, jogos psicológicos, imagística e história estão presentes ao mesmo tempo, e, muitas vezes, numa mesma obra, fazendo-a pulsar num ritmo universalista. Eis um ponto forte para dialogarmos sobre a complexidade da literatura que se faz telúrica **no** Espírito Santo e **do** Espírito Santo, pois LGSN, um escrivão da frota, ao trazer as marcas do "seu" local para os textos que escreve, o faz com um compromisso talvez inconsciente, mas certamente imanente: apresentar uma literatura não só do Espírito Santo, mas, sobretudo, capixaba, em sua profunda nuança telúrica de um Brasil em perene escambo.

A aliança entre a ficção literária e a matéria historiográfica, diga-se, especialmente, o escambo, presentes nas obras de LGSN, possibilitam a produção da diferença. Uma diferença que está na originalidade, na individualidade e no estranhamento em relação a tudo o que o autor elabora acerca da terra e do povo capixaba, um discurso literário liberado de sua âncora nas referências cotidianas, que "[...] se caracteriza como uma territorialidade não documental, prazerosa e questionadora da verdade socialmente estabelecida" (COSTA LIMA, 1986, p. 304). O navegante do imaginário, (re)apresentando o mundo a partir do foco de tensão e conflito entre semelhança e diferença da terra e do homem e vice-versa, subverte-nos e ao mesmo tempo nos extasia. Suas narrativas revelam surpresa estética ao imprimirem sua marca.

A marca Capixaba. Termo que passa a fazer, na reflexão apresentada, um sentido especial, telúrico, pois tal termo é utilizado nesta análise, não apenas no sentido geográfico, mas também no de partilha e de vínculo com a terra/lugar onde nascemos. Isso pelo motivo de entendermos que a proximidade com a terra, para além do aspecto físico, se faz, principalmente, no de pertença. É dessa forma que há uma maior conexão entre o homem e a natureza; ambos originários do *tellus mater* (CANDIDO, 1992), ambos ligados pelo poder de vida e de morte que de suas entranhas emana.

Na realidade, sentido de pertença, não regionalista, mas universalista. Uma Terra para todos. O "coração da peça". Aquele que vai dar o verdadeiro tom da "competição". Seria uma competição vincada pelo escambo, em suas diversas vertentes? Um escambo que tira a vida de muitos? Muito, é claro, no sentido de uma coletividade. A força do povo responderá. Aquele que aqui viveu e vive – os índios. Povos que chamavam de capixaba seu sustento, sua plantação de milho e de mandioca. Índios cuja valentia impregna nosso sangue. Índios cujo legado deixado foi a marca da terra!, telúrica: Forte! Capixaba!

A herança dos "capixabas" é entregue por meio da pena de LGSN, a outras etnias, outros mundos. Quais são? Quem merece tal legado? Os heróis dispensáveis e inesperados, as prostitutas, as clarividentes, os astrólogos desastrados, os carregadores de açúcar, os pérfidos, os gaiteiros, os embaixadores improvisados, os noviços, os padres atormentados e os poetas, as devotas de Cristo, os corsários desiludidos, os contrabandistas, os sertanistas e os mal sucedidos. Todos que aqui nasceram, viveram ou por aqui passaram com suas *insólitas fortunas*, conhecidas ou anônimas, e que sofreram com o escambo, em sua forma mais ancestral de trocas. Troca de seu trabalho por um pedaço de pão, por um lugar onde pudesse estirar o corpo exausto, por um mínino de dignidade, dentre tantos outros. Não importa como, não importa quando, não importa quem. Todos que, de alguma forma, contribuíram para formar a marca – CAPIXABA.

Vale ressaltar, então, que os que ajudaram e ainda ajudam a formar esse universo local só podem ser pensados de maneira positivada. Isso porque, mesmo tendo sido encarcerados por anos em uma visão negativa oferecida pela história oficial, são retirados, pela pena de LGSN, do véu lusco-fusco – para utilizarmos uma expressão cara ao literato em sua crônica "Visão Matinal" (1971) –, ou seja, são retirados de algo que não era totalmente claro, de algo misterioso ou, como nas palavras poéticas do escritor capixaba, "[...] começava[m] a se livrar da capa da noite" (SANTOS NEVES, 1971, p. 21). É dessa forma que LGSN traz à tona a verdadeira história dos que foram anti-heróis de um mundo em que os heróis somente usufruíam da força e do trabalho legado pelos menores, ou seja, pelos não vistos, "[...] os menorinhos" (SANTOS NEVES, 1997, p. 108).

Com a pena a favor da Literatura e não da produção de grandes vultos, LGSN ressalta do "menorinho" ao grande, descrevendo-os como simplesmente homens, mortais, com suas qualidades e defeitos. Se humanos simplesmente, desnudos da casca de heróis, encarnam, sim, suas lutas dentro do mágico tempo literário, porém sem entregar-se totalmente à causa. Essa certeza é favorecida pela voz do anônimo, que fala por meio da escrita do literato, interessada em dizer também àqueles que estão "[...] sentados à beira do caminho", precisando de movimento, que evita "[...] a toda prova e a toda prosa" o surrado discurso da exaltação.

Nesse mistério, no exercício das letras, LGSN nos apresenta o potencial da língua, reafirmando, em seu texto, ser por meio dela a expressão da História (matéria tão utilizada em seus romances) e só pela existência dela a produção literária. A língua, potencializada pelo texto, possibilita a aparição de muitas personagens, que deixam o anonimato ou são mais bem reveladas, e passam a ocupar papel de destaque: amadas ou odiadas nas galerias populares, dependendo do olhar que lhes é lançado, favorável à caça ou ao caçador. O registro dessa tendência – o texto – fará a diferença quanto à perpetuação de determinadas figuras, que pelo movimento do leitor serão ou não históricas. Fazemos tal afirmativa por entendermos que o uso do vocábulo "históricas" é utilizado, normalmente, no sentido de perpetuação, no imaginário popular, de tal figuras. Cabe a você leitor, pelo seu olhar, desmistificar ou não o tradicional papel da História como ciência dos acontecimentos.

O literato capixaba, incansável, em um eterno rolar da História que se entrelaça com a Literatura, é o Sísifo da contemporaneidade. Não pejorativamente. Positivado. Em sua resistência de se entregar à morte da verdade histórica que enterra a criatividade da ficção reveladora de outros profundos mundos, subverte a forma linear do texto e expõe um texto histórico como artefato literário que é ao mesmo tempo uma literatura de fronteira. Assim, devido a sua paixão pela história e o seu desejo pela literatura, nasce a sua narrativa na trilha de Clíope.

Nessa trilha, adentramos. Pelas veredas percorridas percebemos que o texto de LGSN é uma arena. Na verdade uma apropriação do silêncio ecoante da história capixaba. Esse, contado literariamente, por meio de seu jogo de palavras e sua técnica literária, revela a gênese do povo capixaba que sem falsos véus desnuda Clíope, a musa nascida em sua arte.

4.2 As muitas formas de colonização presentes no discurso pós--colonial de LGSN

Figuras 1 e 2 – Fachada barroca de La iglesia de San Lorenzo, Potosí, Bolívia, atribuída a José Kondori c. 1728[7]

---

[7] José Kondori – artista indígena Boliviano que viveu no século XIX. As figuras acima ressaltam a importância da arte de Kondori, numa conotação de resistência – "indiatidade". Tal expressão evidencia a perspicácia do artista em ter encontrado uma maneira de preservar a cultura de sua gente mediante a inclusão camuflada de símbolos indígenas americanos nas construções coloniais. Na obra de arte em destaque, junto às colunas gregas e aos anjos barrocos, temos o violão e a meia-lua incaica. Lezama Lima (1969, p. 39), relata tal ação em sua obra *La expresión americana*: "Em los precioso trabajosdel índio Kondori [...] se observa laintroducción de uma temeridade, de um assombro: laindiatidade. En la portada de San Lorenzo, de Potosi, em médio a losangelotelarvales, de lascolgantesjoyas de piedra, de lasllaves que como galeras navegan por lapiedralabrada, aparece suntuosa hierática, uma princesa incaica, com todas sus atributos de poderio y desdén".

Para Lennon e McCartney

Por que vocês não sabem do lixo ocidental?
Não precisam mais temer
Não precisam da solidão
Todo dia é dia de viver
Por que você não verá meu lado ocidental?
Não precisa medo não
Não precisa da timidez
Todo dia é dia de viver
Eu sou da América do Sul
Eu sei, vocês não vão saber
Mas agora sou cowboy
Sou do ouro, eu sou vocês
Sou do mundo, sou Minas Gerais.
(BORGES; BRANT, 1970, [s.p.])

Dentre as muitas formas de colonização presentes nas sociedades colonizadas, encontra-se a mímica – uma das estratégias mais ardilosas e eficazes do poder e do saber colonial para dominar. Essa forma de "[...] semelhança que difere da presença e a defende, expondo-a em parte metonimicamente" (BHABHA, 2003, p. 135), é apropriada pelo colonizador com o intuito de legitimar seu discurso de superioridade sobre o colonizado. Tal discurso reflete a figura do percepção, o Outro entende sua cultura como ruim, inferior. Assim sendo, busca torná-la melhor assemelhando-a à do colonizador. A esse processo de imitação o filósofo indiano Homi Bhabha afirma:

> A mímica surge como objeto de representação de uma diferença que é ela mesma um processo de recusa. A mímica é assim o signo de uma articulação dupla, uma estratégia complexa de reforma, regulação e disciplina que se 'apropria' do Outro ao vislumbrar o poder (BHABHA, 2003, p. 130).

No poema "Para Lennon e McCartney" os poetas gritam como Chico Prego, personagem de *O templo e a forca*[8] (SANTOS NEVES, 1999), seu grito gritado no intuito de instaurarem-se na zona de "deslocamento do ser" – local que provoca uma crise de identidade, "metáfora do transe" (AZEVEDO FILHO, 2016, p. 8) no qual o indivíduo não se reconhece mais como pertencente a sua própria cultura de origem. Tal situação é ocasionada pela ambivalência do discurso colonial revelada pela mímica. Mergulhado

---
8 Passaremos a usar a sigla OTF para fazer referência à obra: O templo e a forca.

na cultura do colonizador, o colonizado indaga-se sobre seu lado ocidental, tendo ciência de que "eles" – colonizadores – o ignoravam completamente: "Por que você não verá meu lado ocidental?" Ante a essa constatação entende que o colonizador não admite que o colonizado seja como ele. O que o colonizador faz é impor o escambo cultural. Sim, o escambo cultural, em que o colonizado se desfaz de sua identidade e em troca recebe a cultura do outro. Mas há um grande desequilíbrio nessa operação de troca. O colonizador, altamente "esperto", despreza o que recebeu do colonizado. Para aquele o que interessa é o poder, a imposição de imprime sobre a terra que "desbrava". Para este, submeter-se à mímica.

Absorvido pelo poder ladino da mímica, acreditava que sua cultura era ruim. Para ser melhor, deveria se assemelhar ao colonizador. Mas, percebendo não haver tal possibilidade, o que lhe resta é entrar numa crise de identidade. No deslizamento produzido pela mímica, o *cowboy* não se identifica mais com sua própria cultura, tampouco consegue se tornar igual ao colonizador. Voltando-se para sua trajetória de sujeito subalterno, imitador, produzindo e reproduzindo imagens de si, baseadas nos valores culturais e sociais do dominador: "Mas agora sou cowboy/Sou do ouro, eu sou vocês [...]", o poeta se (re)descobre pertencente a um lugar – à América do Sul: "Eu sou da América do Sul". Vendo-se assim compreende a importância desse pertencimento – cruzar fronteiras e enxergar melhor o conquistador para poder descobrir-se de fato.

Com essa postura, denuncia: existe um lixo ocidental que a maioria dos colonizados desconhece! Lançando mão dessa denúncia descobre a falácia do discurso que assimilou ao longo de sua existência. Tal constatação gera o vazio, a instabilidade, a crise e o desespero. Uma verdadeira tragédia psicológica recai sobre esse ser colonizado. Entretanto, ele não se deixa abater, antes se reconhece como um *"cowboy* do mundo".

Na forte simbologia do termo *cowboy* podemos inferir que o colonizado tem dentro de si um caminho a percorrer. A galopes ou a passos lentos, ele é o encarregado de conduzir a sua "boiada" de um lugar para outro, ou seja, as suas mais diversas e impensadas identidades, que em constante deslocamento, são direcionadas pelo que o Ser deseja alcançar. Do passado ao presente vislumbra algo mais que a mímica imposta pela cultura do outro.

Rememorando o antes da colonização e em seguida o passado de escravidão e a luta que enfrentaram muitos de seus iguais, opta em construir algo novo, diferente do passado e distinto do que a cultura colonizadora propõe. Não temendo, grita como Chico Prego em outras palavras: "Sou do ouro, Sou do mundo, Sou vocês". Não há nesse grito subserviência e sim, o chamamento para se encabeçar as fileiras rumo ao nosso próprio autoconhecimento.

Perceber-se e resistir à ideia de que o modelo latino-americano deve pautar-se pela história cultural do colonizador europeu. Ao enfatizar seu Ser no mundo, reescreve o discurso da margem para o centro, do fora para o dentro. Desconstruindo a ideologia colonialista, propõe revelar o que vem a ser "seu lado ocidental" em contato com o "lixo ocidental". Um verdadeiro sentimento de revanche ou em termos lezameanos uma contraconquista[9].

Severo Sarduy (1999) possibilita-nos, também, ante a descrição que faz do barroco frente ao renascimento, explicitar melhor a questão – "meu lado ocidental" a que o poeta aduz. Para o crítico cubano de arte e literatura, a América Latina seria o espaço lateral e aberto propício à explosão de um barroco furioso nas ruínas da renascença (SARDUY, 1999, p. 1308). O significante "ouro" na poesia reforça a ideia de pertença ("meu lado") de que a estética barroca é um fato americano. Para Lezama Lima (1988), tal estética teve seu desenvolvimento possibilitado pela diversidade – encontro entre etnias, idiomas, ritos e tradições –, na formação do povo latino-americano.

O processo colonizador ao tentar unificar elementos tão diversos, acaba por provocar tensões que constituirão a estética barroca no continente americano, como devir permanente. Tal devir, segundo Irlemar Chiampi (1998), é fruto do diálogo entre os textos latino-americanos e os das outras culturas com as quais estabeleceu contato. "Mas agora eu sou cowboy/[...] sou vocês". Um *cowboy* mineiro, um desvio em relação ao produto cultural puro, original. Nessa releitura, reconstrução imaginária do passado, adicionando elementos como a festa, o carnaval, a libertinagem e a suspensão das hierarquias, emerge um Outro. Esse outro se constitui em um Ser do mundo. Sabendo que o mundo é multiplicidade, o indivíduo está sempre em pleno devir. Assim, por meio de seu discurso, sua linguagem de resistência, revela sua experiência subjetiva.

Na perspectiva de compreendermos tal experiência e os discursos (dentro/fora, margem/centro) que dela advém estabelecendo uma história[10] (no sentido lezameano), lançamos neste capítulo questionamentos que têm

---

9   Lezama Lima ao usar a expressão contraconquista, não só inclui a forma como o colonizado apropria-se da estética barroca do colonizador, como também, restitui às formas artísticas a sua abertura para veicular suas ideologias díspares. Em sua obra *A expressão americana* (1988, p. 80), o poeta cubano diz: "Repetindo a frase de Weisbach, adaptando-a ao que é americano, podemos dizer que entre nós o barroco foi uma arte da contraconquista. Representa um triunfo da cidade e daquele americano ali instalado com fruição e estilo, norma de vida e morte. Monge, em caritativas sutilezas teológicas, índio pobre ou rico, mestre em luxuosos latins, capitão de ócios métricos, estanceiros com queixume rítmico, solidão inaplicada do seu peito, começam a tecer sua entoação, a voltejar com leificada sombra por arrabaldes, um tipo, uma catadura de americano em seu prumo, em sua gravidade e destino".

10   Para Lezama Lima o conceito de História difere do defendido por Hegel. Este aproveita do pensamento kantiano o pensar a História de forma universal e com uma finalidade dotada de Telos. Nada de novo na História pode nos surpreender. Ela é movimento e contradição, mas não tem nada de novo. Olha para seu tempo como o acabamento de um longo período histórico que começou com os gregos. Lezama Lima para quem a capacidade criativa e dionisíaca do homem é o eixo central da atuação histórica, a origem não interessa, mas sim a forma em devir. A ideia do poeta perpassa pela tentativa de compreender a História de uma cultura pela imagem que ela gera de si mesma. Tal imagem está na literatura e na arte.

atravessado, em tempos hodiernos, os Estudos Culturais[11]. Tais inquietações, certamente, constituem um grande campo de disputa teórica e ideológica. Visando a produção de sentido, as apresentamos: em que medida as nações periféricas são ou não hoje uma continuação do mundo ocidental para a conformação de um saber de pretensões universais surgidos na Europa? É possível afirmar que a colonização tem muitas formas que "[...] não são categorizadas sob a rubrica de 'colonização'"[12]?

O escambo na geopoética presente nas obras do capixaba LGSN nos permite compreender as questões acima elencadas. O discurso pós-colonial de LGSN aponta para uma sociedade colonial que agoniza ante os desmandos de trocas do colonizador. O autor capixaba trabalha um texto que se pauta em um "[...] conjunto de práticas e discursos que desconstroem a narrativa colonial tal qual foi escrita pelo colonizador e tenta substitui-la por narrativas escritas do ponto de vista do colonizado" (SANTOS, 2010a, p. 13). Sob essa ótica suas obras ganham um caráter multiplicante, ramificante e ao mesmo tempo fragmentário.

O romance AND, que narra de maneira pitoresca os infortúnios do Presidente da Província do Espírito Santo, José Joaquim Machado de Oliveira, na viagem do Rio de Janeiro a Vitória, para tomar posse do governo, demonstra multiplicidades, ramificações e fragmentações ao expor a efervescência de elementos alógenos em sua trama. Tais elementos são resultado da experimentação de práticas e procedimentos da tradição cultural brasileira – herdeira de todas as tradições culturais – que o literato capixaba deixa transbordar numa espécie de superabundância em sua narrativa.

A obra possui como subtítulo "Manuscrito de Itapemirim". Essa expressão toma força por fazer referência ao registro do discurso historiográfico oficial que vem, ironicamente, como apêndice ao final do romance. O documento, escrito pelo próprio Presidente Machado Oliveira, versa sobre sua viagem de Piúma à capital da Província. A leitura desse apêndice vem dar sentido a um mundo ou a uma práxis de dominação que perdurou – e em muitas situações ainda perdura – como alicerce de discursos históricos e sociais.

Em AND, obra de tantas dicotomias, temos dois textos, um nascido do outro. O primeiro torna-se veículo possibilitador da transformação da realidade histórica em recriação, em inversão, em paródia. Enfim, em "verdade"

---

11   Os Estudos Culturais nascem a partir dos estudos realizados por **Raymond Williams**, crítico de literatura britânico, apontado como um dos criadores desta disciplina, e pelo historiador **E.P. Thompson**, os quais, ao lado de **Richard Hoggart**, primeiro diretor do Centro de Birmingham, tecem as primeiras reflexões que irão compor o arcabouço deste campo de pesquisas. Ao trazer o tema para esta discussão o faço especificamente por sua natureza interdisciplinar e por sua transitoriedade. Procuro evidenciar como esses estudos se destinam a questionar interações que se baseiam no poder e na autoridade. Nesse aspecto é fundamental que ele mesmo não se constitua de verdades absolutas e dogmáticas.

12   Expressão tomada de empréstimo da Professora Doutora Eni Puccinelli Orlandi em sua obra *Terra à vista discurso do confronto: Velho e Novo Mundo* (2008).

da ficção. Vale recordar a assertiva feita pelo estudioso Francisco Aurélio Ribeiro (1990) sobre esse fato:

> [...] é exatamente aí, na lacuna e na marca moralizante do relato do Presidente, o texto 1, que o ficcionista cria o texto 2, como paródia do primeiro, invertendo-o, recriando-o, como canto paralelo, ou espelho, onde a imagem que reflete revela-nos a história, com suas falácias, suas omissões e agressões (RIBEIRO, 1990, p. 6).

O primeiro texto, o de número 1, oficial, histórico é escrito, num primeiro momento, em linguagem quase científica. Essa é utilizada pelo autor quando em descrições minuciosas sobre a topografia da natureza e seus relativos fenômenos, de caráter meramente informativo. No entanto, ao fazer menção a pessoas, seu discurso é moralizante. Importante atentar ao fato de que esse texto, escrito em pleno século XIX, apresentava semelhanças com crônicas do século XVI.

Nesse tipo de crônica, a América e o contato com sua gente eram descritos sem maiores intenções artísticas, mencionando os problemas, as prováveis riquezas, as lutas de dominação, as paisagens física e humana, dentre outras coisas. As cartas de Hernán Cortez[13] dirigidas ao rei da Espanha sobre a conquista do México são o exemplo mais famoso desse tipo de literatura. Ao chegar à América, tanto Cortez quanto os cronistas foram nomeando a flora e a fauna americana a partir do imaginário medieval. Tal imaginário advinha, conforme afirma Lezama Lima, em sua obra em *La imagen de América Latina* (2000), nada mais nada menos que das lendas, das fábulas e das histórias de viagens. Nas referidas cartas, então, residia uma questão importante sobre o imaginário, pois a fauna e a flora existentes no Novo Mundo foram nomeadas com palavras estrangeiras, tendo por base mitos greco-romanos.

O vocabulário utilizado pelos cronistas serviu como elemento fundador do maravilhoso – a palavra como força representativa do universo latino-americano, pois havia a necessidade de nomear as coisas e seres para prestar contas ao rei. Esse estatuto imaginário acabou por desprender-se do colonizador, possibilitando a reinvenção e ao mesmo tempo a soma dos outros imaginários anteriores por parte do colonizado (LIMA, 1988, p. 32). A conquista e o choque entre as concepções de mundo do binarismo colonizador/colonizado produziu outra concepção, a transculturação.

---

13 Conquistou o centro do atual território do México a favor da coroa espanhola. Tinha uma percepção política e histórica de seus atos. Tzvetan Todorov (1993) atribui a Cortez a invenção de uma tática de guerra de conquista e, por outro lado, a invenção de uma política de colonização em tempos de paz.

Segundo Ortiz (2002, [s.p.]), a transculturação reverbera-se na prática diferenciada de interpretação e representação cultural elaborada por meio da subjetividade coletiva, que aos poucos vai se definindo. Pautada tanto pela colonização ideológica quanto pela imposição cultural, tal subjetividade apoia-se num outro lugar, ou melhor, o imaginário do colonizado ancora-se num entrelugar para um saber independente. Vejamos como essa transculturação, que resultou num saber independente, é representada por LGSN em AND no episódio em que a personagem-narrador descreve o jantar oferecido na casa do alferes Pedro João, o gaiteiro, ao Presidente da província. Este, "[...] chegando à estação de Meaípe, lugarejo de pescadores" (SANTOS NEVES, 1985, p. 37), recebe como "janta" o que os moradores consideram como um verdadeiro banquete, como especiaria destinada aos deuses:

> Conformei-me então em ver desperdiçar valiosas horas nesse empatamento desnecessário, impedindo de avançar na perseguição ao brigue e, por ademais, condenado a tolerar, com semblante ameno, a tediosa exibição de gaita com que nos quis alegrar o alferes após a janta.
> Consistiu esta, primeiramente, numa tijela de graúdas e redondas tanajuras fritas cujas foram polidamente recusadas pelo Presidente, explicando: "Tenho por hábito privar-me de alimentos estranhos ao meu paladar, prevenindo os dissabores de incômodos digestivos".
> Foi-nos servida então uma suculenta sopa de tartaruga, espécie de abundandíssima na região que o senhor presidente aceitou de bom grado, dela se repastando com tal disposição que me causou surpresa. E tão agradavelmente lhe soube ao paladar que me encarregou de pedir a receita à mulher do alferes que se derramou em satisfação em poder atender ao ilustre comensal (SANTOS NEVES, 1985, p. 38).

As tanajuras foram recusadas pelo ilustre convidado. A sopa de tartaruga, não. Mas, não eram os dois alimentos estranhos ao paladar do Presidente? Teria Machado Oliveira desdenhado as tanajuras por sua composição estrutural e sua improvável apresentação alimentícia prazerosa aos seus olhos? E aceito de bom grado a sopa de tartaruga pelo aspecto melhor apresentável? Se entendermos dessa forma, sim. No entanto, entre o inseto e o réptil, o paradoxo se torna evidente. Isso pelo fato de que a sopa de tartaruga, alimento mais encorpado, com aspecto das carnes servidas aos "grandes" era o alimento mais adequado para ser servido ao um representante do poder, no entender do Presidente. Não sabia ele que o peso do alimento ingerido não seria tão leve como o voar das tanajuras no balanço do vento. Tampouco era conhecedor de que os nutrientes da sopa não lhe seriam tão eficazes quanto o das tanajuras, pois o que lhe pareceu, num primeiro momento apetitoso e digestivo, causou-lhe sérias complicações intestinais depois. Eis os processos de transculturação na narrativa do navegante do imaginário.

Sob a égide do domínio, tanajura e tartaruga, animais da fauna brasileira, foram nomeados, em tempos idos, pelos antigos cronistas. Além disso, foram também caracterizados, numa escala imprópria (visão eurocêntrica), como inadequados para o consumo. No entanto, o povo desta terra – genuinamente capixaba – apropriou-se da nomeação para tais animais, mas não dos ditames que os mantinham longe das iguarias culinárias essenciais para um banquete. Num postulado de mestiçagem cultural, que desemboca numa história política econômica e social, o povo capixaba marca pela desordem a impossibilidade de se reproduzir ou de se querer reproduzir, literalmente, os moldes europeus. Assim, apreciar tanajuras e tartarugas como finas iguarias era primordial. Tais situações nos permitem entender as práticas de apropriação e produção cultural do colonizado.

Reforçando ainda mais essa ideia, com uma pitada extra de humor picaresco, LGSN dedica em AND um espaço: Capítulo XIV – "Uma moqueca de papa-terra", para descrever uma de nossas grandes contribuições – literalmente fora dos moldes europeus – à cultura deste país: a moqueca capixaba. Seguindo viagem rumo à capital da província do Espírito Santo, o Presidente chega a um local denominado Ponta da Fruta. Segundo a descrição do narrador-personagem, na visão do Presidente, trata-se de local habitado por "[...] pobretões que passam a maior parte do tempo, entregues ao ócio" (SANTOS NEVES, 1985, p. 42). Nesse local, aparentemente inóspito, Machado Oliveira provaria uma iguaria que certamente o faria desejar ter a receita anotada com intuito de reproduzi-la e a fazer perpetuar:

> [...] "Acato a sugestão, major. Proceda, porém, ao registro da receita para substituir a outra da sopa de tartaruga, da qual não quero levar nem a lembrança". [...] receita da moqueca de papa-terra conjuntamente com o inseparável pirão que acompanha [...]: "escama e limpa o peixe cortando em postas, lavadas com limão. Corta coentro, cebolinha verde, cebola e tomate, mistura e faz uma cama no fundo da panela de barro; ajunta sal, um pouco de urucum e azeite doce e, em cima desta cama, bota as postas bem arrumadinhas. Deixa no fogo e chega mais tempero sem mexer as postas para não desmanchar, balançando a panela para não pegar no fundo até ferver. Na fervura o peixe vai soltando água e, enquanto ferve na panela, bota mais caldinho do tempero em cima dele com colher de pau até ficar bem cozidinho e macio".
> O pirão de farinha de mandioca é feito também numa panela de barro, adicionando-se farinha no caldo da moqueca, podendo ser

preparado outro caldo com cabeça ou como rabo do peixe, juntando limão ou sal conforme o gosto e paladar, servindo-se o pirão fervendo na panela como acompanhamento da moqueca. Peixe e pirão chegam fumegantes à mesa, irradiando calor e predispondo o apetite. E só quem provou sabe: o prazer da moqueca começa pelos olhos (SANTOS NEVES, 1985, p. 45).

Nessa alegoria ocidental, o literato capixaba explica, teluricamente, o processo da expressão da cultura latino-americana na sua brasilidade. O banquete capixaba descrito em sua narrativa, regado primeiramente em Meaípe, a tanajuras fritas e à sopa de tartaruga e, finalmente, à incomparável moqueca capixaba, servida em Ponta da Fruta, se desenha como um processo de edificação da forma de expressão de um cenário definido: nossa terra.

Nas páginas da narrativa de LGSN, no banquete servido, retomamos o texto clássico da filosofia grega: *O Banquete de Platão*. A exemplo do texto do filósofo grego, muitos discursos permeiam o momento em que é servida a moqueca. Em meio a tantos dizeres, um pedido se apresenta. No discurso do Presidente, surge a solicitação da receita e, dessa maneira, a fala da subalterna se destaca. À mesa, junto com o Presidente, agora uma igual, a cozinheira que preparou a moqueca "dita" as normas, colocando suas percepções culinárias, ao ensinar o preparo do peixe e do pirão para o Presidente. O representante do poder colonizador, que se sentou à mesa junto aos "pobretões ociosos", poderá, com isso, reproduzir os ensinamentos gastronômicos que lhe foram disponibilizados. Um escambo? O trabalho decorrente da cozinheira fora a moeda de troca. Ele deu o passo a passo de seu prato. O que ela recebeu com isso? O prazer de "tomar lugar", mesmo que apenas por alguns instantes, ao lado do "poder". Assenta-se aí uma das explicações promovidas pela ficção de LGSN sobre o processo da expressão da cultura americana.

O banquete do escrivão da frota leva à união de culturas. A cultura americana é, segundo Lezama Lima (1988), uma cultura de contraponto que se articula duplamente: por fatos homólogos (equivalências de morfologia cultural) e por fatos análogos (equivalências funcionais). Em Meaípe, o banquete posto pelos pescadores, traz evidências de equivalências morfológicas, pois a sopa de tartaruga é uma representação das iguarias servidas no Velho Mundo. Mas, torna-se análoga a partir do momento que a carne servida passa a ser de um réptil da fauna brasileira e não de uma carne nobre da realeza. O mesmo ocorre em Ponta da Fruta. Todavia, a face da moeda é outra.

De certa forma, o banquete capixaba que levou o colonizador a querer assimilar (anotar receita) nossa cultura é muito mais que um modelo a ser reproduzido além-mar em versões subalternas, pois o fato homólogo e análogo passa a ser absorvido não pelo colonizado, antes pelo colonizador que deseja inserir em sua cultura o prato apreciado pelo seu "fino" paladar. Logo, o sujeito, seja ele quem for, numa cultura de contraponto, é capaz de usar as equivalências funcionais para modificar os fatos homólogos por meio da imagem. No caso do Presidente, a imagem verdadeiramente prazerosa aos seus olhos foi a moqueca de papa-terra.

Nessa brincadeira de escambo, de troca de práticas culinárias culturais, a personagem-narrador de AND acrescenta "[...] ao texto insosso do Presidente, receitas (a de papa-terra), hábitos alimentares [...]" (RIBEIRO, 1990, p. 10), dentre outras coisas, que provavelmente foram vistas, porém não consideradas dignas de nota pelo imponente colonizador. Numa espécie de recriação literária detentora de uma linguagem rica, viva, colorida, a narrativa de LGSN vai sendo temperada e (re) temperada, como um jogo que brinca com a verdade histórica.

O que teria sido então digno de nota pelo ilustre representante do poder colonial? Seu manuscrito de viagem, apêndice da obra, escrito em 1840 – século XIX, responde a esse questionamento. Ironicamente tal texto não tem o mesmo colorido e variedade de informações que a narrativa de LGSN. Como exemplo do que afirmamos, citamos a imagem do alimento descrito na narrativa do literato capixaba como digno dos deuses. No entanto, considerado como "mesquinho alimento", nas palavras do Presidente. Mesquinhas também foram suas anotações acerca do nativo. Ao contrário da visão pré-formulada pelos cronistas na primeira metade do século XVI em que a América era tida como um local de maravilhas e abundâncias, um Eldorado, o que imperou no manuscrito foi uma visão enraizada culturalmente na Europa a partir da segunda metade do século XVI.

Nesse período, à medida que os índios começaram a se opor aos desígnios imperiais, por não aceitar mais o escambo que lhes era "proposto" pelos portugueses, iniciando guerra contra os invasores, a visão rósea transformou-se. A natureza continuou exuberante na ótica colonizadora, mas os habitantes passaram a ser "pintados" como seres boçais e animalescos, visão que persistiu até o século XIX, conforme podemos comprovar em um dos trechos do manuscrito do Presidente Machado Oliveira:

> A enseada de Piúma é pequena, mas arredondada, com regularidade desde o morro do N., que se ergue de sua extremidade austral [...] O território ao oriente da cordilheira da Serra-geral, cujas formas colossais sombreiam ao longe o horizonte com extenso cintão de azul-claro [...] Ao sul da foz do Piúma há uma pequena povoação de índios com umas 50 palhoças, [...] Os índios vivem da pesca e do pequeno cultivo

> que fazem à roda de suas habitações tanto quanto lhes permite a sua natural indolência, e que seja bastante para o seu mesquinho alimento [...] (OLIVEIRA, 1985, p. 123).

Escrito em primeira pessoa do singular, o texto do Presidente Machado de Oliveira traz a marca do conquistador, posto que ele, o presidente, é centralizador e o próprio condutor da escritura sobre a viagem que realizou ao Brasil colônia. Descreve desde sua nomeação até a chegada à Vitória, sendo recebido pelo presidente Couto e comitiva. Durante o trajeto são evidenciados o desembarque no porto do Rio de Janeiro e a viagem, na tentativa de entrar na baía de Vitória; o atracamento e desembarque em Piúma; a convocação de cavalgaduras de Itapemirim e o aguardo do Major Marcelino para transportá-lo até a capital. Nesse ínterim, enquanto aguardava chegada de seu condutor, toma conhecimento de que a nau havia partido levando seu "[...] trem de viagem e fato necessário para entrar na capital" (SANTOS NEVES, 1985, p. 33-48).

Ao analisar o texto oficial percebemos a clareza, a precisão e a objetividade da linguagem. Os fenômenos naturais e a topografia são descritos com minúcias demonstrando amplo conhecimento do escritor sobre os fenômenos meteorológicos e as artes marítimas, e, ainda, sobre o encantamento com as paisagens naturais, conforme anteriormente evidenciado. Porém, no que se refere ao gênero humano, aos que o acompanharam na viagem, tanto por mar quanto por terra, o relato é relegado ao esquecimento, é escasso; já o povo, ignorado. Se "lembrado", o objetivo é tão somente mostrar o quão ignorante e grosseiro se apresenta, tão distante dos ideais moralizantes defendidos pelo europeu branco e conquistador, que traz consigo a marca do preconceito e arrogância revelados em sua escrita.

O povo humilde com quem teve contato durante a viagem, de modo geral, lhe provoca um sentimento de desprezo, que é por ele descrito: os tripulantes do Brigue em que viajava – a tripulação em geral, "[...] uma embarcação onde só dominava a ignorância, incúria, negligência e grosseria" (OLIVEIRA, 1985, p. 121); um determinado marinheiro, "inexperto e estúpido" (OLIVEIRA, 1985, p. 122); o contramestre da embarcação, "[...] mais apurado em descobrir terras vaporosas do que desempenhar seus deveres" (OLIVEIRA, 1985, p. 122) Quanto aos habitantes dos lugares visitados: os índios "[...] vivem [...] quanto lhes permite sua natural indolência"; (OLIVEIRA, 1985, p. 123); as mulheres "[...] vivem na mais dissoluta devassidão, crápula e deboche, e fazem sua maior assistência nas tavernas" (OLIVEIRA, 1985, p. 123).

As pessoas são abordadas por uma perspectiva reducionista. Pela descrição, entendemos que são ignoradas, sequer nomeadas. Os que porventura foram ligeiramente lembrados ao longo da narrativa recebem umas poucas linhas e seus nomes não são integralmente citados. O contramestre é descrito como o que lhe leva o "[...] trem de viagem e fato necessário para entrar na capital [...]" (OLIVEIRA, p. 124, 1985) e não é batizado com nome algum. O Major Marcelino José de Castro e Silva, apesar de ter nome e sobrenome e referida importância de seu papel, não recebe do Presidente uma menção sequer. Assim, o texto oficial delineia-se por lacunas, muitas lacunas, que anseiam por serem preenchidas.

À luz do documento oficial, LGSN, recusando essa história repleta de lacunas é motivado a recriar outro texto, o segundo, o de número 2, de caráter contestador e irônico, visto que há questões importantes do primeiro texto a refletir e a responder. Seu texto, então, faz-se composto por um universo ignorado pelo Presidente. Um universo constituído de pessoas simples, gente do povo, das que Machado Oliveira, em sua caminhada, viu e não enxergou. O autor capixaba enxerga e dá voz ao subalterno, oportunizando novos discursos. No jogo ambíguo do texto literário, somos remetidos a um cenário vivo, onde quem narra não é mais o ilustre presidente, e, sim, aquele que, apesar de citado uma única vez no documento oficial, tem o nome erroneamente grafado: major Joaquim Marcelino da Silva Lima, ou não seria, Marcelino José de Castro Silva? Sobre essa narrativa, que dá voz a várias personagens, entrelaçadas numa polifonia de vozes históricas em torno do fio central, nos ensina Azevedo Filho:

> Quem narra a história é o Major Marcelino José Castro Silva, que dá voz a algumas personagens, gerando uma polifonia (narradores outros) e histórias que enriquecem o fio condutor da narrativa, dando-lhe uma unidade maior por meio de uma técnica muito bem engendrada. O narrador central, major Marcelino, depois de ouvir a história do Presidente da Província, vai em busca de outras pessoas para ouvi-las sobre o paradeiro da nau fugitiva. [...] Embora o pitoresco possa parecer sugerir a valorização de aspectos localistas e regionais, nessa obra, isso não acontece. Com a superposição de níveis diferentes de discurso (o ficcional e o histórico), o pitoresco muda de estatuto, pois o texto histórico se desdobra em torno de si mesmo para construir o texto ficcional que se pretende verdadeira História (AZEVEDO FILHO, 2010, p. 2).

Devido à construção do texto ficcional, nós leitores somos convidados a estabelecer um novo sentido para o texto histórico, geralmente célebre e intocável. A releitura primará pelo riso picaresco de caráter contestador, irônico, zombeteiro, crítico, satírico, humorístico, jocoso, conduzindo-nos para um percurso de desvio em relação ao texto oficial. Nesse percurso, LGSN nos revela a essência do picaresco em seu trabalho: "O picaresco é o sal que recorro para temperar o que escrevo. Provo-o antes na língua para avaliar a dosagem certa, o grau exato para a medida ser usada. Como não sou cardíaco, posso me dar ao luxo desses testes" (SANTOS NEVES, 2010b, [s.p]).

Nessa espécie de insubordinação crítica, cômica, ocorre o cruzamento do histórico com o ficcional – Clíope se desnuda. O diálogo intertextual apresenta uma escritura inovadora, de estilo personalíssimo, onde as dicotomias afloram: sério/cômico, dor/riso, sobriedade/embriaguez, oficialidade/ficcionalidade. Tais paradoxos parecem evidenciar que a natureza humana subsiste em suas bases que se antagonizam e se completam ao mesmo tempo.

Falácias. Omissões. Agressões. Questões interessantes e presentes nos textos 1 e 2. Se no documento oficial as personagens são ignoradas ou renegadas, no ficcional são apresentadas como em uma galeria: o alferes, o velho que oferece pernoite aos visitantes da vila, o contramestre, o subdelegado, o professor, o grumete do brigue, o frade, o chinês, a prostituta... Sem distinção entre povo e autoridade, o escritor capixaba narra os acontecimentos, vislumbrando que nada do que um dia aconteceu ou poderia ter acontecido deve ser perdido ou ignorado, e por isso dá voz ao Major Marcelino, passando a narrar a história dos marginalizados, que como verdadeiros sujeitos de sua história, constroem o que entendemos ou, se não entendemos, deveríamos entender por História. Nela, o navegante trabalhou suas personagens numa perspectiva cotidiana. Com uma lupa carregada de ironia, mergulhou nos pequenos universos humanos que a nau permitiu:

> O **alferes Pedro João** era um antigo marinheiro vertido em lavrador [...] homem laborioso e feliz recebeu-nos amavelmente e com extrema naturalidade. [...] Foi-nos servida uma suculenta sopa de tartaruga [...]. Fui atendido pelo subdelegado que me levou à morada do **professor Antunes** [...]. A casa do mestre-escola era a derradeira das poucas naquele tabuleiro de morro, 'rente a uma lavoura de abacaxizes' no dizer do subdelegado Chico Felisberto. [...] O subdelegado confidenciou-nos a vida reclusa do professor Antunes, devotada aos livros e à leitura.
> [...] **Nico Querubinho** – à figura que correspondia a essa graça por se tratar de mancebo de diminuto porte [...] tinha ainda por hábito portar na cabeça um barrete que, de tão usado, o vermelho se fez verde, e que lhe fora dado pelo **mestre Ovídio Serapião**, como fiquei sabendo.

> Foi-me este grumete de notável proveito para o conhecimento dos muitos sucessos havidos no brigue Vinte e Nove de Maio e sua tripulagem os quais, de outra forma, restariam para sempre ignorados.
> [...] **malévolo Boncarneiro**, [...] foi fazendo valer sua insidiosa presença na embarcação, ganhando força e mandança sobre os marinheiros. Para isso valia-se do temor a todos infundido por sua carantonha e corpanzil [...]. Foi também Boncarneiro quem disseminou entre os marujos a invencionice de que dentro do Baú de viagem do Presidente Oliveira jazia o mapa de precioso tesouro [...].
> Esse frade, que atendia pelo nome de **Catarino Broa de Santa Maria**, era um italiano de avantajada estatura, vindo da Bahia [...] com o propósito de praticar as missões indígenas.
> Ao **chinês** escapado à chacina dos índios, por ter aparecido coberto de farinha, botou Boncarneiro o codnome de Beiju, coisa que se passou do seguinte modo [...]. No curso desse trajeto, voltando Boncarneiro os olhos para o chinês ainda todo sujo de enfarinhada imundice, soltou o contramestre desmedida gargalhada, dizendo em seguida: 'Afunda o china na água mode lavar a poeira da farinha; mas põe tento nesse serviço para o **beiju** não virar paçoca'. E alí nasceu aquele nome singular.
> [...] **Esmeraldina Especiosa**, havia regressado à companhia do professor Antunes. Confesso que semelhante nova teve o dom de despertar minha incontível curiosidade por conhecer a história do brigue **Vinte e Nove de Maio** e do seu cínico contramestre (SANTOS NEVES, 1985, p. 67-100, grifos nossos).

A obra AND vem reafirmar o papel da literatura no processo de transfiguração essencial para busca da reflexão. Sob essa ótica, o leitor torna-se cúmplice e sem muito esforço percebe que essa nau, em muito, lembra outra, na qual se vê obrigado a navegar todos os dias. Trata-se da nau dos excluídos, dos renegados, dos incompreendidos, dos rotulados e considerados "loucos". Essa embarcação navega sobre a improbidade e abusos de poder, vitimando, tolhendo e aniquilando tantos e tantos, constantemente. Para mostrar essa face, a Literatura valendo-se da ironia faz crescer uma "pesada tempestade" e nela "Santa Clara, clareai, Santa Bárbara, aliviai..". (SANTOS NEVES, 1985, p. 105), e antes que os quatro ventos do céu pelejem uns contra os outros no grande mar e quatro animais grandes e diferentes subam o oceano, o socorro nos vem em forma de "Minha alma é de Jesus, Jesus queira me salvar [...]" (SANTOS NEVES, 1985, p. 105). Porém, trata-se de reflexão fugaz, logo tudo volta à normalidade, e num acalanto de tranquilidade, novamente o silêncio. Nele, muitos segredos serão guardados e, se não vier o socorro pela pena do literato, novamente silenciados.

4.3 Retratos do colonizador e do colonizado na representação literária de LGSN: vozes historicamente silenciadas em processo de revanche

> [...] os preguiçosos, os espíritos lentos, mesmo que tenham as forças físicas para cumprir todas as tarefas necessárias, são por natureza servos. [...] Tais são as nações bárbaras e desumanas, estranhas à vida civil e aos costumes pacíficos. E será sempre justo e conforme o direito natural que essas pessoas estejam submetidas ao império de príncipes e de nações mais cultas e humanas, de modo que, graças à virtude destas e à prudência de suas leis, eles abandonem a barbárie e se conformem a uma vida mais humana e ao culto da virtude. E se eles recusarem esse império pode-se impô-lo pelo meio das armas e essa guerra será justa, bem como o declara o direito natural que os homens honrados, inteligentes, virtuosos e humanos dominem aqueles que não têm essas virtudes (SEPÚLVERA apud LAPLANTINE, 2000, p. 39).

O retrato do colonizado registrado pela pena do colonizador, dependendo das mãos que a empunhava, tinha um sombreado diferenciado. Exemplo disso é o que está proposto pela epígrafe anteriormente citada. Nesse fragmento há a visão do jurista Gilles Sepúlvera acerca dos índios. A assertiva acima é produto de um debate travado no século XVI entre o citado jurista e o cônego Bartolomé De Las Casas. Esse, ao contrário das ideias defendidas pelo jurista, proferia um contra discurso para padrões colonizadores da época.

A descrição que o jurista Gilles Sepúlvera faz sobre os índios e as regras a serem seguidas no processo de conquista, em muito lembra a forma preconceituosa com que o Presidente Machado de Oliveira – século XIX – descreve os nativos em seu manuscrito: "Viagem de Piúma à capital da província". Ambos, jurista e Presidente, guardadas as devidas proporções da época em que viveram, defendiam que os povos indígenas bem como os demais colonizados deveriam curvar-se ante a superioridade da cultura europeia, composta por homens honrados e virtuosos, império de príncipes e de nações mais cultas x nações bárbaras e desumanas. Esses argumentos fortes revelam uma das facetas do impacto da conquista da América feita pelos europeus. Um dos dispositivos usados no contexto da conquista foi justamente o de negar as formas de saber dos povos que aqui viviam, ou seja, o saber dos povos indígenas.

Nessa "colonialidade do saber/poder" a Europa se posiciona como o centro hegemônico. Referir-se aos colonizados como: preguiçosos, espíritos lentos, nações bárbaras e desumanas foi a forma usada pelo jurista para justificar, em nome de uma missão civilizadora e emancipadora toda "barbárie" cometida contra os índios. A superioridade europeia, assim, era defendida sob um ideal religioso no qual a conquista era necessária levando a crença religiosa cristã aos indígenas. Todos esses argumentos de Sepúlvera eram as armas com as quais lutava contra o discurso proferido pelo cônego que denunciava as atrocidades cometidas durante a conquista espanhola da América com os índios.

No que tange ao discurso de Bartolomé De Las Casas – que se alto intitulava a "voz que clamava no deserto", pelo fato de ninguém dar ouvidos as suas ideias –, suas técnicas de estabelecer o contato com indígenas eram bem diferentes. De Las Casas percebia que a eficácia no contato se daria por meio de uma forma menos belicosa e mais dialogal, no sentido de cooptar e reaproveitar a crença religiosa que esses já possuíam. Tais ideias eram negadas pelo seu contemporâneo Gilles Sepúlvera.

LGSN, em pleno século XX, também entrará nesse debate proferindo, à maneira do cônego Bartolomé, seu contradiscurso. Numa proposta de não guardar segredos e sim discutir questões, o literato permite o leitor atento se perguntar: Quem será o homem honrado, inteligente, virtuoso e humano do discurso histórico hegemônico? E do discurso literário, será o mesmo? A dicotomia: "[...] homens honrados e virtuosos x nações bárbaras e desumanas [...]" nos remete ao discurso filosófico do iluminismo, do homem unificado, centrado. Nesse discurso a Europa se posiciona como centro geopolítico em que as margens devem ser silenciadas.

Apesar de o silêncio "não falar", ele reverbera a proibição implícita ou explícita de sustentação de "outro discurso". O navegante do imaginário não quer silenciar, ao contrário quer seguir viagem retratando os discursos da margem. Por isso, ignora a proibição implícita ou explícita de sustentação de "outro discurso" e o profere. Na trilha ficcional abandona os esquemas conceituais impostos pela cultura hegemônica e funda novas configurações. Seu intuito é traduzir em seu texto novas experiências e conhecimentos, pois é notório que

> As épocas históricas emaranham-se umas nas outras [...] seria necessário em lugar de conceitos rígidos descobrir noções de certo modo líquidas, capazes de descrever fenômenos de fusão, de interpenetração; noções que se modelariam conforme uma realidade viva, em perpétua transformação (BASTIDE, 1959, p. 55).

Como para o sociólogo Bastide, torna-se evidente para qualquer pessoa menos desavisada a dificuldade de se classificar o Brasil e o seu povo em sistemas conceituais fechados, como de certa forma quiseram fazer os antigos cronistas, o jurista Sepúlvera e o Presidente Machado Oliveira. Percebendo que nesse país o antigo mistura-se com o novo, LGSN nos apresenta outra proposta. Uma proposta, atrevemo-nos a dizer, muito ousada. Isso pelo fato de substituir conceitos rígidos por noções líquidas.

Essa realidade viva, em perpétua transformação é evidenciada por meio das noções líquidas de LGSN como um "[...] gesto de ir além, de pensar criticamente a condição periférica desses espaços historicamente coloniais e pós-coloniais, procurando abrir novos modos de entendimento" (ALMEIDA, 2012, p. 35). Nesses modos de entendimento os "descobertos" passam a responder aos anseios dos "descobridores" de forma às avessas, costurando-os na urdidura nativa. Nessa trama apresentam o que Alejo Carpentier (1969, p. 16) chama de terceiro estilo: "[...] o estilo das coisas que não têm estilo".

Na abertura a que se propõe o texto em terceiro estilo de LGSN, pigmentos interligam o fora e o dentro, a margem e o centro. Assim, o colonizado não se curva. Em muitas ocasiões chega a desestabilizar o colonizador, provocando, em termos lezameanos, uma verdadeira revanche. Foi o que ocorreu com "Fabiano de Lucena, padre atormentado", uma das personagens das *Crônicas da Insólita Fortuna*, ao ir para capitania do Espírito Santo com a missão disseminar os princípios católicos entre os índios:

> Não registram os catálogos jesuíticos o ano da chegada de Fabiano Lucena à capitania do Espírito Santo, mas, em 1556, já estava na terra pregando aos índios. Ali deram-se os seus maiores serviços à catequese dos bárbaros e deu-se também o seu inferno espiritual, que terminou por perde-lo para a Companhia.
> Tinha o padre Lucena uma frase para definir os índios do Brasil e com ela estava tudo dito: **são uns contrários**. E contrários eram. Contrários uns aos outros contrários entre si, de tribo para tribo, destruindo-se em guerras intermináveis; contrários à natureza porque adeptos da antropofagia, comiam uns aos outros e cada guerra que faziam, devorando o vencedor ao vencido em banquetes regados com cauim das acidezes, que duravam dias, às vezes meses; contrários à conversão da fé porque, contrariamente aos ensinamentos que lhes ministravam os padres, numa manhã aceitavam [...], à tarde repudiavam a ciência da salvação [...] como se nunca tivesse passado aquela santa sabedoria por suas orelhas; contrários às regras da monogamia [...]; contrários, finalmente, até na língua em que falavam, tão cheia de palavras guturais e de estranhos silabados, que mais parecia uma língua falada ao contrário [...].

Mas, apesar de tudo isto, Lucena entregou-se ativamente à pregação do evangelho aos índios do Espírito Santo, tornando-se notável na assistência que dava aos moribundos, índios velhos e velhas índias aos quais chegava milagrosamente a tempo de lhes salvar a alma pelo batismo, antes que a perdesse Deus para o Demônio, se morressem pagãos. [...]
Algumas vezes, o batismo era fácil e desejado. [...]
Mas nem sempre era assim. Nem sempre quem mandava chamar o padre era quem se encontrava no extremo da vida, mas algum converso da aldeia [...]. Nestes casos fazia-se necessário que Fabiano de Lucena travasse uma guerra de convencimento junto a quem percorria as horas finais recusando os sacramentos, eram as índias velhas as piores em sua teimosia. [...]
Foi num socorro dessas moribundas, de olhos turvos e pele enegrecida pelas fumaças da vida, que se abalou a fé do Padre Lucena, quando dela ouviu, formulada em sua língua de contrários, num jogo de proposições irrespondíveis que se opunham às convicções do padre, um questionamento terrível, ao lhe perguntar o que seria da sua salvação se não estivesse ele ali para acudir com o batismo, ou o que seria da salvação das almas de todos os índios já morridos, morridos pagãos, ou dos que ainda estavam por morrer, se não pudessem receber a tempo os sacramentos da igreja? Acaso estariam condenados à danação eterna pela falta do sal em suas bocas?
Desde então, perdeu o padre Fabiano de Lucena suas certezas religiosas e quase perdeu o juízo. [...]
Atormentado pela dúvida que o assaltava em noites indormidas, deu Fabiano parte de doente ao superior Luís da Grã, pedindo licença para deixar o Brasil e deixar a Companhia. Como a autorização lhe foi negada, licenciou-se por conta própria num ato de intolerável rebeldia para com a Ordem, partindo de Olinda para Portugal, em 1565, na nau Santo Antônio de Pádua [...] (SANTOS NEVES, 1998, p. 83-90, grifos nossos).

A crônica do padre Fabiano de Lucena traz em seu jogo dos contrários um preenchimento de vazios. Afinal quem era realmente contrário, o padre ou os índios a quem ele se propunha catequizar? Ora, para o padre, o escambo divinatório era o ideal. Não por acaso, então, as perguntas da índia velha moribunda, dirigidas ao padre e proferidas numa língua de contrários, tão cheias de palavras guturais e de estranhas silabadas, ainda hoje estão a ecoar: o que seria de sua salvação e dos índios já morridos ou morridos pagãos se o padre não estivesse ali para acudir com o batismo? E os que ainda estavam para morrer, se não pudessem receber a tempo os sacramentos da Igreja?

Acaso estariam condenados à danação eterna pela falta do sal em suas bocas? Atônito, com as simples e não simplistas[14], mas sábias palavras da índia, o padre perde suas certezas, suas convicções. Percebendo que as verdades podem vir no plural, experimenta a sensação de ser ele mesmo, um contrário.

O tormento do padre, agora, também é o nosso. Na revanche do colonizado, a palavra de uma índia "[...] enegrecida pelas fumaças da vida" (SANTOS NEVES, 1998, p. 88), se aplicada a diversas épocas históricas, oportuniza a formação de novos conceitos. A ideia de resistência, também. Retomamos tal ideia por meio do índio José Kondori, apresentado em sua arte na primeira página deste subcapítulo. Ele faz perpetuar a resistência à conquista quando retrata, à sua maneira, imagens sacras oriundas do barroco europeu na igreja de San Lorenzo em Potosí – Bolívia. Tais atitudes: o desabafo da índia brasileira e a arte do índio boliviano são encarados como uma espécie de luta contra a submissão. Um esforço heroico de buscar manter viva a sua cultura de origem. Tais exemplos podem ser percebidos como revanche, contraconquista. A abertura a que os índios se permitiram no intuito de "[...] veicular ideias díspares", demonstra que ambos não se resignaram. Tal fato ocorreu por eles não se perceberem enquadrados numa determinada nomenclatura – homem subdesenvolvido ou ao estereotipado – Terceiro Mundo.

Kondori e a índia velha, assim como o *cowboy* mineiro sentem-se no mundo e do mundo. Suas vidas não podem ser um misto de comparações, reduzida a uma lista de binaridades. O olhar mediante a imagem, a memória e a palavra, tanto da índia brasileira, quanto do índio boliviano, concatenam ao mesmo tempo: conquista e contraconquista. Visando evidenciar esse olhar decolonial, recorremos às pesquisas dos intelectuais do pós-colonialismo, a fim de clarificar melhor a exposição.

Para o pesquisador argentino, Walter Mignolo (2010, p. 9-20), a criação de Estados nacionais após os movimentos de independência apenas abalou a ordem mundial moderna/colonial, mas só a descolonização do ser e do saber levará a uma mudança. Ao dar vida ao passado lacrado do padre Fabiano Lucena, LGSN faz muito mais que (re)contar a história do religioso por meio de suas incertezas; demonstra como se dá de fato o processo de descolonização do ser e do saber. Tal situação é perceptível quando se apresentam as

---

14 Paulo Freire (2008, p. 15) ao descrever as qualidades do "Pedagogo da Revolução" – Amílcar Cabral – ressalta sua extraordinária capacidade de explicar questões de grande complexidade teórica por meio de uma linguagem simples e acessível aos combatentes, na sua maioria com um nível de instrução baixo, o que o faz, segundo Freire, um pedagogo nato. Quanto a sua capacidade comunicativa, alude o pedagogo brasileiro: "Uma coisa que aprendi muito com Cabral, foi como um educador progressista precisa fazer-se simples, sem, porém, jamais virar simplista. Isso me parece fantástico. Pegue os textos de Cabral, eles são realmente simples, mas não simplistas. Para mim simplismo, é uma expressão fantástica, contundente do elitismo, é pior até do que o populismo, mas coincide muito com certas vocações populistas. Quer dizer, no fundo o simplismo é autoritário. [...] o que Cabral faz é buscar, com simplicidade, falar do concreto seriamente".

indagações em tom de crítica da índia velha acerca do que era necessário, segundo os padrões católicos, para obtenção da salvação eterna. Dialogando no que tange às questões – imposição cultural e manipulação –, com as obras OTF e a AND, o autor vai permitindo que o leitor atento perceba as contradições que tais mecanismos suscitaram, tanto nos negros do Queimado (1849) e "[...] pescadores ignorantes, pobretões ociosos" de Meaípe e Ponta da Fruta (AND), quanto nos índios brasileiros catequisados por Fabiano Lucena (1556) e, ainda, vem suscitando em tempos hodiernos.

Muitos negros, escravos no Queimado, morreram lutando. Da mesma forma que a índia capixaba e o índio boliviano, não se deixaram manipular, tampouco acolheram passivamente os valores do colonizador. O jogo dos contrários, tão bem apresentado por LGSN, remete a uma reflexão que faz atormentar, não só ao padre que pede para licenciar-se da Companhia de Jesus, mas a todos nós, herdeiros do processo de colonização. O tormento atinge seu ápice, quando o texto como arena nos revela uma situação em reverso: um soldado de Cristo, propagador de verdades seculares, atormentado pelo discurso de uma "pobre índia velha" abandona, numa espécie de recusa, valores pelos quais lutou e acreditou uma vida inteira: "Atormentado pela dúvida que o assaltava em noites indormidas, deu Fabiano parte de doente ao superior [...] pedindo licença para deixar o Brasil e a Companhia" (SANTOS NEVES, 1998, p. 89).

Na crise desse abandono, que opção fará o padre Fabiano? Acolher outros valores, outras crenças? Os da índia, proviniente de uma raça de contrários? Quem saberá? "O nome de Fabiano de Lucena desaparece dos catálogos da Companhia de Jesus, como se não tivesse merecido a absolvição de suas dúvidas e seus pecados" (SANTOS NEVES, 1998, p. 90). O padre que antes se considerava um ser unificado, agora se percebe inteiramente fragmentado. Deslocado do seu *lócus* social e cultural, vive uma crise de identidade dos contrários. Tal crise, que sempre é descrita em relação ao ser colonizado, na crônica do navegante do imaginário passa a ser vislumbrada em reverso, tendo como objeto de análise o colonizador.

O navegante do imaginário ao propor em sua narrativa que o representante do colonizador nessas terras, Fabiano de Lucena, era um ser atormentado pela dúvida, faz da narrativa um retrato. Revelando o "jogo dos contrários" traça o retrato do padre, ou seja, o remete à categoria reservada aos colonizados – seres inclassificáveis. Como tal, esses seres devem vislumbrar a construção de uma nova identidade, mas não concebida como algo essencialista, unitário e sim como algo que deve estar em processo de construção, de readaptação, de assimilação de valores. O processo de readaptação do religioso é evidenciado na narrativa no trecho em que a tripulação da nau

Santo Antônio, sofrendo os efeitos dos saques realizados pelos piratas franceses e pelas tempestades violentas em alto-mar, é socorrida em sua tormenta pessoal pelas breves palavras do padre:

> [...] durante a viagem a embarcação foi saqueada pelos piratas franceses, sofrendo depois os efeitos de uma violenta tempestade. No começo da tormenta, vendo-se perdidos os que a bordo sobreviveram à fome pela falta dos víveres roubados antes, confessavam seus pecados com as mais breves palavras ao padre Fabiano de Lucena que, deixando de lado suas dúvidas e aflições de consciência, outra alternativa não teve senão os socorrer espiritualmente, naquele trágico infortúnio. (SANTOS NEVES, 1998, p. 90)

A violenta tempestade espiritual que se abateu sobre a nau Santo Antônio assemelha-se às intempéries sofridas pelos tripulantes do Brigue Vinte e Nove de Maio em AND. Dialogando em suas narrativas, as duas naus de LGSN trazem histórias de desafortunados que na iminência da morte recorrem aos santos e ao Todo Poderoso no intuito de redimirem-se de suas culpas. Porém, tão logo desapareçam os sinais da tempestade, a nau dos excluídos, dos renegados, dos incompreendidos, dos rotulados e dos considerados "loucos", volta a exibir sua face contrária.

Abandonamos temporariamente as tormentas dos ocupantes das naus e, em especial, a do padre Lucena, pois nos deparamos com outras agitações. Essas nos inquietaram. Merecem, dessa forma, serem vislumbradas. Enveredaremo-nos, então, ainda mais pelo bosque de Clíope na narrativa do literato capixaba para ampliar tais inquietações. A crônica do padre, além dos trágicos infortúnios, acentua marcadamente, desde o início, a questão dos registros históricos que o literato capixaba põe a nu por meio da expressão – "catálogos jesuíticos". O que objetiva LGSN ao evidenciar repetidamente, devido a inferência aos catálogos dos padres missionários, o que registra e o que não registra a História oficial? Estaria o autor de o *Escrivão da Frota* (1997), em sua pequena crônica, lançando uma crítica velada à velha História, que evidencia o que lhe é conveniente, o que vai ao encontro dos interesses do poder constituído? Analisemos os trechos da narrativa para uma melhor reflexão:

> [...] Não **registraram os catálogos jesuíticos** o ano da chegada de Fabiano de Lucena à capitania do Espírito Santo [...].
>
> **Informaram os catálogos da Companhia de Jesus** que, durante a viagem a embarcação foi saqueada pelos piratas [...].

O nome de Fabiano de Lucena **desaparece então dos catálogos da Companhia de Jesus**, como se não tivessse merecido a absolvição de suas dúvidas e seus pecados (SANTOS NEVES, 1999, p. 83-90, grifos nossos).

A escrita multifacetada, ramificada e ao mesmo tempo fragmentária do navegante do imaginário, acerca dos referidos registros, oportunizam múltiplas possibilidades de interpretação. Dentre essas, o entendimento da cartada final no jogo dos contrários. Ao revelar que não há registros sobre o Padre Fabiano de Lucena nos catálogos da Cia de Jesus, após o naufrágio, o texto acena a possibilidade do apagamento de Lucena. Morte por conveniência. Não do corpo antes, dos ideais que a Companhia defendia e o religioso, com suas incertezas "[...] ato de intolerável rebeldia" (NEVES, 1988, p. 89), ameaçava abalar. Instaurou-se para o padre, agora, um contrário, a incomunicabilidade. Sua não absolvição pelos seus superiores reverberava-se num reflexo de suas escolhas ousadas – abandonar os inabaláveis e seculares ideais da Igreja Católica Apostólica Romana. Acaso estaria o padre atormentado, condenado à danação eterna pela falta do sal em sua boca (absolvição de seus superiores)?

Morto pelos catálogos jesuíticos. Ressuscitado pela história literariamente contada pelo navegante do imaginário. A saga do padre Lucena nos ajuda a perceber, mesmo sendo ele um instrumento do poder constituído, como se manifesta, indistintamente, a descolonização do ser e do saber também nele. Uma descolonização vista em sua amplitude, ou seja, não referente apenas aos colonizados territorialmente, mas também ideologicamente. Isso pelo fato de ser, a princípio, divulgador dos ideais colonizadores. Mas, agora perseguido e apontado como infame pelos mesmos ideais que defendeu. Ele próprio, contrário a si mesmo, torna-se um descolonizado. Livre em seu ser e saber.

Segundo Mignolo em *La opcióndescolonial* (2008) o projeto fundamental dos teóricos pós-coloniais latino-americanos de antes, era a tarefa da descolonização. Nos alerta, que essa tarefa foi deixada de lado, por um bom tempo e que é hora de reintroduzi-la em nossos estudos. Aventa que devemos ampliar nosso campo atual de reflexão e que o ponto central que está por trás do pós-colonial é lutar por um deslocamento do *lócus* da enunciação, do Primeiro para o Terceiro Mundo. O que LGSN propõe em suas obras é como podemos possibilitar tal deslocamento.

Descolonização, deslocamento da enunciação, de certa forma essa é também a proposta de GayatriChakravortySpivak. A crítica literária indiana, nascida em Calcutá trabalha com a arena discursiva e o campo em que se conduz o debate sobre a subjetividade contemporânea, tanto pelo colonizador quanto pelo colonizado, afirmando que o centramento está no Ocidente. Seu interesse é refazer tais coordenadas e transpor a arena desse debate para outro local. Discute a capacidade do subalterno se representar. Questiona: *Pode o subalterno falar?* (SPIVAK, 1988). Com tal questionamento discute o fato de os intelectuais falarem ou representarem o ser colonizado, subalterno. Além de se referirem ao mesmo como Outro. Ante a essa definição a teórica classifica como uma violência clara no modelo de representação, dizendo:

> O mais claro exemplo disponível de tal violência epistêmica é o projeto remotamente orquestrado, vasto e heterogêneo de se constituir o sujeito colonial como Outro. Esse projeto é também a obliteração assimétrica do rastro desse Outro em sua precária subjetividade (SPIVAK, 2010, p. 60).

Para Spivak os intelectuais não devem representar ou falar pelo sujeito subalterno, ao contrário devem criar condições para que os mesmos possam falar e ser ouvidos. Corroborando a ideia de Spivak, o palestino, nascido em Jerusalém, Edward Said acrescenta que a luta no mundo colonial é muito complexa e envolve não somente armas e exércitos, mas também "[...] ideias, formas, imagens e representações" (SAID, 2005, p. 38). Propondo uma mudança radical de identificação de olhar, o autor de *Orientalismo: o Oriente como invenção do Ocidente* (2003), propõe a desconstrução da interpretação que o Ocidente faz do Oriente. Da visão de que o europeu possui para representar o não europeu, ou seja, o não civilizado. Dessa forma, critica o texto do colonizador quando em referência ao pós-colonial.

LGSN demonstra em suas narrativas a visão do europeu sobre o não europeu de maneira pitoresca. Seu texto nos proporciona refletir sobre as formas, imagens e representações. Exemplo disso é a maneira como o Presidente Machado Oliveira (europeu) "[...] nimiamente aborrecido" (SANTOS NEVES, 1985, p. 23), refere-se aos tripulantes do Brigue Vinte e Nove de Maio (não europeus) em conversa com o Major Marcelino José de Castro e Silva:

> [...] a viagem do brigue Vinte e Nove de maio ocorreu enfadonha e cheia de percalços, tendo o Presidente atribuído às ocorrências à incúria da tripulação: 'Uns ignorantes estúpidos, meu caro Major. Adivinhasse eu e não me teria alçado dessa maldita escuna. O mestre da embarcação era experiente mas, cercado pela gota, nenhuma voz poderosa tinha sobre a marujada; o contramestre, de nome Simão,

> debochado e obeso, atendendo pelo apelido de Boncarneiro [...] revelou-se, a todo tempo, incompetente, meu caro Major, uma formidável desventura!' (SANTOS NEVES, 1985, p. 23).

A formidável desventura do Presidente, descrita pelo narrador-personagem na narrativa de LGSN, assim como o manuscrito do conquistador (apêndice da obra) revelam a questão do negativo que o europeu percebe no não europeu. Os estudos de Said nos possibilitam compreender melhor essa questão. Por meio de análises dos textos canônicos metropolitanos, o crítico literário palestino entende que esses só podem, de fato, ser compreendidos em sua totalidade e complexidade simbólicas, quando vistos à luz do negativo[15]. Em sua obra *Representar o colonizado* (1989), expressa os dilemas vividos pelo intelectual e contribui para a reflexão sobre o lugar e o significado do seu pensamento e ação nos contextos sociais e políticos nos quais se insere. Nessa obra, Said alerta que "[...] uma das tarefas do intelectual reside no esforço de derrubar os estereótipos e as categorias redutoras que tanto limitam o pensamento humano e a comunicação" (SAID, 1989, p. 210).

Homi Bhabha irá contribuir para essa discussão ao nos lembrar de quão frágil e precária é a autoridade cultural a quem os sujeitos subalternos e coloniais estão submetidos. Uma autoridade que nos leva a estereotipar nossa relação com os países centrais. Para o crítico pós-colonial nascido em Bombaim na Índia, o colonizado é apresentado pelo colonizador como uma população degenerada. Por meio desse argumento sórdido, o colonizador, justifica a conquista em todos os seus aspectos. O colonizado perde sua identidade. Tentando apontar uma saída para esta perda de identidade, Bhabha sugere que o colonizado:

> [...] lembre-se de como era antes da colonização, seu passado de escravidão e luta. A lembrança não é para resolver os conflitos identitários do presente, pois não será possível fazer o passado ressurgir, mas para que haja a construção de algo novo, diferente do passado e também distinto do que a cultura colonizadora propõe. Não deve haver esquecimento e sim conscientização desse passado. A partir disso, então, construir um novo lócus de enunciação do ser híbrido e inclassificável que está à deriva no 'entre lugar'. Se conscientizar de que nunca será como o colonizador (BHABHA apud NEVES; ALMEIDA, 2012, p. 134).

---

15   Com a expressão "a luz do negativo", referimo-nos à análise de Edward Said acerca do clássico *Mansfield Park*, de Jane Austen. Nessa obra o intelectual e ativista palestino desconstrói a leitura convencional – descrição dos costumes ingleses do século XIX –, procurando demonstrar que há dentro desse texto, que se pretende modelo universal, um signo do horror, no que tange a presença de oprimidos e silenciados. Sustenta em seus trabalhos que esse potencial de extrema negatividade, é constante nas obras literárias e artísticas dos países imperiais.

No intuito de apontar caminhos para essas discussões, até certo ponto labirínticas, os vários olhares, ora apresentados, contribuirão para melhor compreensão e quiçá respostas às inquietações formuladas nas páginas iniciais da exposição deste subcapítulo. A metáfora da história tecelã, que carrega em seu bojo vários olhares: frontais, contíguos, colados, cruzados, verticais, invertidos, confusos e muitas vezes enviesados, pretendem dar o tom a essa arena aberta de possibilidades, derrubando estereótipos e categorias redutoras que limitam o pensamento humano.

Tais olhares, certamente, só serão encontrados num campo de teorias fundamentalmente interdisciplinar, possibilitarão um desenrolar repleto de possibilidades para esta tese. Uma argumentação que busca denunciar as novas formas de colonialidade global, ao revisitar, por meio das obras do literato capixaba, o antigo império português. Numa análise de experiência colonial essas abordagens proporcionarão um debate acerca de expressões culturais do passado: escravidão, etnicidade, miscigenação, bem como contemporâneas: identidade, relações raciais, sexualidade, hibridismo cultural, migração e racismo. Nesse contexto, vejamos como funcionam as possibilidades de olhar:

> Os fios da pesquisa são os fios de um tapete; compõem uma trama que aumenta em densidade e homogeneidade à medida que vai sendo desvendada. Para entender a coerência dos desenhos inscritos no tapete é necessário percorrê-lo com olhos a partir de múltiplas direções, percebendo que as possibilidades são inesgotáveis. A leitura em sentido vertical produz uma gama de resultados que variam se ela for feita em sentido horizontal ou diagonal (GINZBURG apud FREITAS, 1999, p. 25).

Na explicação alegórica do historiador e antropólogo italiano Carlo Ginzburg, percebe-se uma multiplicidade de possibilidades. Essas estarão mais bem aproveitadas na medida em que se estabelecer uma correspondência com cada um dos olhares acima mencionados. Feitas as conexões é necessário que se busque a essência de cada olhar, para que se possa iniciar a tessitura das respostas aos questionamentos anteriormente mencionados. História, Geografia, Literatura, Linguística, Filosofia, Artes, Antropologia, estão, por meio de seus vários olhares, tanto nos países centrais como nos periféricos revisando seus cânones. Apreender de que maneira o fazem, certamente é de grande valia para corporificar o debate que ora apresentamos.

Nesse debate como nos ensina Clarice Lispector "[...] as coisas serão ditas sem eu as ter dito [...]". Meu enleio vem de que um tapete é feito de tantos fios que não posso me resignar a seguir um fio só; meu enredamento vem de que uma história é feita de muitas histórias (LISPECTOR, 1999, p. 6). Seguindo os vários fios, guiamo-nos pelas orientações dos Estudos Culturais e Pós-Coloniais, que apontam o dedo para uma ferida aberta – as relações de dominação e soberania que marcam nosso processo de produção sociocultural.

Pretendendo questionar tal processo, entendemos que a proposta da obra do literato capixaba, dentre outras, não é falar pelo Outro, mas investigar e assumir a defesa dos grupos que não têm acesso aos meios de produção da cultura. Os escritores, geralmente produzem em busca de respostas às demandas de seus tempos. No que tange à produção literária de LGSN, essa caminha no sentido de abrir espaço, por meio de uma investigação, para um aprendizado contínuo a partir do Outro, daquele "[...] cujo discurso silenciado corre o risco de ser apropriado" (ALMEIDA, 2013, p. 2).

Na investigação e interação com o Outro, o navegante do imaginário sinaliza em suas obras que diferentes culturas emergem do mais diverso *corpus* social, que lutas acirradas apresentam-se, apesar do estreito espaço em que se digladiam. No intuito de percebermos esse jogo – arena aberta de possibilidades –, História e Literatura, atuam em nosso campo direto de interesse. Por essa razão, empreendemos neste texto, um envolvimento maior com as musas. Misturando História e Literatura, na ótica de Clíope, o literato capixaba nos apresenta a história de "Mestre Naô, embaixador improvisado". Por meio dela podemos perceber melhor como diferentes culturas emergem dentro de um sujeito hibridizado:

> Quando seu pai morreu, o menino estava com dez anos. A mãe, que terminaria a vida internada como louca no Hospice de Beaune, na Borgonha, carregou o filho para Marselha, onde abriu um ateliê de tecelagem. [...].
> Recrutado para servir nas tropas do almirante Coligny, [Naô] acabou embarcado na expedição de Villegaignon, que veio fundar a França Antártica no Rio de Janeiro.
> Villegaignon tinha Naô em boa conta, e o adotou para ajudante de ordens [...]. Estes serviços duraram pouco tempo porque Naô caiu prisioneiro dos termiminós, aliados dos portugueses. Seu incerto destino, nas mãos dos índios, só não teve um trágico desfecho porque os termiminós estavam vivendo também um destino incerto diante das guerras que lhes moviam os tamoios, partidários dos franceses.
> A transferência da tribo termiminó para a capitania do Espírito Santo, graças aos jesuítas que recorreram à ajuda do donatário Vasco Fernandes Coutinho, salvou Naô, transportado com os índios.
> No Espírito Santo, a vida não lhe correu nada fácil. À **desconfiança que antes lhe votavam os Termiminós, por ser ele francês**, sucedeu

a **prevenção dos colonos lusitanos**, por **ser ele calvinista**. Atenuou-lhe, nestas circunstâncias, o fato de falar bem o português e de empregar sua habilidade manual para fabricar santos de madeira, arte em que se aprimorou. Deste modo a sobrevivência, sem deixar, entretanto, de **ser encarado como um estranho, com seus cabelos louros e seus olhos claros**.
Em 1558, uma nau francesa deitou ferros na baía da vila de Vitória. Dois canhonaços disparados de bordo não esconderam o propósito de saque que movia os invasores. O medo tomou conta dos colonos até porque não havia armas e gente que se opusesse com vantagem a um ataque inimigo. Nesta circunstância, Naô foi improvisado embaixador para dissuadir os franceses de suas intenções.
Nem todos aprovaram a indicação, temendo que ele pudesse inverter o papel de conciliador e estimular o inimigo a saquear a vila. Mas acabaram cedendo à evidência de que somente Naô tinha condição de ir a bordo e ser entendido em sua embaixada.
O santeiro subiu à nau acompanhado de um mancebo, irmão jesuíta, que seria testemunha do encontro, e lá deitou a sua fala. Usou de eloqüência capaz de fazer inveja a Barão Münchhausen, ao descrever as forças da terra pois "de um homem lhes fazia cem, de um barco muitos, de quatro canoas, quatrocentas, de um padre, dois mosteiros, finalmente que ficaram os franceses mais medrosos que os portugueses e a noite, segundo parece, lhes pareceu mui grande, porque tanto que amanheceu levarm âncora, estando ainda os da vila dentro da nau", tendo de deixá-la a nado, segundo as informações postas em carta pelo padrezinho neófito, tão neófito que esqueceu de assiná-la.
Quanto a Naô, morreu longevo, desfrutando desde então, do respeito que os portugueses da vila de Nossa Senhora da Vitória somente dispensavam aos soldados de Cristo e também, como ficou demonstrado, aos embaixadores bem sucedidos (SANTOS NEVES, 1998, p. 66-68, grifos nossos).

Para Naô, herdeiro da estirpe dos Abravanael que caíra em desgraça após a morte de Afonso V – o africano, sua vida foi marcada por entrelugares. Sua saga começa a ser traçada com a história de seus ancestrais. O bisavô foi convertido em tesoureiro-mor – "[...] mais alta exatoria do reino [...]" (SANTOS NEVES, 1998, p. 64) de Portugal. Não era visto com bons olhos pela população pelo fato de ser hebreu e tratar das finanças públicas. Após a morte do rei sua família caiu em desgraça. O pai Isaac, "[...] não passou de um almocreve que percorria as feiras ibéricas transportando quinquilharias no lombo de alguns jumentos" (SANTOS NEVES, 1998, p. 64). E o filho, Naô marcou seu destino ao sentir "[...] manifestar dentro de si a inclinação dos ancestrais maternos, tornando-se, não só um tecelão, mas um aprendiz de carpinteiro. Daí a mestre de carpintaria foi um pulo" (SANTOS NEVES, 1998, p. 65-66).

LGSN ao nos apresentar a insólita fortuna de Naô, oportuniza-nos entender o discurso Pós-colonial no que tange ao indivíduo ser hibridizado, hifenado, de identidades duplas e plurais. Assim era Naô. Um sujeito que mal se descobrira mestre de carpintaria e começara a gozar os privilégios dessa profissão: "Villegaignon tinha Naô em boa conta, e o adotou para ajudante de ordens, somente a ele concedendo o privilégio de guardar a sua espada num estojo de peroba feito pelo carpinteiro" (SANTOS NEVES, 1998, p. 66), teve seu sonho – trilhar os caminhos dos tempos de glória do bisavô – interrompido ao ser capturado no Rio de Janeiro pelos termiminós.

Sua chegada ao Espírito Santo prenunciava mais um ciclo de desgraças, marcado por importantes etapas: desconfiança, prevenção e estranhamento. Tais etapas foram sentidas pelo carpinteiro nas ações e reações do povo com o qual ele teve de conviver. Durante essa convivência, o mestre carpinteiro passou por um novo *lócus* de enunciação. Seu ser híbrido: louro de olhos claros – e inclassificável: hebreu, francês, calvinista – num lugar novo, entre pessoas novas: a tribo dos termiminós, os portugueses, passou a viver praticamente à deriva.

A saga da personagem histórica Naum, a quem a mãe chamava Naô, reflete a questão de se estar à deriva, como um – entrelugar. Bhabha nos aclara em *O local da cultura* (2003, p. 20) sobre o sentimento de se estar nesse não lugar que torna o homem menos que um, porém duplo. Explica-nos que os sujeitos nos entrelugares, são os excedentes da soma das partes da diferença (geralmente expressa como raça/classe/gênero etc). LGSN capta com maestria em sua narrativa acerca da história de Naô, esses "excedentes da soma das partes", para podermos performaticamente, enquanto leitores atentos, como que perante um retrato, experimentarmos com Naô a sensação do entrelugar.

O menino que perdeu o pai aos dez anos e sofreu vendo a mãe ser internada como louca, ao ser recrutado para servir as tropas do almirante Coligny teve seu destino traçado rumo ao entrelugar, uma vez que carregava como excedente da soma o fato de ser hebreu, francês e calvinista. Tal excedente era aparentemente negativo, pois o lugar em que passara a viver era habitado por uma maioria portuguesa e/ou adepta dos preceitos portugueses (índios termiminós). Esses viam a religião católica como a parte correta da soma. Naô era a parte profana, loura de olhos claros e de religião contrária. Mesmo que falasse bem o português e tivesse "[...] habilidade manual para fabricar santos de madeira [...]" (SANTOS NEVES, 1999, p. 67), ainda assim era um hebreu. Um inimigo dessa soma correta, uma parte marcante da diferença.

Embarcado na expedição de Villegaignon e preso pelos índios termiminós, ao vir para o Espírito Santo, o mestre de carpintaria perde sua identidade e se (re) descobre em meio a muitas desconfianças e prevenções: embaixador. Tal descoberta ocorre de forma inusitada, num ato improvisado. Porém, o caminho percorrido até chegar a esse reconhecimento foi feito um tanto às avessas. Por parte da comunidade a trajetória desconfiança/reconhecimento, constituiu-se num intervalo um tanto árduo para o hebreu. Naô teve que lidar com a forma pouco acolhedora dos sujeitos ao formularem suas estratégias de representação. O carpinteiro "[...] sobrevivia, sem deixar, entretanto de ser encarado como um estranho" (SANTOS NEVES, 1999, p. 67).

Tal situação transcorre até que a comunidade é tomada de surpresa. "Em 1558, uma nau francesa deitou ferros na baía da vila de Vitória. Dois canhonaços disparados de bordo não esconderam o propósito de saque que movia os invasores" (SANTOS NEVES, 1998, p. 67). O medo tomou conta dos colonos "[...] não havia armas e gente que se opusessem com vantagem a um ataque inimigo" (SANTOS NEVES, 1998, p. 67). Nessa situação desesperadora que tomou conta daquela comunidade que se pretendia uma soma perfeita, "[...] Naô foi improvisado embaixador para dissuadir os franceses de suas pretensões" (SANTOS NEVES, 1998, p. 67).

Para chegar ao cargo de embaixador, antes teve que passar pelo processo interior das pretensões concorrentes: "Nem todos aprovaram a indicação, temendo que ele pudesse inverter o papel de conciliador e estimular o inimigo a saquear a vila" (SANTOS NEVES, 1998, p. 68). Esse pensamento era motivado pelo fato de Naô ser visto com ares de incerteza. Uma presença parcial. Tal parcialidade tornava-o "[...] menos que um e duplo [...]" (BHABHA, 2003, p. 135). Aos olhos dos moradores da comunidade o carpinteiro não se identificava com sua própria cultura, tampouco conseguia se tornar igual a eles. Então como estaria apto a representá-los? Em meio aos disparos de dúvidas e canhões que se abateram sobre a vila de Vitória, os moradores não tinham grandes, nem melhores opções. O mais sensato seria aceitar o improviso e ceder "[...] à evidência de que somente Naô tinha condição de ir a bordo e ser entendido em sua embaixada" (SANTOS NEVES, 1998, p. 68). Porém, seria necessária cautela. Mandar alguém de confiança para conferir o resultado: "O santeiro subiu à nau acompanhado de um mancebo, irmão jesuíta, que seria testemunha do encontro, e lá deitou sua fala" (SANTOS NEVES, 1998, p. 68).

Usando de eloquência "[...] capaz de fazer inveja ao Barão Münchhausen, ao descrever as forças da terra [...]" (SANTOS NEVES, 1998, p. 68), uma vez que era francês e defendia a comunidade na língua de seus rivais/iguais, o carpinteiro mostrou que o entrelugar ocupado por ele, era intersticial. A atitude de Naô ante a comunidade, após os desfechos dos acontecimentos, vem romper com as noções bipolares que categorizam as subjetividades dentro de ideais tradicionais.

Apropriando-nos da experiência que Naipaul descreve em *Os mímicos* (2003, p. 33) e a transportando para a crônica em questão, percebemos que era como se Naô, após os desfechos de sua jornada diplomática bem-sucedida (que lhe resultara desfrutar do respeito dos habitantes da vila de Nossa Senhora da Vitória até a sua morte), tentasse construir para ele uma personalidade. Essa para se concretizar precisou ver a resposta nos olhos dos outros: "Quando Naô morreu longevo desfrutando, desde então, do respeito que os portugueses da vila [...] dispensavam aos soldados de Cristo e também, como ficou demonstrado, aos embaixadores bem sucedidos" (SANTOS NEVES, 1998, p. 69). Será que a partir de então, Naô se reconheceu? Ou continuara a ser "menos que um e duplo"?

Na busca por essas respostas, o literato capixaba nos leva a refletir enormemente sobre o verdadeiro processo de descolonização do ser e do saber. Fabiano de Lucena, com suas dúvidas. Naô, com suas certezas. O Presidente com sua prepotência. Entre dúvidas e certezas, subserviência e prepotência, a proposta plural de LGSN é sempre o preenchimento de vazios. De dar a perceber se o subalterno pode ou não falar. Ante a essas questões a trajetória de Clio e Calíope, fundidas em Clíope, tem contribuído enormemente. Tal contribuição é estabelecida no intuito de se buscar tentativas de desmascarar a versão dominante que se pretende fixar como verdade, como retrato incontestável, que não possui negativo, mas somente a fotografia revelada. Nessa odisseia, não há como não vislumbrar o estabelecimento e a circulação de novas formas de discurso, principalmente no que tange à "descoberta" do Novo Mundo e sua reflexão na retórica europeia devido à experiência do ser colonizado.

4.4 Na narrativa telúrica de LGSN, Clíope reflete a retórica europeia da "descoberta" do Novo Mundo e a experiência do colonizado

> *Emergiu então a ideia de uma 'América do conhecimento', de um continente inteiramente novo e imprevisto do conhecimento, que poderia ser descoberto, do mesmo modo que a América realmente o fora: por meio de uma combinação de habilidade e de investigação abstrata* (FEYERABEND, 1993, p. 293).

Na busca para desmascarar a versão dominante que se pretende fixar como verdade, LGSN em sua narrativa projeta uma América verdadeiramente descoberta. Tal descoberta ocorreu não por meio do colonizador europeu, e sim, pela habilidade e investigação abstrata do povo que aqui vivia/ vive. O navegante do imaginário na urdidura de sua tessitura e trama literária nos revela essa habilidade do colonizado em se representar ao mesmo tempo em que alerta para a retórica europeia. Uma retórica, com poder ilusório inebriante, verdadeiro canto de sereia, que reforça modelos universalizantes.

Said propõe uma mudança radical de identificação do olhar colonizado. O crítico pós-colonial aponta caminhos, possibilidades para "[...] um olhar que não é mais o olhar centrado na modernidade europeia" (SAID, 1984, p. 15). Essa procura por um novo olhar deve-se, em muito, ao resultado da formação de modelos discursivos e práticas ideológicas produzidas no confronto da ciência, da religião, do direito, da política, das artes, pelo mundo colonizado. Essa contraconquista, para o escritor mexicano Carlos Fuentes, configura

> [...] nuestra historia como um conflicto de valores enelcualningunoes destruído por su contrario sino que, 'trágicamente' cada uno se resuelve em el outro. La 'tragedia' seria asi, prácticamente, uma definición de nuestromestizaje (FUENTES, 1992, p. 217)[16].

Somos latino-americanos, brasileiros. Isso é fato. Temos que encarar nossa origem mestiça entendendo que somos diferentes dos europeus. Não só por sermos "exóticos" na culinária: tomarmos sopa de tartaruga, comer tanajuras fritas ou a inigualável moqueca capixaba, tampouco por nossas alegres e irreverentes manifestações culturais e folclóricas. Mas, principalmente, por termos conseguido expressar, por meio do barroco mestiço, uma linguagem de resistência em que o homem latino-americano revela sua experiência subjetiva. Leopoldo Zea no texto: *Entorno a una filosofia americana* (1942, p. 166), chama a atenção para a necessidade de uma filosofia americana, mas que isso implica encontrar sua problemática na própria cultura.

LGSN nos proporciona com sua narrativa híbrida caminhos para encontrar a problemática de nossa cultura. O padre atormentado, Fabiano de Lucena e o embaixador improvisado, Naô, provam um tanto às avessas um pouco da cultura americana. Apesar de representantes do colonizador, na obra de LGSN transformam-se, numa outra ótica, em sujeitos coloniais – subalternos – que tem sua voz anulada diante da amplitude visionária de

---

16 "Nossa história se configura num conflito de valores, em que ninguém é destruído pelo fato de ser só contrário e sim, quando cada um resolve ser outro. A 'tragédia' seria assim praticamente, uma definição de nossa mestiçagem" (Tradução nossa).

um discurso americano que vai se firmando nas fortes palavras do navegante do imaginário.

O discurso em forma de confronto será refletido de maneira singular por Clíope. Essa envolve uma produção de sentidos descortinando e ao mesmo tempo anulando a visão individualista trazida pelos europeus conquistadores. A produção de sentidos proporciona elementos de resposta aos questionamentos aventados no início deste texto, tanto por seu campo estético quanto pelo histórico. Com maestria a essência do confronto colonizador/colonizado é captado e traz, por meio do texto – plural, que é pura travessia, verdadeira explosão, descentralizado, sem fechamento –, o poder que História e Literatura têm, ao interagir. João Felício dos Santos ao escrever, em 26 de julho de 1982, o prefácio da obra AND, deixa clara essa ideia.

> 'Quem melhor invencionar, melhor invencionado ficará' – Muita razão tem Luiz Guilherme Santos Neves ao iniciar sua novela romanceada com aquele brocardo vindo, assim profundo como empírico, da sabedoria dos tempos. [...].
> Evidente que, como pesquisador, ofereço a palma a Luiz Guilherme Santos Neves, cujo conceito de História, para nossa grande satisfação, não difere demais do que esposamos, ainda que muito mais radicalmente a ponto de, talvez, exageramos.
> Coerente com as licenças das mais benevolentes facultadas aos poetas, LG usa uma técnica muito mais séria do que seria um simples recurso literário [...]. Esta é uma técnica de deliciosos sabores, além de absolutamente garantida em seus êxitos pela espantosa visão de um professor de História mas que, talvez, antes de tudo, seja um escritor verdadeiro, de natos profissionalismos [...] (SANTOS, 1985, p. 13-14).

Numa técnica de deliciosos sabores, muito mais séria do que seria um simples recurso literário, LGSN vai delineando o traço de permanência ancestral que une Literatura e História, estabelecendo um forte diálogo entre ambas. Tais traços possuem elementos muito próprios que, ao longo do tempo, foram sendo construídos e solidificados (como apresentamos no primeiro capítulo) e, simultaneamente, desconstruídos, revelando-se sob o signo da fronteira, apresentando-se em inúmeros discursos. O filósofo Aristóteles, no capítulo IX da *Poética,* estabelece fronteira quando distingue poesia e História:

> Não diferem o historiador e o poeta por escreverem verso e prosa [...], diferem, sim, em que diz um as coisas que sucederam, e o outro as que poderiam suceder. Por isso a poesia é algo mais filosófico e mais

sério do que a história, pois refere aquela principalmente o universal, e esta o particular. Por referir-se ao universal entendo eu atribuir a um indivíduo uma determinada natureza, pensamentos e ações que, por liame de necessidade e verossimilhança, convém a tal natureza; e ao universal, assim entendido, visa a poesia, ainda que dê nomes particulares aos indivíduos; o particular é o que Alcebíades fez ou lhe aconteceu (ARISTÓTELES, 2004, p. 78-79).

Essas relações e discussões entre o ficcional e o real, entre Literatura e História ocupam lugar privilegiado nos debates da contemporaneidade, transição do século XX para o XXI, apresentando contestações até certo ponto consensuais: crise dos paradigmas de análise da realidade, fim das crenças nas verdades absolutas legitimadoras da ordem social, importância da interdisciplinaridade, tudo isso comprovando que Clio e Calíope têm, há muito, interagido.

Uma interação que busca na ficção pós-moderna, um forte ponto de apoio. De caráter contestador, a ficção pós-moderna não aceita mais discursos totalizadores e autoritários, pois o que se pretende é problematizar o saber histórico por meio da revisão dos fatos narrados pela História. LGSN em *Crônicas da Insólita Fortuna*, bem como nas suas demais obras, busca abrir a caixa de Pandora e propor uma revisão dos fatos. Nessa revisão que nunca reafirma, mas ataca e questiona, o passado é reinterpretado, assim como a Literatura, sofrendo um processo de reflexão, despertando para uma agudeza de consciência.

Agudeza que se ampliará, com os desafios teórico-políticos lançados pelos chamados Estudos Subalternos[17] e pela teoria pós-colonial. Pensar o pós-colonialismo no contexto pós-moderno requer, além de uma reflexão acerca da produção de sentidos, dos discursos de construção do Outro, dos instrumentos de poder e das possibilidades de agenciamento, uma atenta análise do relacionamento entre o colonizador e o colonizado. Nessa relação, palavras como "descobrir" e "conquistar", que aparentemente estão tão manifestamente opostas, nos ajudam a evidenciar as condições de funcionamento de práticas discursivas específicas.

Em suas obras LGSN apresenta um discurso pós-colonial, apesar das histórias narradas acontecerem num cenário de Brasil colônia, em meio aos mais variados tipos de escambo, conforme vimos. Em suas narrativas o autor evidencia as muitas formas de colonização não categorizadas sob a rubrica de colonização, que podem existir. Por meio das tensões culturais

---

17   Os Estudos Subalternos concentram boa parte de sua produção reflexiva na Índia, no que tange à luta e à emancipação dos povos que viviam sob a tutela colonial. Abrangem também África e Caribe. Tais estudos abordam questões de classe, gênero e raça, preocupando-se em não explicar a realidade do Outro a partir de categorias binárias.

decorrentes do processo de hierarquização verificado por parte do colonizador (descobridor ou conquistador?) em relação ao conquistado em sua terra (invadida ou visitada?), o autor irá analisar a saga dos sujeitos coloniais, sem perder de vista a dos sujeitos imperiais.

Investigando a História por meio de manuscritos oficiais ou dos catálogos jesuíticos, o navegante do imaginário, percebendo a opacidade contida nesses textos, utiliza-se da mesma opacidade para traçar a saga tanto de um Presidente de Província que vem tomar posse no Espírito Santo – "Evidente com imensa carga telúrica que lhe vai no sangue, na alma e na pena, não se poderia esperar também que este seu romance deixasse de girar, todo ele, em torno das terras espírito-santenses" (SANTOS, 1985, p. 14) – quanto de um Padre atormentado pelos devaneios de um índia enegrecida pelas fumaças da vida.

A análise dos textos históricos oficiais empreendida pelo literato capixaba é permeada pelo advento de novos conceitos, muitos deles trazidos pela pós-modernidade, evidenciando que as metanarrativas (socialismo, iluminismo, positivismo, comunismo) que prometiam uma sociedade evoluída, marcada pelo progresso, segundo Lyotard (2006), perderam toda a sua credibilidade. Assim os grandes relatos foram sendo substituídos por discursos diversos. LGSN apresenta um desses discursos ao propor por meio de documentos – catálogos da Companhia de Jesus – uma historia literariamente contada, como a do Padre Fabiano Lucena. Essa forma de discursar revela a História como ciência ao mesmo tempo em que não descarta a importância da imaginação para o ofício historiográfico.

Por meio da imaginação do literato/historiador a história do Padre Fabiano vai sendo animada/ressuscitada, posto que se encontra morta, aprisionada nos documentos jesuíticos. Nessa nova versão, percebida pelo discurso do dominador (secular, documentalista e religioso) como falsa, "aformosada", imprópria para a divulgação de conhecimentos considerados "sérios", a História se manifesta de forma mais explícita, permitindo com o auxílio do ficcional (que não é uma simples imitação do real), abordar de maneira crítica as "verdades" seculares estabelecidas. Segundo Costa Lima,

> Contra a ingenuidade suposta pelo fictício, alimentando-se da ilusão indiscriminadora de seu território quanto ao da verdade, o ficcional moderno se alimenta da ironia, do distanciamento, da constituição de uma complexidade que, sem afastar o leitor comum, não se lhe entrega como uma forma de ilusionismo (COSTA LIMA, 2007, p. 268).

A busca histórica sob o percurso do ficcional, realizada por LGSN para retratar a complexidade que envolve a história de Padre Fabiano de Lucena, não é ilusionista. Com fina ironia o literato permite que as "verdades" secularmente mantidas pela Igreja Católica, responsável em disseminar o imperialismo cultural, sejam paulatinamente contestadas. Desaprisionada pela ficção, essas verdades plurais alçarão voos cada vez mais altos.

O historiador e antropólogo Carlo Ginzburg, vem demonstrando a ausência de ressentimento entre História e Literatura. Por meio de uma metodologia inovadora de pesquisa baseada no aprofundamento da vida de um indivíduo ou de uma comunidade para revelar detalhes de uma época, demonstra em suas obras que desde que o gênero histórico surgiu, há pouco mais de dois milênios, as aproximações e também divergências entre o discurso histórico, o literário e o filosófico são recorrentes.

Em *Olhos de Madeira* (2001), Ginzburg apresenta um desafio cético sobre o aspecto construtivo do texto histórico. Tal texto, ao ser apresentado como um discurso narrativo assemelha-se, segundo a crítica pós-moderna, ao texto literário, desfazendo com isso as distinções até então em voga e que calcavam no primeiro a pretensão à verdade (em função da utilização de fontes documentais, com os quais os historiadores presumiriam reconstituir o passado) e ao segundo a liberdade de criação imaginativa.

Na fusão destes dois olhares uma nova versão surge. A História abandona a condição de ciência dos acontecimentos, passando a assumir uma dimensão analítica em relação aos fatos. Da história dos grandes vultos (reis, príncipes, heróis...), dos grandes feitos e das grandes sínteses, passa-se às histórias dos povos, do cotidiano, das mentalidades[18] – corrente que valoriza o papel da ideia e dos sentimentos na construção, criação e conservação de mundos sociais, ampliando os olhares. Dessa forma:

> [...] depois da fundação dos *Annales...*, o historiador quis-se e fez-se economista, antropólogo, demógrafo, psicólogo, lingüista... A História é, se se pode dizer um dos ofícios menos estruturados da ciência social, portanto um dos mais flexíveis, dos mais abertos... A História continuou, dentro desta mesma linha, a alimentar-se das outras ciências do homem... Há uma História econômica..., uma maravilhosa História geográfica..., uma demográfica História; há mesmo uma História social... Mas se a história onipresente põe em causa o social no seu todo, é sempre a partir desse movimento do tempo... A História dialética da duração é o estudo do social, de todo social; e, portanto do passado e, portanto também do presente (BOURDÈ; MARTIN, 2000, p. 131).

---

18 Refiro-me à terceira geração dos *Annales*, denominada História das Mentalidades. Tal corrente é uma modalidade historiográfica que privilegia os modos de *pensar* e de *sentir* dos indivíduos de uma mesma época.

Nessa dialética do passado com o presente, numa dinâmica extremamente flexível e aberta, LGSN consegue trazer em suas crônicas e em seus romances uma crítica ferrenha aos que persistem em silenciar e em falar pelo silenciado. Numa visão pós-colonial, abordando matéria historiográfica do período colonial, o autor de *Torre do delírio* (1992), percebe o valor das mentalidades, tal qual foi descrito por Michel Vovelle: um "[...] estudo das mediações e da relação dialética entre, de um lado, as condições objetivas da vida dos homens e, de outro, a maneira como eles a narram e mesmo como a vivem" (VOVELLE, 1991, p. 15).

LGSN comunga também do pensamento do historiador francês Robert Mandrou (1961, p. 60) que define as mentalidades como uma história centrada nas visões de mundo, ou ainda, com o olhar de Roger Chartier (1990, p. 14-15), que percebe como uma história do sistema de crenças, de valores e de representações próprios a uma época ou grupo. Ampara-se ainda na visão de Duby, ao qual a designação ajusta-se à necessidade de explicar o que de mais fundo persiste e dá sentido à vida material das sociedades, ou seja, as ideias que os indivíduos formam das suas condições de existência que "[...] comandam de forma imperativa a organização e o destino dos grupos humanos" (DUBY, G., 1993, p. 87-92), neste contexto, o literato capixaba percebe que:

> [...] a História das Mentalidades [...] tem contribuído [...] para alargar o inquérito dos historiadores, desfazendo equívocos, criando **novos problemas** e abrindo caminho ao estudo dos traços mais desvanecidos, quase apagados, da vida humana ao longo dos tempos. Traços forjados na intimidade, envoltos em segredo e captados no limiar do privado e do público, do sagrado e do profano, da norma e do conflito. Com alguma nitidez são eles que preenchem o essencial das Histórias do corpo, da doença, da morte, da sexualidade, da infância, da mulher, da festa, da leitura, da crença, da superstição, da fantasia, do medo, da infâmia, do castigo, da alimentação e de muitos outros campos significantes da nossa cultura (ARAÚJO, 2014, [sp], grifos nossos).

Ao trazermos, também, as contribuições da História das Mentalidades para a discussão, o fazemos em nome dos "novos problemas"[19], do momento

---

19 História-problema é um termo apreendido dos estudos de Marc Bloch (2001) na vigência de seus trabalhos em favor da corrente denominada História dos Annales 1ª geração. *Annales d'histoire économique et sociale*. Fundada por Lucien Febvre e Marc Bloch em 1929, propunha-se a ir além da visão positivista da história como crônica de acontecimentos (*histoire événementielle*), substituindo o tempo breve da história dos acontecimentos pelos processos, de longa duração, com o objetivo de tornar inteligíveis a civilizaçãoe as "mentalidades". A escola des *Annales* renovou e ampliou o quadro das pesquisas históricas ao abrir o campo da História para o estudo de atividades humanas até então pouco investigadas, rompendo com a compartimentação das Ciências Sociais (História, Sociologia, Psicologia, Economia, Geografia humana e assim por diante) e privilegiando os métodos pluridisciplinares.

vivido. Nesse tempo em que vivemos, há um constante processo de deslocamento e recolocação da matriz colonial de poder. Walter Mignolo (2008, p. 20) irá nos alertar para as forças dessa matriz e seu deslocamento. Sem essa reflexão seria extremamente perigoso adentrarmos ao território das narrativas de LGSN, com intuito de trazer para o debate a fala do sujeito subalterno, corriqueiramente silenciado.

A crítica indiana Spivak (2010) em seus estudos sobre o tema – "fala do sujeito subalterno" – demonstra a necessidade de estarmos sempre em vigília permanente, no que tange a uma postura ética, sem cumplicidades, aberta a um aprendizado contínuo a partir do Outro, silenciado pelo discurso histórico elitista. Spivak chama a atenção para o fato de que é perigoso falar pelo outro. Ao discursarmos sobre o silenciado corremos o risco de emudecê-lo ainda mais.

Compreendendo a complexidade do tema e com o intuito de não fugir da história-problema, os vários olhares interdisciplinares fundamentam o discurso do autor de AND. Ao evidenciar o cenário colonial, discute questões abertas do pós-colonial. Para tanto, reveste suas obras com o impacto das releituras dos discursos até então propostos acerca do tema – colonialismo. Demonstra o fracasso da descolonização, fazendo pulsar de suas obras, o recado dado por Mignolo: a tarefa da descolonização foi deixada de lado, é hora de reintroduzi-la nos estudos do Terceiro Mundo. Com essa temática, o autor capixaba abre um espaço de reflexão em seu trabalho.

Unindo História e Literatura propõe uma problematização, com intuito de revelar que: por meio de uma crença, de boatos e de mentiras, discursos podem ser amalgamados e adotar uma função-verdade. Evitando a amálgama propõe a pluralidade. Tal proposta, em muito se aproxima dos estudos acerca do dialogismo bakhtiniano (BAKHTIN, 2008). Tais estudos ressaltam a ausência do caráter dialógico na fala do sujeito subalterno. Em suas obras, o autor de OTF, percebe e nos dá a perceber que a pluralidade inexiste quando a voz do Outro é sufocada por um discurso dominante. Foucault nos ajuda, também, a entender o impacto desse discurso quando escreve sobre as modalidades de existência dos mesmos:

> [...] os modos de circulação, de valorização, de atribuição, de apropriação dos discursos variam de acordo com a cultura e se modificam no interior de cada uma; a maneira com que eles se articulam nas relações sociais se decifra de modo, parece-me, mais direto no jogo da função do autor e em suas modificações do que nos temas e nos conceitos que eles operam (FOUCAULT, 2009, p. 286).

No jogo que opera sua função-autor, o literato capixaba aponta caminhos alternativos. Esses, no estudo das culturas, deixam de enfatizar temas superficiais. Em vez disso, tais caminhos enveredam-se e se concentram em questões mais locais de grupos particulares em momentos específicos, o que possibilita ao pesquisador uma melhor análise e interpretação das relações que envolvem esses indivíduos, permitindo assim o conhecimento daquilo que é essência da vida para muitas comunidades.

Tentando captar essa essência, o literato, pesquisador e historiador LGSN, em suas obras, busca reconciliar-se com grupos particulares, por meio de uma história até então perdida, onde as massas anônimas e marginalizadas, agora, terão voz. As escrever seus romances e crônicas o faz com uma multiplicidade de opções e "verdades" que libertam a História. Isso ocorre pelo fato de, como escritor, não ter compromisso com a verdade. Charles Baudelaire (1982, p. 24) já disse certa vez que "[...] todo escritor, prosador ou poeta, não importa, tem compromisso com a verdade, nem que tenha que *inventá-la*". A verdade que o escritor historiador profere é diferente da verdade do historiador. O navegante do imaginário, dentro desse contexto nos alerta, desde as orelhas do livro as *Crônicas da Insólita Fortuna*, para esse mascaramento presente no texto:

> [...] bem examinadas não são nada além de história, calcadas na História. Um jogo de preenchimento de vazios, obrando-se onde se calam os documentos que, no seu mutismo impecável, deixam lacunas preciosas para quem se der ao entretenimento de ocupá-las.
> Para os crédulos, e para as crianças, aos quais está reservado o reino dos céus, fica, portanto, advertido que nada do que foi contado aconteceu, embora um pouco do que foi dito não deixasse de suceder, segundo andei me informando.
> Não sou um bom inventor que despreze um ponto de apoio (SANTOS NEVES, 1998, p. 5).

Nesse jogo de escritor historiador, historiador escritor, são tecidas considerações em torno do discurso histórico, assim o sujeito, ao produzir um enunciado, o produz de acordo com determinadas regras de formação e com o momento histórico em que se insere. Nota-se uma articulação entre discurso e história. Assim, é possível destacar que a história apresenta uma perspectiva discursiva, que ela não é história sem discurso já que ela faz parte da ordem do discurso. O dialogismo bakhtiniano, nos dá conta dessas questões quando postula que:

> A verdadeira substância da língua não é constituída por um sistema abstrato de formas linguísticas nem pela enunciação monológica

isolada, nem pelo ato psicofisiológico de sua produção, mas pelo fenômeno social da interação verbal, realizada através da enunciação ou enunciações. A interação verbal constitui assim a realidade fundamental da língua (BAKHTIN, 2006, p. 15).

Captando a amplitude generosa de informações possibilitadas pelos estudos de Bakhtin, e entendendo ser a enunciaçãoum processo vazio sempre novo e irrepetível, um espaço que pode ser preenchido por qualquer um, retomamos a pergunta empreendida por Spivak (2010, p. 110): "Pode o subalterno falar?" Com este questionamento, buscamos também retomar os outros apresentados no início deste subcapítulo e tentar buscar uma ampla reflexão acerca dos mesmos.

Entendendo a ousadia a que estamos nos propondo, ancorados pela premissa de que a língua não pode ser constituída por uma enunciação monológica, atrevemo-nos a responder: Sim, o subalterno pode falar. Sim, as nações periféricas continuam sendo uma continuação do mundo ocidental para a conformação de um saber de pretensões universais surgidos na Europa. Sim, a colonização tem muitas formas que não são categorizadas sob a rubrica de colonização.

Devemos entender como nefastas as proposições acima? Pensamos que não. O fato de o subalterno poder falar e de haver estudos empenhados em trazer essa voz de forma clara, sem "traduções" manchadas de significados obscuros, já é bastante reconfortante. Possibilitada a materialização dessa fala as nações periféricas, com toda certeza, assentarão as bases de seu saber, o perceberão como importante em seu espaço local. Nessa percepção, as muitas formas de colonização estarão passo a passo sendo minadas pela produção de discursos locais críticos. Tais discursos influenciarão e alterarão – é nossa expectativa – a forma como nós, colonizados, subalternos, lemos e apreendemos o mundo contemporâneo.

Na pretensão de evocar ainda mais especulações sobre a subalternidade, instalando, à maneira de Spivak, um desconforto e um incômodo que devem acompanhar toda postura crítica que "[...] rejeita a crença na razão iluminista e na transparência da linguagem em prol de uma fratura epistemológica que insere uma mirada nova tanto no campo discursivo quanto na esfera de uma atividade político-libertadora" (ALMEIDA, 2013, p. 3), é que apresentamos, nesta discussão, a insólita fortuna de *Mateus Nogueira, o noviço*:

'Aos 20 de janeiro batizei o filho do Gato e casei-o com sua negra: foram seus padrinhos Duarte de Lemos, Bernardo Pimenta e André Serrão'.
O irmão Mateus Nogueira parou de ler a carta, remetida do Espírito Santo pelo padre Francisco Pires, e olhou para o supervisor Manoel da

Nóbrega, a quem a missiva fora dirigida. Nóbrega fez sinal para que ele prosseguisse, e o ferreirinho continuou a ler à luz de vela.

Ao seu redor, padres e irmãos da Companhia ouviam suas palavras. No dia seguinte, ainda de madrugada, Mateus Nogueira seguiria na guerrilha militar que os colonos fariam contra os tamoios que assaltavam os campos de Piratininga, na capitania de São Vicente, pondo em risco a obra que os padres ali desenvolviam.

Mateus Nogueira foi **o primeiro mameluco** que nasceu no Espírito Santo, gerado graças ao reflexo de um espelho e ao fio de uma tesoura. Seu pai, também chamado Mateus, tinha sido soldado na África, e veio para o Espírito Santo com o capitão Vasco Fernandes Coutinho. Durante a travessia do Atlântico, na caravela que Coutinho trocara por uma tença nos armazéns da Coroa portuguesa, o capitão preveniu seus homens sobre a nudez das índias que habitavam as terras do Brasil. Sabia das tentações que acometeriam a todos e lembrou-lhes que, por temor dos índios, pensassem na rópra pele antes de arremeter sobre a peledas índias, para colher-lhes as facilidades.

O soldado Mateus Nogueira escutou o capitão, mas sem levá-lo a sério. Conhecia muito bem a impetuosidade dos desejos que lhe fremiam nas veias e sabia que não seriam simples avisos de um capitão meticuloso que lhe tolheriam a cupidez da carne.

Dois dias depois da chegada ao Espírito Santo, já perambulava pela praia de Piratininga com alguns espelhinhos e uma tesoura da Alemanha pendurados do cardaço do calção, o peito nu exposto ao sol dos trópicos, o olho itinerante lambendo o corpo das índias que catavam moluscos nas pedras de beira-mar. A primeira que caiu no reflexo dourado dos seus espelhinhos, e a quem ele presenteou com a tesoura alemã de lâminas prateadas foi a mãe de Mateus Nogueira.

O menino cresceu na companhia da índia, depois que o pai foi abatido na guerra contra os goitacazes. Um náufrago espanhol ferreiro nascido em Córdova, que se salvou, de um naufrágio nas praias do Espírito Santo, e que passou a morar com a mãe de Mateus Nogueira, o adotou por aprendiz, fazendo dele um malhador de bigorna. Mateus aprendeu o ofício com a cega **obediência dos mansos**. Daí em diante, o menino passou a ser chamado de Mateus Ferreiro ou, simplesmente o ferreirinho. Seus pendores a fabricação de anzóis, cunhos e facas tornaram-no muito procurado pelos que necessitavam destes e de outros utensílios de ferro.

Mateus tinha treze anos quando chegaram à companhia do Espírito Santo, vindos da Bahia, o jesuíta Leonardo Nunes e o irmão Diogo Jácome, em viagem para São Vicente. A **vivacidade** do aprendiz impressionou o padre Leonardo. Estava ali um neófito bem talhado para servir à glória de Cristo, com a vantagem de já vir para a Companhia iniciado nas artes da ferraria.

> Quando os dois religiosos prosseguiram viagem para o sul, Mateus Nogueira seguiu com eles, primeiro prosélito de que a Sociedade de Jesus fazia no Brasil. A índia, sua mãe, com os olhos secos e vazios, viu o filho partir levando apenas um pequeno samburá a tiracolo, por ela provisionado de seis pãezinhos de mandioca e alguns aipins cozidos na brasa, que o menino repartiu, durante a viagem, com o padre Leonardo Nunes e o irmão Jácome.
> Em São Vicente, **submeteu-se candidamente às disciplinas jesuíticas**, pois que já entrou na Companhia obediente, tendo sido discípulo do padre Manoel da Nóbrega, e companheiro dos irmãos José de Anchieta e Diogo Jácome. Mas o ferreirinho **jamais chegaria ao sacerdócio** porque, em 1561, teve morte violenta, com espantoso desfecho.
> A expedição armada pelos paulistas para combater os tamoios já estava no bojo da mata, uma parasanga distante do colégio dos padres, quando Mateus Nogueira foi varado por uma flecha que o rompeu pelas costas. Antes de cair de borco, ainda deu, em silêncio sofrido, alguns passos cambaleantes, segurando com as mãos a ponta do dardo que o atravessara, como se a impedir que o trespassasse mais do que já tinha trespassado através da carne e da sotaina, feita com os panos surrados das naus.
> No lugar onde caiu, e exalou o último suspiro, brotou uma fonte de águas cor de sangue.
> Não se sabe por que os jesuítas nunca relataram em carta este acontecimento extraordinário (SANTOS NEVES, 1998, p. 70-75, grifos nossos).

Lembrando nossa condição, neste texto telúrico, de ousadia e de evocar especulação, entendo que a insólita fortuna de Mateus Nogueira revela as tantas insólitas fortunas dos silenciados pelo discurso dominante do colonizador. Mateus Nogueira, apesar de discípulo de Manuel da Nóbrega e companheiro de Anchieta, jamais chegou a exercer o cargo de sacerdote. Fora escolhido. Ironicamente seria o cordeiro imolado, pois a escolha foi com a finalidade de ele servir de "escudo" aos propósitos da Cia de Jesus e "[...] seguiria na guerrilha militar que os colonos fariam contra os tamoios". Em nome de ter a "obediência dos mansos", "vivacidade" e de "submeter-se candidamente às disciplinas jesuíticas", sua insólita fortuna é a morte precoce. Será? Acreditamos que não! Sua insólita fortuna é ter nascido mameluco em terras coloniais. Anchieta e Nóbrega são poupados do confronto. Por quê? O motivo é óbvio. Não há como haver dúvidas. Ambos representavam, nessas terras, o poder, enfim, o império.

Apesar da saga de Mateus Nogueira, de sua morte "martirizada", não é seu nome que ocupa as páginas de honra dos cadernos escolares e dos livros de História. Não é seu nome que recheia as mais variadas obras que povoam o imaginário histórico do povo brasileiro. Anchieta e Nóbrega são heróis! Mitos! Mateus é simplesmente o "primeiro mameluco que nasceu no Espírito Santo". Ao ser "varado por uma fecha que o rompeu pelas costas", sacramenta a sorte de muitos subalternos em nossos dias.

Em tempos hodiernos, vale lembrar, ainda é baixíssima a presença em cursos de pós-graduação, de negros, de índios ou de seus descendentes diretos e, em geral, de estudantes oriundos das classes menos favorecidas da nossa população. Assim como a Cia de Jesus nunca relatou em carta os acontecimentos acerca de uma situação extraordinária que, provavelmente, mitificaria o índio "mameluco" e o retiraria do lugar comum, também em nossa sociedade os discursos são extremamente refratários a qualquer questionamento sobre o lugar desses indivíduos na sociedade.

Ao lermos a História, literariamente escrita por LGSN, nos deparamos com uma arena onde se confrontam valores. Apreendemos de seu discurso o desafio de (re)legitimar outros valores, descentrar atores principais e reverenciar os coadjuvantes. Abandonar o saber de pretensões universais surgido na Europa e propor que a descolonização ocorra de fato. Que o não europeu considerado não civilizado, defenda, a partir da desconstrução da visão elitista produzida pelo discurso do colonizador, a construção de novos valores.

Para se pensar esses novos valores, é mister refletir sobre a identidade do colonizador no intuito de minimizar as várias formas de colonização que as nações imperialistas, ainda, teimam em influenciar. Os teóricos do pós-colonialismo, evidenciados neste capítulo – Walter Mignolo, Gayatri Spivak, Edward Said e Homi Bhabha –, tem argumentado sobre pontos importantes acerca de se evitar que as muitas formas de colonização, que não são categorizadas sob a rubrica de colonização, se propaguem. Evidenciam que as nações periféricas continuam sendo uma continuação do mundo ocidental para a conformação de um saber de pretensões universais surgidos na Europa.

Tais nações são descritas pelo autor das insólitas fortunas, mas ao serem edificadas desmontam a "velha História" ou História tradicional dos grandes homens, das memoráveis narrativas, dos fatos históricos "como eles aconteceram", segundo a perspectiva de Leopold Ranke[20], e oferecem-nos novos desdobramentos. Nesses, nasce uma nova história, onde o imaginário é privilegiado. Com ele, caminhamos cada vez mais próximos da conjuntura da história problema – local onde História e Literatura, por meio da ideia e do discurso fazem revalidar universos circunscritos, vozes silenciadas. Por meio de histórias particulares, LGSN, oportuniza ao colonizado a opção de reescrever uma nova ação cultural para sua gente ou quem sabe até um lusco-fusco.

---

20 LeopoldRanke foi um dos maiores historiadores alemães de século XIX. Considerado o pai da "História Científica". Introduziu ideais de vital importância para o uso do método científico na pesquisa histórica como o uso prioritário de fontes primárias, uma ênfase na história narrativa e especialmente em política internacional (*Aussenpolitik*) e um comprometimento em mostrar o passado tal como realmente foi (*wie es eigentlich gewesen ist*).

REFERÊNCIAS

ALMEIDA, Sandra Regina Goulart. Quando o sujeito subalterno fala: especulações sobre a razão pós-colonial. In: ALMEIDA, Julia; MIGLIEVICH-RIBEIRO, Adélia Maria; GOMES, Heloísa Toller (Orgs.). *Crítica pós-colonial*: panorama de leituras contemporâneas. Rio de Janeiro: FAPERJ; 7 Letras, 2013. p. 139-155.

ARAÚJO, Ana Cristina. *A História das Mentalidades*. Lisboa, 1999. Disponível em: <http://aph.pt/ex_opiniao11.php>. Acesso em: 5 jun. 2017.

ARISTÓTELES. Poética. In: *Pensadores*. Trad. Eldoro de Souza. São Paulo: Abril Cultural, 2004. p. 78-79.

AZEVEDO FILHO, Deneval Siqueira de. Literatura brasileira contemporânea do Espírito Santo num espaço intervalar da história literária: entre a tradição e a ruptura. *REEL – Revista Eletrônica de Estudos Literários*, Vitória, v. 4, n. 4, p. 1-29, 2008.

_____. *Literatura em Transe*: Labirintos, abismos, humor, transe e dor. Ensaios. Curitiba: Ed. CRV, 2016.

_____. Real Gabinete Português de Leitura. *O legado de Saramago em Luiz Guilherme Santos Neves*: Duas Notas sobre o Romance Histórico Contemporâneo. 25 p. Disponível em: <www.realgabinete.com.br/coloquio/paginas/19.htm>. Acesso em: 24 maio 2017.

BADIOU, Alain. *O ser e o evento*. Trad. Maria Luiza X. A. Borges. Rio de Janeiro: Jorge Zahar Ed.; Ed. UFRJ, 1996.

BAKHTIN, Mikhail. *Marxismo e Filosofia da Linguagem (1929)*. São Paulo: Editora Hucitec; Anna Blume, 2002.

_____. *Marxismo e filosofia da linguagem*: problemas fundamentais do método sociológico na ciência da linguagem. Trad. Michel Lahud e Yara Frateschi. 12. ed. São Paulo: Hucitec, 2006. 203 p.

_____. *Problemas da poética de Dostoiévski*. Trad. Paulo Bezerra. Rio de Janeiro: Forense Universitária, 2008.

BARTHES, Roland. *O rumor da língua*. Trad. Mário Laranjeira. São Paulo: Editora Brasiliense, 1998.

BAUDELAIRE, Charles. *Obras Completas*. Trad. Abril Cultural. São Paulo: Editorial Abril Cultural, 1982. v. 1, 130 p.

BHABHA, Homi. *O Local da Cultura*. Trad. Myrian Ávila, Eliana Lourenço de Lima Reis e Glaucia Renate Gonçalves. 2. reimpr. Belo Horizonte: Editora UFMG, 2003. 395 p.

_____. *O olhar etnográfico e a voz subalterna*. Brasília: Universidade de Brasília, 1999. (Série Antropologia, n. 261).

_____. The Word and Home. *Social text*, v. 31/32, 1992.

BORGES, Lô; BRANT, Fernando. *Para Lennon e McCartney*. Lançado no 4º Álbum do LP "Milton". São Paulo: Gravadora EMI 830433-2. 1 disco sonoro. Lado A, faixa 4, 1970.

BOURDÉ, Guy; MARTIN, Hervé. *As Escolas Históricas*. Lisboa: Editora Europa-América, 2000. 220 p.

CANDIDO. Antonio. *Ficção e Confissão*: ensaios sobre Graciliano Ramos. Rio de Janeiro: Ed. 34, 1992.

CARPENTIER, Alejo. *Literatura e consciência política na América Latina*. Trad. Manuel J. Palmerim. São Paulo: Global Editora, 1969.

_____. O papel social do romancista. In: A LITERATURA e a Realidade Política da América Latina. Rio de Janeiro: Global, 1985.

CARR, Edward Hallett. *Que é História*. Trad. Rejane Janowitzer. Rio de Janeiro: Paz e Terra, 1989.

CARVALHO, José Jorge de. O Olhar etnográfico e a voz subalterna. *Horizontes Antropológicos*, Porto Alegre, v. 17, jul. 2001. ISSN 0104-7183.

CEOTTO, Maria Thereza Coelho. *Seleção, notícia biográfica e estudo crítico – Navegante do Imaginário – Luiz Guilherme Santos Neves*: vida e obra. Vitória: Secretaria Municipal de Cultura, 2000. 136 p.

CHARTIER, Roger. *A História Cultural*: entre práticas e representações. Trad. Maria Manuela Galhardo. Lisboa: Difel, 1990. 244 p.

CHIAMPI, Irlemar. A história tecida pela imagem. In: *A expressão americana*. Trad. Irlemar Chiampi. São Paulo: Brasiliense, 1988. p. 15-41.

_____. *Barroco e Modernidade*: ensaios sobre literatura latino-americana. Rio de Janeiro: Ed. Perspectiva, 1998. 160 p.

COSTA LIMA, Luiz. *Sociedade e Discurso Ficcional*. Rio de Janeiro: Guanabara, 1986. 437 p.

_____. Sociedade e discurso ficcional. In: TRILOGIA do Controle. Rio de Janeiro: Topbooks, 2007. p. 25-270.

DELEUZE, Gilles; GUATTARI, Félix. *Mil Platôs, Capitalismo e Esquizofrenia*. Trad. Ana Lúcia de Oliveira e Lúcia Cláudio Leão. Editora 34, 1997. v. 2.

DUBY, Georges. *A história continua*. Rio de Janeiro: Jorge Zahar; Ed. UFRJ, 1993. p. 87-92.

DUBY, Georges; LARDREAU, Guy. *Diálogos Sobre a Nova História*. Lisboa: Publicações Dom Quixote, 1989.

EVEV-ZOHAR, Itamar. Polysystem Theory. In: *Poetics Today*, 1972. Disponível em: <http//www.tau.ac.il/~itamarezou>, <www.itamar.even-zohar.com>. Acesso em: 2 jun. 2017.

FEYERABEND, Paul. *Contra o Método*. Lisboa: Relógio d'Água, 1993. 374 p.

FOUCAULT, Foucault. *A ordem do discurso*. São Paulo: Loyola, 2003.

_____. Estética: Literatura e Pintura, Música e Cinema. In: *O que é um autor?* 2. ed. Org. Manuel de Barros Motta. Forense Universitária, 2009. p. 264-298. (Coleção Ditos& Escritos III).

_____. *Microfísica do poder*. 12. ed. Rio de Janeiro: Graal, 1979.

_____. *Vigiar e Punir*. São Paulo, 1975.

FUENTES, C. *Valiente mundo nuevo*: epica, utopia y mito enla novela Hispano americana. 1. reimpr. Mexico: F.C.E, 1992.

GINZBURG, Carlo . *Olhos de madeira.* São Paulo: Companhia das Letras, 2001.

GINZBURG, C. apud FREITAS, Marcos Cezar de. *Da Micro história à história das ideias.* São Paulo: Ed. Cortez; USF; IFAN, 1999.

HENRY, Paul. "Sens, Subject, Origine", Xerox, 1985. In: ORLANDI, EniPulcinelli. *Terra à vista.* São Paulo: Cortez, 1990.

KRISTEVA, Julia. *Introdução à semanálise.* Trad. Lúcia Helena França Ferraz. São Paulo: Perspectiva, 1974. p. 67.

LAPLANTINE, François. *Aprender antropologia.* Trad. Dulce A. Silva Ramos. São Paulo: Brasiliense, 2000. 205 p.

LIMA, José Lezama. *A expressão americana.* Tradução, introdução e notas Irlemar Chiampi. São Paulo: Brasiliense, 1988. 119 p.

_____. *La expresión americana.* Santiago de Chile: Editora Universitaria, 1969. 119 p.

_____. *Las eras imaginarias.* 2. ed. Madrid: Ed. Fundamentos, 1982.

LISPECTOR, Clarice. *Legião Estrangeira.* Rio de Janeiro: Editora Rocco, 1999.

LYOTARD, Jean-François. *A condição pós-moderna.* Trad. Ricardo Corrêa Barbosa. 9. ed. Rio de Janeiro: José Olympio, 2006. 148 p.

MANDROU, Robert, *Introduction à la France Moderne, 1500-1640.* 1. ed. Paris: Albin Michel, 1961.

MARTIN Hervé; BOURDÉ, GUY. *As escolas Históricas.* Trad. Jacynto Lins Brandão. Lisboa: Editora Europa-Améric, 2000.

MIGNOLO, Walter. Are subaltern studies postmodern os postcolonial? The politics and sensibilities of geo-cultural locaions. *Disposition*, v. 46, 1994.

_____. *Desobediência epistêmica*: retórica da modernidade, lógica da colonialidade e gramática da descolonialidade. Buenos Aires: Edicionesdel Signo, 2010.

MIGNOLO, Walter. La opcióndescolonial. *Letral*, n. 1, 2008.

_____. Posoccidentalismo: El argumento desde América Latina. *Cuadernos Americanos*, México, Nueva Época, v. 1, n. 67, 1998.

NEVES, Cleiton Ricardo das; ALMEIDA, Amélia Cardoso de. A identidade do "Outro" colonizado à luz das reflexões dos estudos Pós-Coloniais. *Em Tempos de Histórias*, Publicação do programa de Pós-Graduação em História da Universidade Federal de Brasília, PPGHIS/UNB, n. 20, Brasília, jan./jul. 2012. INSSN 2316-119.

NEVES, Luiz Guilherme Santos. *Crônicas da insólita fortuna*. Vitória: IHGES; Cultural-ES, 1998.

NOLASCO, Edgar Cezar. *Clarice Lispector*: nas entrelinhas da escritura. São Paulo: Annablume, 2001. p. 259.

OLIVEIRA, José Joaquim Machado de. Viagem de Piúma à capital da província. Apêndice. In: *A nau decapitada – Manuscrito do Itapemirim*. 1985. p. 121-127.

ORLANDI, Eni Puccinelli. *As formas do silêncio*: no movimento dos sentidos. Campinas: Ed.Unicamp, 2002.

_____. *Discurso e texto*: formação e circulação dos sentidos. Campinas: Pontes, 2001.

_____. *Terra à vista discurso do confronto*: Velho e Novo Mundo. 2. ed. Campinas, SP: Ed. UNICAMP, 2008.

PESAVENTO, Sandra Jatahy. História & Literatura. Uma velha nova história. *Nuevos Mundos Mundos Nuevos*, Debates, 2006. Disponível em: <http://nuevosmundos.rueves.org/index>. Acesso em: 22 maio 2017.

RIBEIRO, Francisco Aurélio. *Estudos Críticos de Literatura Capixaba*. Departamento Estadual de Cultura. Vitória: Fundação Ceciliano Abel de Almeida – UFES, 1990b. 120 p.

_____. *Modernidade das Letras Capixabas*. 234 p. Tese (Doutorado) – Universidade Federal do Espírito Santo, 1990a.

SAID, Edward. *Culture and Imperialism*. London: Chatto&Windus, 1993.

SAID, Edward. *Permission to narrate*. London: Reviw of Books, 1984.

_____. Representing the Colonized: Antropology'sInterlocutors. *Critical Inquiry*, v. 15, 1989.

SANTOS, João Felício dos. Prefácio. In: NEVES, Luiz Guilherme Santos. *A nau decapitada*: Manuscrito do Itapemirim. 2. ed. Vitória: Fundação Ceciliano Abel de Almeida – UFES, 1985. p 13-16.

SANTOS NEVES, Luiz Guilherme Santos. *A nau decapitada*: Manuscrito de Itapemirim. 2. ed. Vitória: Fundação Ceciliano Abel de Almeida – UFES, 1985. (Coleção Letras Capixabas, v. 7, 128 p.).

_____. *As chamas na missa*. Rio de Janeiro: Philobiblion; Fundação Rio, 1986. 105 p.

_____. *Crônicas da insólita fortuna*. Vitória: Instituto Histórico e Geográfico do Espírito Santo; Cultural-ES, 1998. 162 p.

_____. Entrevista Especial com Luiz Guilherme Santos Neves. *Revista Graciano – Literatura Brasileira feita no ES*, Vitória, ano 1, n. 3, p. 27-33, ago. 2010b. Entrevista concedida a Erly Vieira Jr. Pelo literato capixaba. Disponível em: <http://issuu.com/revistagraciano/docs/3>. Acesso em: 1 out. 2017.

_____. *Escrivão da Frota*. Vitória: Cultural-ES, 1997. 187 p.

_____. *Memória das Cinzas – Encontro Póstumo com Fernão Ferreiro com ilustrações imaginadas à Gustavo Doré*. Vitória: SECULT, 2009. 96 p.

_____. *O capitão do fim*. 2. ed. Vitória: Formar, 2006. 90 p.

_____. *O templo e a forca*. Vitória: Instituto Histórico e Geográfico do Espírito Santo; Cultural-ES, 1999. 178 p.

_____. Palavras do autor, proferidas no II COLÓQUIO DO GEITES/ NEITEL – UFES, 2010. (informação verbal). II COLÓQUIO DO GEITES/ NEITEL – UFES, 2010. *O Romance Histórico Contemporâneo. A apropriação da contextualidade histórica no texto literário*: uma experiência do autor. Realizado no auditório do IC IV UFES, 28 maio 2010a [s.p].

SANTOS NEVES, Luiz Guilherme Santos. *Queimados – documento cênico*. 1. ed. Vitória: Registrada sob o n. 15.793 na Sociedade Brasileira de Autores Teatrais, 1977. 105 p.

_____. *Torre do delírio – contos eróticos e fantásticos*. Vitória: Ed. Gov. ES, 1992. 102 p.

_____. Vilão Farto do Capitão dos Sonhos. In: ESCRIVÃO da Frota. Vitória: Cultural-ES, 1997. p. 105-106.

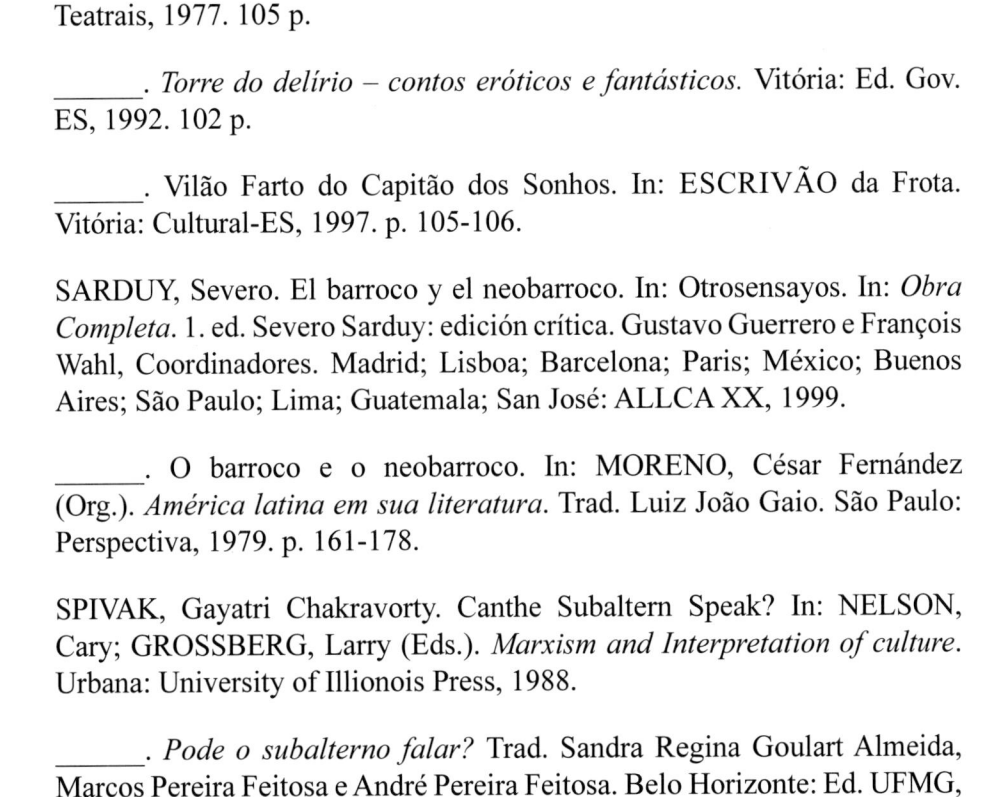

SARDUY, Severo. El barroco y el neobarroco. In: Otrosensayos. In: *Obra Completa*. 1. ed. Severo Sarduy: edición crítica. Gustavo Guerrero e François Wahl, Coordinadores. Madrid; Lisboa; Barcelona; Paris; México; Buenos Aires; São Paulo; Lima; Guatemala; San José: ALLCA XX, 1999.

_____. O barroco e o neobarroco. In: MORENO, César Fernández (Org.). *América latina em sua literatura*. Trad. Luiz João Gaio. São Paulo: Perspectiva, 1979. p. 161-178.

SPIVAK, Gayatri Chakravorty. Canthe Subaltern Speak? In: NELSON, Cary; GROSSBERG, Larry (Eds.). *Marxism and Interpretation of culture*. Urbana: University of Illionois Press, 1988.

_____. *Pode o subalterno falar?* Trad. Sandra Regina Goulart Almeida, Marcos Pereira Feitosa e André Pereira Feitosa. Belo Horizonte: Ed. UFMG, 2010. 133 p.

VOVELLE, Michel. *Ideologias e mentalidades*. São Paulo: Brasiliense, 1999.

5. O REALISMO MÁGICO E A LITERATURA TELÚRICA NA POÉTICA DE BERNADETTE LYRA EM SUA GÊNESE: o conto – do Jardim das Delícias ao Parque das Felicidades e a literatura telúrica e a memória cultural em *A Capitoa*

O Parque das Felicidades tinha sido uma idéia romântica, roubada a matrimônios imbatíveis, casais não destroçados, lares incólumes às privações [...] tinha havido um engano (LYRA, 2009).

O **Parque Jardim Felicidade** completa 16 anos em 21 de setembro de 2006. Sua implantação é fruto da integração comunitária (mutirões promovem o plantio de árvores frutíferas), e leva o nome do bairro em que está localizado.

A equipe técnica do DEPAVE é a responsável pela elaboração do projeto do parque. As instalações do espaço abrigam, além de árvores e plantas nativas como o pau-ferro, a quaresmeira, o ingá e o ipê-amarelo, um passeio com bancos, um playground e quadras de uso poli esportivo, malha e bocha. A existência de um lago permite a convivência de marrecos-mallard, patos, gansos, garças e outras aves (Portal da Prefeitura de São Paulo, acesso em 15 ago. 2007).

Tem Churrasqueiras, campo de bocha, campo de malha, mesas para jogos, quadra de basquete, quadra de futebol de salão, quadra poliesportiva, playground, nascente, lago, sanitários e mesas para piquenique. Foram identificadas 23 espécies animais, destacando-se o cágado--pescoço-de-cobra e aves como o endêmico periquito-rico, a alvinegra lavadeira-mascarada, o risadinha, o diminuto relógio e a migratória tesoura, que caça insetos em pleno vôo voltando ao mesmo galho. Áreas ajardinadas e bosques com espécies nativas e exóticas, com exemplares de pinange, tipuana, pau-ferro e ingá-vera. Destacam-se as alamedas de ipê-rosa e de cariota-de-touceira. O projeto do parque foi elaborado respeitando a topografia natural do terreno e sua função principal de proporcionar recreação e lazer para a população. Possui áreas onde se localizam árvores frutíferas que foram plantadas através de mutirão feito pela comunidade (Portal da Prefeitura de São Paulo).

O Parque Moscoso fica no centro de Vitória...

A Revolução Cubana, em 1959, inseriu a América Latina no panorama global. No quintal de sua casa, os EUA assistiram à instalação de um regime comunista, que representaria uma potencial porta de entrada da URSS no país. Na intrincada dinâmica da Guerra Fria, Cuba se tornou uma importante peça no jogo, mas, além dos aspectos geopolíticos, fez com que os olhos do mundo se voltassem para a cultura latino-americana. Como sempre, os ianques precisavam conhecer seus inimigos para os derrotar. Podemos considerar este evento como o início do Boom da literatura latino-americana, quando autores como Cortázar, Garcia Marquez, Vargas Llosa, Carlos Fuentes e Alejo Carpentier despontaram no cenário literário internacional e se tornaram as estrelas da vez. Para compreendermos este fenômeno, e também sua vertente mais marcante – o chamado "realismo mágico", ou "fantástico" –, devemos, antes de tudo, dividirmos estes dois termos, "realismo" e "mágico", encontrarmos suas origens e correlacioná-los ao uso feito pela literatura latino-americana.

A intimidade entre realismo mágico ou fantástico e suas correntes fica absolutamente clara na poética de Bernadette Lyra, nos comprovando que o realismo fantástico não elimina o telurismo. Ao contrário, o surgimento da corrente literária denominada realismo mágico (começo do século XX), também conhecida como realismo fantástico ou realismo maravilhoso (Espanha) é considerada uma característica própria da literatura latino-americana.

Mas a transição para o século XX expôs as fragilidades da razão. Nietzsche talvez tenha sido o primeiro grande intelectual a identificar a razão como deturpadora, em oposição aos sentidos. A razão distorceria a realidade, ao tentar unificá-la em conceitos e buscar uma essência para as coisas. O filósofo alemão retrata o domínio da razão desde Sócrates até seus tempos, sob a inquestionável influência de Kant e Hegel, e desfere golpes letais contra o pensamento ocidental. Não é à toa que Nietzsche se tornaria referência para toda uma geração futura de pensadores e artistas e apontaria para novos rumos criativos. Nas Artes e na Literatura, a virada para o século XX foi de profundas transformações e de acirrado ataque à tradição. Durante a primeira metade do século, incontáveis movimentos de vanguarda se proliferaram pela Europa e Estados Unidos, imbuídos de um único compromisso: arrastar a Arte para fora de seu conformismo, testar seus limites e renová-la. É neste ponto em que a realidade novamente se encolhe diante de sua representação. Artistas como Picasso, Kandinsky, Dalí, Braque, se descolam do realismo e recriam a realidade de outra maneira. O mesmo fenômeno também ocorreria em outros campos artísticos, como na música, na escultura, na fotografia, e principalmente na literatura. Este foi o momento de buscar o real na finitude do Homem, dentro de sua própria psique e do tempo intangível. Proust, Joyce, Breton, Sartre, Camus, Virginia Woolf, Samuel Beckett, entre outros, assumiram a linha de frente deste embate contra a tradição e conduziram a literatura a novos patamares. Distante dos grandes centros culturais e dos movimentos estéticos, Franz Kafka foi um destes autores que incorporaram o espírito de seu tempo e, por meio de sua escrita, apresentou possibilidades criativas inéditas e restaurou a presença do fantástico. Nas obras de Kafka, o real e o mágico voltaram a se tocar, o segundo invadindo o primeiro de uma maneira assustadora, não mais com a naturalidade dos tempos antigos, mas sim com a aporia da era industrial. Em *A Metamorfose* (KAFKA. Disponível em: <www.dominiopublico.gov.br/pesquisa/DetalheObraDownload>. Acesso em: 16 maio 2017), por exemplo, obra na qual o protagonista Gregor Samsa desperta tornado um inseto repugnante, o inexplicável só é acentuado pelo absurdo de que, mesmo metamorfoseado num bicho, tudo que a personagem mais deseja é se levantar e ir trabalhar, para não receber um esporro do chefe. De maneira abrupta e, de certo modo, violenta, o fantástico reassumiu sua posição. Com a crise da razão, o mundo não precisava mais de explicação.

Se a principal particularidade do realismo fantástico é fundir o universo mágico à realidade e já discutimos essa questão em meu *Anjos Cadentes, a poética de Bernadette Lyra* (2006), o objetivo deste capítulo é mostrar como na obra de Bernadette Lyra, principalmente em seus primeiros contos, os elementos fantásticos agem como se aquilo pudesse acontecer naturalmente, como se fossem comum, misturando a força da invenção insólita ao telurismo da Ilha de Vitória e seus entornos, à sua geografia e urbanidade. Se em *Cem anos de solidão*, de Gabriel Garcia Marques (1966), as descrições mágicas são a peste de insônia e de esquecimento que atinge as pessoas, a morte e retorno à vida de um cigano, uma mulher que sobe aos céus, entre outros, em Bernadette Lyra, encontram-se os contos que representam a Literatura Telúrica e Mágica do Espírito Santo no contexto brasileiro, universalizando-se também enquanto latinidade, tornando-a uma das maiores representantes dos escritores que marcam sua escrita pelos aspectos mais importantes da memória cultural:

1. O desaparecimento do velho romance "criollista", de tema rural, e o surgimento do neo-telurismo urbano; 2. O desaparecimento do romance "engajado" e o surgimento do romance "metafísico"; 3. A tendência a subordinar a observação à fantasia criadora e à mitificação da realidade; 4. A tendência de enfatizar aspectos ambíguos, irracionais e misteriosos da realidade e da personalidade, desembocando, às vezes, no absurdo como metáfora da existência humana; 5. A tendência a desconfiar do conceito de amor como suporte existencial e de enfatizar, em troca, a incomunicabilidade e a

solidão do indivíduo. Antirromantismo; 6. A tendência a desprover de valor o conceito de morte num mundo que, por si só, é infernal; 7. A revolta contra toda espécie de tabu moral, sobretudo aqueles relacionados à religião e à sexualidade. A tendência paralela a explorar a tenebrosa magnitude de nossa vida secreta; 8. Um emprego maior de elementos eróticos e humorísticos; 9. A tendência a abandonar a estrutura linear, ordenada e lógica, típica do romance tradicional (e que refletia um mundo concebido como mais ou menos ordenado e compreensível), substituindo-a por outra estrutura baseada na evolução espiritual do protagonista, ou com estruturas que refletem a multiplicidade do real; 10. A tendência a subverter o conceito de tempo cronológico linear; 11. A tendência a abandonar os cenários realistas do romance tradicional, substituindo-os por espaços imaginários; 12. A tendência a substituir o narrador onisciente em terceira pessoa por narradores múltiplos ou ambíguos; 13. Um emprego maior de elementos simbólicos.

O aspecto extraordinário e fantástico sempre esteve presente na Literatura. Desde a relação íntima entre deuses e homens de Homero, onde as divindades interferiam na vida mundana, participavam ativamente dos eventos, o sobrenatural e o inexplicável foram incorporados pela Literatura e utilizados para expressar uma verdade maior. A realidade, tal qual, fornecia os elementos básicos da narrativa literária, posto que os autores eram pessoas como outras quaisquer e buscavam em suas épocas e no comportamento de seus contemporâneos a inspiração; no entanto, a verdade pertencia a um plano superior, algo próximo a um platonismo literário, no qual a verdade sempre estaria para além do que os olhos enxergavam – o Livro do Mundo sempre nos remetia ao Livro do Universo, o microcosmo como manifestação do macrocosmo. Fosse no contexto clássico, com o panteão grego ou romano, fosse no contexto cristão, com uma divindade todo-poderosa, a tradição literária expressou, em vários momentos, suas mensagens através do fantástico: Dante desceu aos infernos, conduzido pelo poeta romano Virgílio, para se encontrar com sua Beatrice; as lendas do ciclo arturiano apresentaram cavaleiros em busca do mítico Santo Graal; em Rabelais, os gigantes Gargântua e Pantagruel atravessavam a França, guerreando e festejando, e partiram em busca de Théleme, uma abadia fictícia onde poderiam encontrar a verdade; Fausto entregou a alma a Mefistófeles em troca da sabedoria. De fato, o fantástico não permeava apenas as obras ficcionais, mas também narrativas que se pretendiam verídicas. Em Heródoto, o extraordinário estava presente o todo tempo, mesclado a eventos históricos, e a própria Bíblia propaga tradições orais calcadas no fantástico, tais como os milagres e ressurreição de Jesus. E esta predominância do mágico não era um problema para autores e leitores, até o Racionalismo entrar em cena e, como afirmou Descartes, daquele ponto em diante só se poderia confiar no "certo e indubitável", e não mais em meras fantasias (Meditações Metafísicas, 1641).

Ao falar de Bernadette Lyra, Francisco Aurélio Ribeiro (1990, p. 41) afirma ser a escritora "um nome ímpar na literatura capixaba contemporânea". Concordo. A gênese da sua alta literatura está no livro de contos, *As contas no canto* (1981), premiado no Concurso Fernando Chinaglia, que apresenta como marcas principais a extrema capacidade de síntese (contos com cerca de dez linhas), um gênero muito caro à autora, e lirismo, aliados à acidez, à ironia e uma postura cética diante da vida, das mazelas da burguesia e do barroquismo humano – contradições, paradoxos e ambiguidades. É uma autora que "persegue o sublime por vias avessas, sempre na tentativa de violá-lo, por meio de uma clara e intensa excitação dos narradores pelo perverso e insólito" (AZEVEDO FILHO, 2006, p. 23) originados em sua força imaginativa. O texto de Bernadette é caracterizado, vigorosamente, desde seus primeiros contos, pela transgressão, aquela que alfineta tabus. Rompe com o cânone ao convidar o leitor a "olhar" os clássicos de modo a (des)construí-los e pastichá-los, sempre que nos propõe uma aproximação para (re)pensar as convenções e a ordem estabelecida. Assim, sua poética assume o culto do (re)novo, do (re)lido, do dialogismo e da farra intertextual para estabelecer uma contemporaneidade que tenta romper com a tradição, apesar de sempre se justapor a ela quando a revisita. Exemplo mais concreto é o esplendoroso conto "Branca de Neve e um Anão" (AZEVEDO FILHO, 2006, p. 21).

Em *O Parque das Felicidades* (2009), a autora retoma todos estes aspectos no maravilhoso conto que dá título ao livro e no "A História da menina", com 11 relatos: "A gata malhada", "O mar", "As lambadas", "A partida", "A mulher que sabia benzer espinhela caída", "A história que contou o jovem de olhos cor de açúcar queimado", A história que o barqueiro contou", "A cidade do outro lado da boca do rio", "O Moço corcunda que foi escravo das lavadeiras", "A bela dama sem pernas" e "A espera e o fim". Episódios. Calidospicamente expostos.

O leitor mais atento, ao refletir sobre o repertório necessário para fazer as devidas inferências, deve estabelecer as referências inter e intratextuais, provocando o devido distanciamento para compreender o subtexto (neuroses, ódios, mutilação, castração, marginalidades etc.) em narrativas que se configuram já na sua gênese como uma orquestração das *performances* das vanguardas e das neovanguardas, da mídia, da TV e do discurso literário pós-modernista. Para tal, muitos dos seus contos trazem a marca do *wit* (maravilha que se transforma em monstruosidade), se considerarmos o conceito de fantástico definido por Tzvetan Todorov, em seu livro *Introdução* à *literatura fantástica* (1968). A característica marcante da literatura desse gênero, que mantém a ambiguidade até o fim, é a incerteza e a hesitação (verdade ou mentira?) experimentada por um ser que não conhece as leis naturais diante de um acontecimento aparentemente sobrenatural. Isto é, surge um acontecimento que não pode ser explicado conforme as leis do mundo familiar, e não é suscetível de acontecer na vida real. Portanto, cabe ao leitor, a decisão da questão: trata-se apenas de uma ilusão de sentidos e de um produto da imaginação, ou o acontecimento realmente ocorreu e faz parte da realidade? Dependendo do posicionamento adotado, na primeira opção, as leis do mundo continuam a ser o que são e, na segunda, uma nova ordem é formada, onde a realidade é regida por leis desconhecidas por nós. Afins ao fantástico existem ainda alguns gêneros definidos por Todorov: se o leitor decidir que as leis da realidade permitem explicar os fenômenos descritos, a obra pertence então a categoria do estranho; entretanto, se for necessário admitir novas leis da natureza mediante as quais o fenômeno pode ser explicado, configura-se, então, o maravilhoso. O fantástico se dá quando algo inadmissível (acontecimentos estranhos e coincidências incomuns) se introduz na vida real de um ser humano como qualquer um de nós, rompendo totalmente com a ordem estabelecida e alterando o seu cotidiano. Abro um parêntese para salientar que apesar de existirem algumas semelhanças com a alegoria, deve-se evitar a confusão, pois o fantástico não somente implica a existência de um acontecimento estranho que provoca dúvida, mas também, necessita de ser lido de uma forma diversa da alegoria. Em *O Parque das Felicidades* (2009, p. 79), a narrativa começa assim: "Estava eu a tomar uma sopa de aspargos, quando um anjo caiu-me no prato".

Isso posto, vamos a algumas notas sobre a poética de Bernadette Lyra, tomando como *corpus AS CONTAS NO CANTO, O JARDIM DAS DELÍCIAS e PARQUE DAS FELICIDADES*. Tomando os contos "A filha adotiva", "Tarde de resfriado" e "Álbum de Figurinhas", de *As contas no canto*, "O Jardim das Delícias" e "O Dourado e o Negro" de *O Jardim* e "O Parque das felicidades" e "A História da Menina", de *O Parque das Felicidades*, usando os conceitos acima explanados, como referência para a fundamentação teórica.

No conto "A filha adotiva", que faz parte da primeira parte da obra intitulada "Segundo as espécies", a narrativa apresenta-nos um casal que resolve adotar uma montanha ao invés de uma criança, fato que rompe com a ordem estabelecida. Percebe-se também uma crítica ao biotipo familiar convencional [pai, mãe e filho(a)]. O conceito de construção de família é (re)pensado no conto, uma vez que ocorre um esvaziamento da voz do outro, no caso o filho adotivo, que nesse momento, coisificado na figura da montanha, mercadoria, produto de consumo, propriedade da mãe, deixa de ter vontade própria para realizar apenas os seus desejos. Porém, tudo isso é orquestrado de forma muito inusitada. Afinal o que está exposto (público) é passível de questionamento. Temos aí um exemplo de uma literatura que nos aponta a dificuldade de *performance* da realidade na ficção, um caminho que a autora trilha nos seus escritos posteriores. Na relação do pai com a "filha" vemos traços de uma perversão no comportamento do indivíduo. Fato esse que causou uma reação enciumada na mãe que desiludida assassina a filha, a montanha, usando trator e pá. Uma relação que, em determinado momento, já não satisfaz o coração da mãe, justamente pela proximidade, quase sensual, com o pai. Vale ressaltar a ironia presente no fato de que antes a montanha representava os sonhos de felicidade que uma filha traria ao casal, e depois pelo comportamento do próprio casal em relação a essa filha, ela tem que ser eliminada num ato que evidencia a incapacidade de o ser humano resolver suas carências, regidas pelos fantasmas que operam nas condições da alma miseravelmente humana. Para tal, recorre a tinta dessa história ao insólito, ao estranho, ao abuso e transgressão das convenções e dos interditos impostos, à descanonização da instituição burguesa da família.

Já no conto "Tarde de resfriado", que integra a seleção da terceira parte da obra que dá nome ao livro, temos uma caverna que fica na parte norte da casa. Se há uma necessidade de se buscar uma explicação para a compreensão do fenômeno narrado, pode-se aferir que a caverna passa a representar o entusiasmo perdido no meio da briga da mãe com a tia. O conto trata do papel da mulher, seja ela mãe ou um parente mais próximo (tia), na criação dos filhos e, principalmente, na castração ou estimulação da capacidade de sonhar. A leitura do conto causa um estranhamento que pode ser traduzido pelo fato do texto ser um condutor de sensações propositadamente contraditórias (como prazer/desprazer; felicidade/infelicidade; atração/repulsa etc.). (AZEVEDO FILHO, 2006, p. 25)

Quanto à questão do gênero "conto", gênero admirado e cultivado pela autora Bernadette, atende ao que Bosi (1994, p. 7) destaca como características acerca do conto brasileiro contemporâneo, no texto "Situação e formas do conto brasileiro contemporâneo" (Idem): o conto consegue, no seu espaço, condensar e potencializar todas as possibilidades da ficção, "[...] daí ficarem transpostas as fronteiras que no conto separam o narrativo do lírico, o narrativo do dramático". Ainda para Bosi (idem, p. 8), "[...] O conto tende a cumprir-se na visada intensa de uma situação, real ou imaginária, para a qual convergem signos de pessoas e de ações e um discurso que os amarra". Poderíamos dizer que nos contos em destaque, a narrativa converge diversas imaginações, já que condensa vários signos, artifícios e artefatos literários e culturais subvertidos, dinamitando, por dentro, o cânone.

O conto "Álbum de figurinhas" narra a história de uma mulher, que viu uma garça, em um álbum de figurinhas do irmão, e decidiu que seria uma garça. Por saber que a família tentaria dissuadi-la quanto ao seu desejo, passou a praticar, em segredo, todas as manhãs, durante dez minutos, até que conseguiu se transformar em uma garça. Certo dia, ela decidiu mostrar, para a sua família, a transformação pela qual havia passado, mas conseguiu, com essa aparição, somente ser engaiolada para sempre em seu quarto.

A partir da definição de conto contemporâneo, de Alfredo Bosi (1994), exposta anteriormente, pode-se visualizar, no conto "Álbum de figurinhas", o olhar do narrador para uma determinada situação fantástica. Por meio desse narrador, é apresentado aos leitores um mundo semelhante ao deles – com uma família, uma casa, um quarto e um álbum de figurinhas – contudo, diferente, pois ocorre um acontecimento sobrenatural, já que uma mulher se transforma em uma garça. Como isso não é algo possível de ocorrer no mundo real, os leitores, no conto "Álbum de figurinhas", deparam-se com a presença do fantástico.

Todorov (1968) afirma que o fantástico ocorre quando um leitor se depara com a incerteza se um determinado evento ocorreu ou não. Nota-se que isso é verificado no conto de Bernadette Lyra, pois os leitores não possuem certeza se a mulher realmente virou uma garça ou é apenas um sonho. Incerteza esta que é mantida até o final do conto, mesmo não sendo observada nos personagens, visto estes não duvidarem da existência da metamorfose.

Como a incerteza – quanto à transformação ou não da personagem – está presente em todo conto, pode-se falar, apenas, da presença do fantástico, e não do maravilhoso ou o do estranho, já que estes pressupõem uma decisão do leitor a favor do sonho ou da verdadeira transformação da personagem.

Segundo Francisco Aurélio Ribeiro (1993, p. 159-160), "[...] o grande valor da escritura de Bernadette Lyra está no perfeito domínio da técnica do conto, na habilidade em trabalhar a ironia pela linguagem, em contos fantásticos, alegóricos ou quase-naturalistas. [...] o que marca a sua prosa de ficção é a estranheza do fantástico, a realidade do cotidiano e a lucidez do narrador [...]". Observa-se que essa afirmação de Ribeiro destaca as características observadas no conto "Álbum de figurinhas", pois, neste, a autora trabalha, com maestria, o gênero conto, provocando um estranhamento nos leitores, uma vez que, como foi explanado anteriormente, os leitores se depararam com um acontecimento fantástico – uma mulher se transforma em uma garça.

Vale ressaltar, ainda, que quanto ao gênero conto, a poética de Bernadette Lyra "[...] impacienta-se todo o tempo de sua escrita, com a regularidade formal e busca atingir liberdade de forma e expressão, mutilando, de certa forma, a receita do gênero conto [...]" (AZEVEDO FILHO, 2006, p. 19). Nota-se que essa minha afirmativa vai ao encontro da de Bosi (1994), devido este afirmar que o conto contemporâneo, por querer condensar todas as possibilidades da ficção em uma narrativa curta, acaba por transpor as suas fronteiras.

Desta forma, pode-se concluir que Bernadette Lyra, em seu conto "Álbum de figurinhas", apresenta, aos leitores, um conto contemporâneo marcado pela presença do insólito, do *wit*, provocando sempre, na imaginação dos leitores, dúvidas quanto à verdadeira transformação de uma mulher em uma garça, pois, como nos conceitos de Todorov (1968), acerca do gênero fantástico, os leitores não possuem certeza se os acontecimentos narrados realmente ocorreram.

A partir das considerações elencadas, vê-se que Bernadette Lyra evidencia o contemporâneo por meio da discussão de aspectos relativos à problemática pós-moderna, utilizando-se de recursos das neovanguardas e também da literatura fantástica e lançando mão de características recorrentes ao período tais como: narcisismo; perversão no comportamento do indivíduo em sociedade; declínio das convenções de poder; polifonia; massificação e consumismo; visão fragmentada e alienante da realidade; hibridismo ou indistinção de estilos e gêneros; pastiche; ironia, intertextualidade, entre outros.

O pastiche vem realmente trazer a relação fantástica de Bernadette Lyra com elementos simbólicos e, já em *O Jardim das Delícias*, isso pode ficar muito claro para o leitor, pois "não se trata de novidade a busca intensa da autora em ocultar segredos em figurações (imagens e palavras) enigmáticas sempre presentes em suas narrativas" (AZEVEDO FILHO, 2006, p. 36). Em *O Jardim das Delícias*, os vinte e um contos são carregados de crítica, ironia, negação do amor e amargura. A escrita de Lyra é pincelada pela constante presença de elementos que representam maravilhas e horrores, personagens míticas, anjos e arcanjos, erotismo, ironia gótica, feminismo ao avesso, entre outras temáticas que formam o jogo de figurações e decifrações com que a sua ficção joga. Isso tudo estará também presente em *O Parque das Felicidades* (Vitória: A Lapis, 2009).

Tive o prazer de orientar alguns trabalhos sobre esta poética tão sedutora (em todos os sentidos) e destaco, nesta fala, o trabalho de Janine Bessa e Leonardo Lúcio sobre "O alado nos contos *O dourado e o negro* e *No ar seu elemento*", textos de *O Jardim das Delícias*.

Em *O dourado e o negro*, segundo os estudiosos citados, "o corpo é detalhado parte a parte, fragmentado, da visão do arcanjo, detalhe muito profícuo para a narrativa de tônus religioso e erótico, pós-moderna, onde "sagrado e profano", um dos lemas eternos do barroco e do pós-moderno se unem ao masoquismo, também constante em todos os imaginários frutos de repressão". O sacristão é então muito contemporâneo, pois não? Quanta lucidez, quanta inumanização.

Se em "No ar seu elemento", o conto retrata a sanidade, a rispidez dos sádicos e a fluidez da loucura em oposição à realidade (o que é realidade?), a ação do alado nos dois contos também se antepõe, pois o arcanjo é passivo em relação ao sacristão, uma vez que é inanimado. Já o ser com asas é ativo para com a mulher que o socorreu, sempre reagindo às suas atitudes e por fim abduzindo-a.

Como a narrativa de Lyra sempre tomba para o desvendamento incompleto e passageiro das personagens, estas são espelhos, são miragens, rostos do outro, duplos, parcialmente desnudos, e por isso sua narrativa é infinitamente mais reveladora pelos corpos, pelas atitudes e pela significância do Outro no campo do mesmo, da retidão da normatividade, da fenda da máscara na desgraça dos arranjamentos hipócritas!

Adiantando conclusões futuras, o tríptico (três painéis) de Hieronymus Bosch, *O Jardim das Delícias Terrenas*, que descreve a história do Mundo a partir da criação, e com o qual o Jardim e o Parque de B. Lyra dialogam todo o tempo, apresentando o paraíso terrestre e o Inferno nas asas laterais, ao centro aparece, curiosamente, um Bosch que celebra os prazeres da carne, com participantes desinibidos, sem sentimento de culpa. A obra expõe ainda símbolos e atividades sexuais com vividez. Especula-se sobre seus financiadores, que poderiam ser adeptos do amor livre, já que parece improvável que alguma igreja tradicional a tenha encomendado.

Na tela ligada à "utopia" por um lado, mas representando o lugar da vida humana por outro, Bosch revela uma atualidade do seu tempo, dado que essa vida está entre o paraíso e o inferno como se conta no Gênesis. O tríptico, quando fechado, tem uma citação transcrita desse livro "*Ele mesmo ordenou e tudo foi criado*". Entre o bem e o mal está o pecado, preposição cristã. No jardim, painel central, representações da luxúria, mensagem de fragilidade nas envolvências do vidro e das flores, refletem um caráter efêmero da vida, passagem etérea do gozo, do prazer. Enquanto "utopia", porque transcreve de modo imaginário na imagem um "real", que mais se aproxima do surreal, e representa, mesmo que toda a sociedade e a cultura Ocidental esteja marcada por essa estrutura, uma história "utópica" do seu tempo. Entre um "bem" e um "mal" está a vida e o pecado, de certo foi aplicado, mas no início seria apenas uma projeção.

Nessa esteira, nos vinte e um contos do seu *Jardim*, diluídos e pós--utópicos, Bernadette dá seguimento ao seu ácido literário, iniciado em *As Contas no canto*: não poupa a subversão (o que irá também acontecer no seu *Parque das Felicidades*). Vários tropos meticulosamente premeditados, muito humor, até mesmo negro, dão sustentação a um exercício de fabulação em abismo que poucas vezes se viu na literatura brasileira contemporânea. O trato argucioso com a matéria diegética são, somente para reafirmar, frutos de um olhar de alteridade ("outridade"), como o do anjo do vitral, fundados na crença da ficcionista de que a palavra vale ouro se bem conduzida pelo olhar do Outro. Usa, por isso, e abusa da interferência do narrador, de uma estrutura de roteiro cinematográfico, de polifonia e de polissemia na voz dos narradores, nas contas vermelhas, nos condomínios de classe média, no jogo da indústria cultural – a TV, nas donzelas perdidas, nos costumes indianos, nas referências eruditas banalizadas.

Em *O Jardim*, assim como em *O Parque*, há sempre elementos recorrentes, a subprodução da autora, intratextuais, visitados, revisitados e bricolados. Vejam: em *O Jardim*, o ser humano performatizado tem que conviver em personagens que, da infância à velhice, são mulheres que aparecem nos contos formando um painel variado, mas, na verdade, representam uma única, multiplicada num calidoscópio que o leitor pode manipular em busca de diversas e diferente imagens – sempre desnudando erros e vícios humanos, pelo crivo da impiedade. E impiedoso é também o narrador de *O Parque das felicidades*: "Não foi por leviandade que fiz o piquenique", noz diz o narrador-personagem, que compartilha com Joana, sua esposa, e duas crianças, Dudu e Lilica, seus filhos a narrativa. Num "parque deserto...por onde andariam aquelas damas que trocavam receitas impressas em caixas de bolo, os policiais atenciosos, os aposentados que jogavam xadrez, as babás de uniformes e os bebês sorridentes a pular nos carrinhos?" (LYRA, 2009, p. 25)

O conto recicla-se tematicamente, ou melhor, troca o topos, mas a experiência estética ousada, pela ambiguidade que, para os pós-modernos, é, ao mesmo tempo, autônoma e ancorada no seu ponto de partida (Condomínios, Prédios multifamiliares, convivência entre pares opostos, jardins, parques feitos por mutirão) e de chegada, ou seja, no contexto em que ela é produzida, se dá no jogo exaustivo agora com o efêmero, o fugaz e o humor cáustico urgente: " – Adeus, adeus! Gritaram Dudu e Lilica, agitando as mãoszinhas num comovente gesto de despedida que eu mesmo lhes tinha ensinado a fazer" (p. 27) A banalização da morte para você, que não se sente feliz. No Evangelho de Bernadette Lyra, ela nos fala da felicidade. Ele, o narrador, parece saber o caminho e se propõe a no-lo ensinar, e diz-nos que pequenas felicidades momentâneas provamos em muitos momentos da vida, até mesmo felicidades equivocadas e falsas, aparências de felicidade, que depois se transformam em vazios, amarguras e infelicidades. Mas é uma felicidade profunda, verdadeira e duradoura o que todos buscamos e que tanta gente nunca encontra!

Também o povo, a burguesia e os *nouveaux riches* querem ser felizes, buscam a felicidade. Os sofrimentos da vida, os pecados e a consciência de culpa, as humilhações, a miséria material e espiritual, o vazio de sentido para a vida, as falsidades com que se topa a cada dia, a carência de amor e de atenção, a aparente inutilidade do esforço para melhorar a vida, tudo nos leva a tatear como que às escuras em busca de uma felicidade verdadeira.

Assim, os contos levam-nos juntamente com o leitor a futucar nossos desejos mais profundos e legítimos de felicidade que habitam o coração humano e, por isso, vem ao nosso encontro para nos mostrar o caminho, porque nos ama. Pura ironia! Mais uma vez revoada de angústia! O que noz diz é subversivo, pois é anticristo: "Tanto nos ama que enviou seu próprio Filho ao mundo, para salvar-nos e tornar-nos felizes. De fato, *Jesus fala da felicidade e o povo que o escuta fica cheio de esperança*" (grifos nossos). Numa espécie de humanistismo pós-moderno ela, Lyra, traceja "Ao vencedor os anjos". Ela nos diz: "Felizes os pobres em espírito, porque deles é o reino dos céus. Felizes os aflitos (que clamam a Deus), porque serão consolados. Felizes os mansos (os não violentos), porque possuirão a terra. Felizes os que têm fome e sede de justiça, porque serão saciados" e assim por diante. Seus contos nos dizem: ***vocês querem ser felizes, então ouçam como eu mesmo me torno feliz via ficção; ouçam a minha experiência de felicidade; na verdade, eu sou o caminho da felicidade pela ficção***. E pega, mata e come.

O que mais ATRAI no livro de contos, no entanto, é "Sopa de aspargos". "Estava eu a tomar uma sopa de aspargos, quando um anjo caiu-me no prato" (LYRA, 2009, p. 79). Confessamos que era tudo que queríamos ler! Mais uma vez: anjos cadentes! Só que agora cruelmente comidos por gatos, viram bolha de conhaque. Mais uma vez insólita ilha, esta ficção de B. Lyra, e por onde andará você? No Parque Moscoso? Nesta maravilha, *locus* telúrico da Memória Cultural espírito-santense?

A Capitoa

A Capitoa (2014), de Bernadette Lyra, escritora que nos presenteia com o seu tão instigante romance pela Casa da Palavra (RJ), é uma leitura sóbria de um grau tão elevado da categoria narrativa oral que nos espanta, leitores, na elabração da trama que tece a fábula. Nos moldes da tradição oral de que trata Benjamin (1994), e dos *griots*, o narrador nos envolve, inicialmente, em um prólogo que conta a história de duas meninas que "passeiam entre rosas e gérberas pelo jardim de um castelo. São como a imagem refletida no espelho. Vão de mãos dadas, uma ao lado da outra, em singular simetria. Ambas usam um anel partido, idêntico em suas metades, como as duas metades de um fruto partido" (LYRA, 2014, p. 9). A partir da análise desse texto do prólogo, caminho para várias reflexões sobre a estrutura narrativa, comparativamente a *Alice através do espelho*, de Lewis Caroll (1920), para tecer considerações sobre a escritura do romance.

Walter Benjamin (1994), no texto "O narrador. Considerações sobre a obra de Nikolai Leskov", afirma ser difícil encontrar pessoas que consigam narrar devidamente. Isso ocorre porque é da experiência cotidiana transmitida entre as pessoas, que o narrador retira sua inspiração para narrar, mas as pessoas não conseguem mais fazer essa troca de experiências, uma vez que o desenvolvimento tecnológico contribuiu para uma privatização da vida, tornando difícil o diálogo entre as pessoas.

Para Benjamin (1994), a verdadeira narrativa possui uma dimensão utilitária e uma das causas que colaboraram para o fim de narrativas com esse sentido utilitário foi o surgimento do romance no período moderno, visto este não possuir sua origem na tradição oral. Enquanto o narrador, ao contar uma história, retira os fatos narrados de suas próprias experiências ou de outras pessoas, o romancista faz do ato de narrar algo isolado, sendo assim, não adquire conselhos e também não sabe como transmiti-los.

Com o surgimento do pós-colonialismo e suas teorias, isso, de uma certa forma, é revisto, pois as tradições, em sua maioria de países africanos, por exemplo, foram passadas de ancestrais para seus descendentes. Os *griots*, jali ou jeli (djeli ou djéli na ortografia francesa), são contadores de histórias, vivem hoje em muitos lugares da África ocidental, incluindo Mali, Gâmbia, Guiné, e Senegal, e estão presentes entre os povos Mandê ou Mandingas (Mandinka, Malinké, Bambara etc.), Fulɓe (Fula), Hausa, Songhai, Tukulóor, Wolof, Serer, Mossi, Dagomba, árabes da Mauritânia e muitos outros pequenos grupos. A palavra poderá derivar da transliteração para o francês "guiriot" da palavra portuguesa "criado". Nas línguas africanas, Griots são referidos por uma série de nomes: **Jeli** nas áreas ao norte de Mandê, **Jeli** nas áreas ao sul de Mandê. Possuem uma função especial que é a de narrar as tradições e os acontecimentos de um povo. O costume de sentar-se embaixo de árvores ou ao redor de fogueiras para ouvir as histórias e os cantos perdura até hoje. Os griots também são músicos e muitas vezes as narrativas são cantadas. O Império Mali, sob o comando de Soundjata Keita, por volta do século XIII confere importância notável a esses sábios. A construção da história de base oral é marca dos povos africanos antigos e o griot tem papel fundamental em sua estruturação.

Sábio griot é o narrador de *A Capitoa* (2014), de Bernadette Lyra, que nos oferece, leitores, uma leitura sóbria de um grau tão elevado da categoria narrativa oral que nos espanta na elaboração da trama que tece a fábula. Nos moldes da tradição oral de que trata Benjamin, e dos griots, o narrador nos envolve, inialmente, em um prólogo que conta a história de duas meninas que "passeiam entre rosas e gérberas pelo jardim de um castelo. São como a imagem refletida no espelho. Vão de mãos dadas, uma ao lado da outra, em singular simetria. Ambas usam um anel partido, idêntico em suas metades, como as duas metades de um fruto partido" (LYRA, 2014, p. 9)

Sem pretensões de comparar, posso afirmar que *A Capitoa* tem uma estrutura narrativa e temático-conteudística que nos transporta para *Alice através do espelho*, de Lewis Caroll (1920), onde Alice tem de ultrapassar vários obstáculos – estruturados como etapas de um jogo de xadrez – para se tornar rainha (Luiza Grimaldi, a Capitoa). À medida que ela avança no tabuleiro, surgem outros tantos personagens instigantes e enigmáticos (em Lyra, Ambrósio Brandônio, um ex-jesuíta; Jorge Martins, um renegado; Vicente Soares; um desorelhado; Maria Jorge, moradora da zenha do riacho do Aribiri; Elesbão Javier de Saboyo, arribado espanhol; Ana Lopes das Donas, uma pescadora; Jacobo Álvares, irmão leigo, expulso da ordem; Antonio de Sá, moço fraco das ideias). O livro de Caroll exalta uma certa esperteza que os adultos tantas vezes tomam por insolência. Sem tal qualidade, Alice não sobreviveria ao País das Maravilhas e ao estranho mundo do outro lado do espelho. Esses são, afinal, universos de pesadelo, povoados por essas criaturas esquisitas que vivem aprisionadas em paradoxos lógicos e argumentos circulares.

Lyra, em seu *A Capitoa* (2014), rasgando o interdito das transgressões, artefato predileto da autora e muito denso em sua ficção, no capítulo intitulado "Os Serões", nos remete, logo no primeiro parágrafo, usando da artimanha do narrar benjaminiano, a uma narrativa griotesca, dando-lhe um amarelado da tradição oral: "Durante os serões de carteado e bebedeira, os moradores se revezavam na narrativa de estranhos acontecimentos, enquanto os criados traziam os archotes, enchiam os copos e espantavam os mosquitos" (LYRA, 2014, p. 59). Assim, seguindo a tradição dos *griots* e o universo fantástico de Lewis Caroll, o narrador lyriano, onisciente e viajante do tempo e do espaço, nos diz: "Ambrósio Brandônio – ex-jesuíta: jurava ter assistido, nas proximidades do engenho de Itaquari, à morte da índia Kerexu que de tão viciada em beber aguardente acabou por incinerar-se, consumida pelas próprias exalações, ficando tudo intacto ao redor. Inclusive um cocar de penas azuis e um infante que dormia a seu lado; Jorge Martins – renegado: falava que tendo se levantado do leito, pela madrugada, dirigiu-se à ribeira das águas e lá viu uma nau que atracava com rangidos por debaixo da lua, com as bandeiras esfiapadas e o mastro partido. E que parecia ter dentro alguns vultos como que homens piratas, ele assim o tinha para si. E correu a chamar alguns companheiros. E quando vieram a nau já não estava mais lá" (LYRA, 2014, p. 59-60). Uso estes fragmentos para mostrar que, desde seu primeiro livro de contos, *As contas no canto* (1982) ao *O Parque das Felicidades*

(2009) – leia-se "A história da menina", e, agora, em *A Capitoa*, Bernadette Lyra comprova o que nos diz Antonio Candido, em *Formação da Literatura Brasileira* (2013): "Comparada às grandes, nossa literatura é pobre e fraca. Mas é ela, não outra, que nos exprime. Se não for amada, não revelará sua mensagem; e se não a amarmos, ninguém o fará por nós. Se não lermos as obras que a compõem, ninguém as tomará do esquecimento, descaso ou incompreensão". Por quê? Bernadette, na maioria das vezes, encontra na Terra (ES) o encanto informe e concordante com a sua própria vida interior. Seus textos são, sim, frutos da terra e das almas, as almas poéticas que vivem no ES, alma lírica, alma irônica, alma feminina sonhadora e inconteste, alma que espera e que contesta nos subtextos, muitas vezes, subprodutos de sua própria ficção. Por isso, uma Literatura Telúrica.

O livro *A Capitoa*, de Lyra, é precisamente esse palimpsesto poético. A poeta ficcionista capixaba nos mostra que essa veia pulsa na poesia com vigor, ao enfeixar suas odes em prosa, numa sequência que privilegia uma visão tridimensional da experiência humana: a histórica, a cultural e a mítica. Quanto à primeira, a autora declara que: "A consciência da história atordoa", pois o seu saber está além da compreensão imediata. Ela é o narrador experiente, conforme define o filósofo Walter Benjamim (1994), uma vez que viveu os fatos e pode narrá-los como ensino e recomendação.

A dicção de cronista se caracteriza a partir de um bordão enunciativo que já está plasmado no título "In Illo Tempore" e se atualiza na abertura de cada ode, em que a essa expressão capitular se segue o verso "Como no País dos Mourões". Esse procedimento estabelece a cadência narrativa e lhe confere uma dimensão épica, pela expressão representativa dos feitos de um povo, num contexto cultural aberto e sem apelos etnocêntricos ou xenófobos. A cultura local é retomada como alegoria de resgate, por meio da demonstração de seu valor vivencial. Nesse curso, reencenam-se festas, rituais, comportamentos, costumes, crenças, elementos que esteiam o solo cultural espírito-santense, cujos desdobramentos se projetam na relação dialética do passado (fundação) com o presente (permanência versus desaparecimento). De fato, há um corpus cultural ativo que se atualiza nos gestos, atitudes e rituais, ao lado de um corpus extinto, cujos elementos passaram para o domínio da memória. Esse repertório só permanece se se torna herança, pelo repasse oral, da narração exemplar ou da transfiguração poética. Os recortes temporais constituídos nos relatos poéticos e reencenados no universo verbal constituem o registro. Resta saber se aquilo que se modifica no corpo de uma cultura é resultado da vivência de seus sujeitos, como desdobramento diferenciado de sua própria evolução em contato com as realidades exteriores ou se resultam de uma intervenção exógena que, na verdade, promove uma aculturação da comunidade impondo-lhe trocas abruptas de padrões e valores de fora para dentro por força de inculcações e manipulações, como foi a catequese dos índios no passado. No primeiro caso, trata-se de um ganho, de modo que será negativo e conservador o discurso que se colocar contra aquele processo legítimo de mudança. No segundo caso, trata-se de um esbulho cultural, de modo que será positivo e restaurador o discurso que combate as suas manobras perversas. Os relatos/Odes lyrianos trilham positivamente essa dupla direção, uma vez que recuperam processos e vivências culturais que se historicizaram e existem enquanto memória poética e, também, constituem um discurso de restauração de valores e de resistência cultural.

A contista também se insere como parte do imaginário, quando deixa subentendido que é parte do mito, pois traz todos os seus ancestrais para ela. É uma Ode este romance. No plano mítico – uma dimensão importante da cultura –, as Odes recuperam a efetividade das crenças, dos entes imaginários, dos elementos mágicos que compõem o universo da comunidade. Esses elementos são inseridos no cotidiano como experiência de vida – demonstráveis ou não, em que os sujeitos lhes conferem o estatuto de realidade. Ou seja, crê-se na existência da entidade mítica, a exemplo da mula sem cabeça, e ela aparece como personagem real nos relatos. Quem não acredita na sua existência concreta terá de considerá-la um ser simbólico – e assim, nessa categoria, também uma realidade, cuja efetividade se manifesta na ficção, na lenda, no poema. Trata-se de duas formas diferentes de vivenciar o mesmo fenômeno, embora em dimensões distintas. É assim que *A Capitoa* apresenta essa rica faceta da cultura local, no seu propósito de alegorizar as vivências de uma comunidade para daí lhe conferir um valor em si mesma, sem submetê-la a padrões de julgamento etnocêntricos ou da chamada cultura oficial. Trabalhando fundamentalmente com essas três dimensões que se multiplicam para dar corpo a uma totalidade, o poeta apresenta sua Luiza Grimaldi poético-alegórica em posição dialógica com sujeitos culturais diversos. Da qualidade e da abrangência da percepção dos sujeitos leitores dependerá o grau de diálogo possível. Essa Ode ensina, propõe, reivindica, inscreve, avança – em função do alargamento das fronteiras. O leitor que se negar ao diálogo e rechaçá-la como algo estranho, regionalizante e exótico estará dominado pela limitação do olhar que não alcança as pluralidades. Ao contrário, diante de leitores sensíveis, dialógicos e, por que não dizer, sensatos, os relatos ganham um relevo e uma importância ímpares como registro, resgate, poesia, ficção, estudo, alegoria, representação – enfim, quantum de cultura que enriquece os nossos cabedais como artífices e beneficiários de um acervo multicultural que nos torna, enquanto contingente de seres humanos, ligados pela delimitação territorial, PELA TERRA e pela língua comum, um povo chamado Brasil.

REFERÊNCIAS

AZEVEDO FILHO, Deneval Siqueira de. *Anjos Cadentes*: a poética de Bernadette Lyra. Campos dos Goytacazes: Ed. da ACL, 2006.

BOSI, Alfredo (Org.). *O conto brasileiro contemporâneo*. São Paulo: Cultrix, 1994.

FRANZ, Kafka. *A Metamorfose*. UNAMA. Disponível em: <www.nead.unama.br>. Acesso em: 12 maio 2017.

LYRA, Bernadette. *As Contas no canto*. Vitória: FCAA, 1983.

_____. *O Jardim das Delícias*. Vitória: FCAA, 1984.

_____. *O Parque das Felicidades*. Vitória: A Lápis, 2009.

MARQUES, Gabriel Garcia. *Cem anos de solidão*. Rio de Janeiro: Record, 1982.

RIBEIRO, Francisco Aurélio. *Estudos críticos de literatura capixaba*. Vitória: UFES, 1990.

TODOROV, Tzvetan. *Introdução à literatura fantástica*. São Paulo: Perspectiva, 2004.

6. NO TRANSE TELÚRICO DA PERSONAGEM FABIANO, DE GRACILIANO RAMOS: o devir rizomático de uma *vida seca* diaspórica

Em *Vidas secas* (1938), o interlocutor atento acompanha a crise da natureza, do homem, das formações sociais, políticas e econômicas. Inicialmente, o princípio do conflito é o sofrimento, surgido em meio à paisagem árida e infértil do sertão nordestino que empurra uma família de pobres miseráveis pela caatinga, enquanto estes procuram um lugar menos agreste para viver, na verdade, para sobreviver. O decorrer da narrativa, entretanto, desvela, em grande medida, a consciência coletiva da situação social, política e econômica não somente de uma região, uma vez que o sertão nordestino de Graciliano Ramos é o mundo. O resultado é o "transe telúrico" de um território envolto por situações violentas, não apenas por causa da natureza hostil, mas também da sociedade. As personagens, além de parecerem com a terra e se confundirem com a paisagem, trazem em si outros traços, os da consciência. Esta também segue a natureza, pois vincada pelo devir rizomático da vida seca diaspórica da personagem Fabiano, evidencia "o transe telúrico" de uma região, de um povo, melhor, de toda uma nação. Mediante todo esse contexto, convidamos você, leitor, a adentrar a este "transe telúrico" que, conforme verá, também é seu, pois a realidade ficcional desse romance, edificado sob a égide de inúmeros símbolos do *tellus mater* (CHEVALIER; GHEERBRANT, 1999), revela a nossa também.

6.1 O "transe": da arte literária graciliânica à personagem Fabiano

A arte da palavra do escritor alagoano Graciliano Ramos (1892-1953) costuma nos colocar em estado de "transe". Digamos que se trata de uma (des)inquietação aos moldes da pedra de toque de Deneval Siqueira de Azevedo Filho, na tessitura de sua obra *Literatura em transe:* labirintos, abismos, humor, transe e dor (2016). Tomando como exemplo o filme de Glauber Rocha, *Terra em transe* (1967) – alegoria do golpe militar de 1964, por meio de diferentes tendências políticas metaforizadas pelos personagens e da agonia do intelectual de esquerda que se percebia impotente diante de tal contexto –, o autor referenda o que tenta recuperar em suas análises literárias: "[...] a ruína 'em transe'" (AZEVEDO FILHO, 2016, p. 7) em seus diferentes aspectos: social, político, econômico e cultural.

Não há, evidentemente, como nega que, na literatura de Graciliano Ramos a existência "da ruína em transe" – a situação política, econômica, cultural e social, causadora da miséria e da injustiça que assola o país – é possuidora de uma mensagem de contestação e de inconformismo com o contexto sócio-histórico daquela época, quiçá, de todas as épocas. O escritor, que abordava o fazer literário de um ponto de vista mais crítico, traz à tona as mazelas da sociedade por meio de vocábulos que adquirem contornos claros, objetivos, sem os adereços que o enfeitam, sem o disfarce do falso ouro. Ele mesmo expõe essa questão, na contracapa de sua obra *Angústia* (2004), ao comparar o ato de escrever ao ofício das lavadeiras de Alagoas. Todos os ritos seguidos pelas lavadeiras – as primeiras lavadas e torcidas das roupas, a colocação do anil, o ensaboar, o bater, os enxágues, as torcidas definitivas para que não pingue mais nenhuma gota de água da roupa – devem ser observados, na mesma proporção, pelo escritor, pois a palavra foi feita pra dizer, não para enfeitar.

A preocupação de Graciliano Ramos não era com a retórica. Era, a exemplo de *Terra em transe*, com as contradições existentes em nosso país, em nossa história. A literatura graciliânica, portanto, é um compromisso com a vida e tem a mesma valoração da carne e do sangue do próprio ser que escreve, pois a arte, para o autor alagoano (1992), é sangue, é carne. Não há nada além disso, uma vez que as personagens são pedaços dele mesmo. Portanto, ele imprime no papel o que era, o que somos. Sua arte, assim, diz respeito não a uma realidade puramente objetiva, como a de alguns intelectuais de sua época, que edificavam suas narrativas a partir de "[...] uma visão lúdica da realidade" (MOURÃO, 1969, p. 177). Antes, apresenta tal realidade nas "ruínas em transe", ou seja, nas dores ordinárias de suas personagens, cujas reações são percebidas mediante os acontecimentos trágicos da existência. É nesse contexto de inovação estética assumida que o autor de *Vidas secas* (2005) se difere dos demais, pois considera que a arte, com sua forma inspirada em moldes, torna-se antipática e insincera. Isso porque só usa expressões corretas e se ocupa apenas de coisas agradáveis.

Atento à realidade, Graciliano Ramos não pertence ao número daqueles que "[...] não querem ver a miséria e só por isso negam a sua existência ou, quando não podem de todo negá-la, entendem desdenhosamente que ela não constitui um tema digno de transposição literária" (PEREIRA, 1944, p. 153). Assim, o projeto artístico-literário do autor de São Bernardo, "[...] abrindo novos caminhos para a representação literária" (MIRANDA, 2004, p. 12), caminha na contramão dessa literatura reconfortante. Buscando expor as mazelas sociais, por meio da arte da palavra e da análise que determina o destino problemático do indivíduo, acabou por produzir "[...] uma literatura nova [...]" (MIRANDA, 2004, p. 12), útil.

As análises que descrevemos até aqui, então, expõem a coerência e a importância do legado do escritor Graciliano Ramos como matéria-prima para a tessitura deste texto. Intercalando arte e vida, sobressai, além do seu talento, o esforço de concretizar, no nível da arte, os aspectos verdadeiramente importantes que sua particular e aguda visão de mundo proporcionou. Em torno desses pareceres alicerçou-se a base de uma obra que ampliou, por meio da palavra, os efeitos do texto. Mais do que enredo, Graciliano Ramos potencializou a arte ressignificando a prática literária, pois

> [...] elimina tudo que não seja do homem, da miséria, da condição trágica, de um fatalismo cruel [...] Tudo nele se concentra no que é homem, no que é a tragédia do ser homem [...] Ele criou uma galeria que é a mais dolorosa de nosso romance. Os homens e as mulheres, até os bichos que ele cria, são criaturas que carregam a vida como o maior castigo (REGO, 1943, p. 89).

A força dos enunciados secos e cortantes, produzidos por Graciliano Ramos, ao evidenciar a miséria, a condição trágica e o fatalismo cruel do homem, é capaz de recriar ficcionalmente o mundo, provocando a "ruína do transe", sem a qual é demasiadamente complicado analisar sua produção. A família de Fabiano – sinha Vitória, o menino mais velho, o menino mais novo, a cachorra Baleia e o papagaio –, personagens de *Vidas secas*, vive em "transe". Que transe? Ora, o da instabilidade da consciência, essa agonia que toma o indivíduo. A aflição das personagens é o castigo da seca nordestina que carregam em si, da impossibilidade de ter a posse da terra, que é destinada aos latifundiários para a explorarem a seu bel prazer. Travando uma luta com esse mundo hostil, a sofrida família do vaqueiro é a força de trabalho. Tal como o colonizador português de outrora, o dono da terra, dotado de grande esperteza, em troca do serviço prestado pelo ingênuo subordinado, oferecia como partilha "[...] a quarta parte dos bezerros e a terça parte dos cabritos, [...] mas [Fabiano] não chegava a ferrar um bezerro ou assinar a orelha de um cabrito" (RAMOS, 2006, p. 93). As manifestações históricas do escambo, evidenciadas por Caminha em sua carta ao rei de Portugal, estão presentes na literatura graciliânica, pois entre o dono da fazenda e Fabiano, inicialmente, não existia negociação monetária.

O serviço específico do pobre sertanejo era cuidar e ferrar os bichos para o patrão. O ferro do proprietário "Tomava-lhe o gado de graça e ainda inventava juro. Que juro!" (RAMOS, 2006, p. 95). Nesse ponto, o sistema econômico é posto em pauta. O valor monetário tem um agravante: o juro. Fabiano, além de trabalhar, devia pagar juro ao patrão pelo simples fato de morar na casa velha e sem vida da fazenda. O que recebia como partilha era inferior à dívida que contraía todo mês. Graciliano Ramos, com perspicácia, registra nas páginas de sua literatura um novo tipo de escambo, o corrupto.

Em meio a golpes e lutas de classe, Fabiano, assim como nós, sabia que "O que havia era safadeza" (RAMOS, 2006, p. 97). Ele representa a coletividade que, considerada mero objeto de troca, guardadas suas devidas proporções, sobrevive, ao escambo, principalmente àquele, cujos "seus efeitos de corrupção" – conforme relata Azevedo Filho na apresentação deste livro –, se propagaram e se mantém ainda mais atuais. E o povo, "em transe", assiste à farra dos governantes totalmente atolados no mundo da corrupção.

Dançamos, não em meio ao som de metralhadoras e Vila Lobos, como ocorre em *Terra em transe*. Nosso som é bem outro, não menos assustador que os das armas de fogo. Podemos dizer que é o mesmo ouvido pela personagem Fabiano, quando golpeado por "[...] uma lâmina de facão [que] bateu-lhe no peito, outra nas costas" (RAMOS, 2006, p. 31). A agressão foi realizada pelo soldado amarelo, representante do governo, conduzindo o vaqueiro ainda mais para o rés do chão (CANDIDO, 1992). Ora, a obra de Graciliano Ramos "[...] tem uma força quase visceral – nela [...] a violência do poder se marca no corpo do sujeito" (MIRANDA, 2006, p. 137), se mantém viva, atual, pois retrata com muita propriedade o "transe" pelo qual o nosso país ainda está passando. O corpo de Fabiano foi marcado. O nosso ainda está sendo... O povo caiu, literalmente, por terra. Realmente, a arte (re)apresenta a vida...ou seria o contrário? Ousamos dizer que *Vidas secas* é um microcosmo do país Eldorado, quer seja, o Brasil.

A arte literária de Graciliano Ramos, tendo tudo isso em vista, é atemporal e universal. Ela não se resume à década de 30 do século passado. Não fala unicamente do Nordeste. A teia construída esteticamente em *Vidas secas,* nosso objeto de estudo, abriga a polifonia que envolve as temáticas do cotidiano. Nesse particular, ao aproximar da narrativa ficcional fatos reais, o nordestino culto criou uma estrutura estética que possibilita a captação e a compreensão do real, que supera o tempo e o espaço em que a obra foi criada. Sendo assim, enxergar *Vidas Secas* como a materialização de um determinado gênero – romance social 30 –, como muitos críticos literários fazem, é ceifar as inúmeras possibilidades dialógicas presentes na obra, pois se à primeira vista ele assume características regionalistas, ao trazer para o primeiro plano da narrativa "[...] os problemas humanos de ontem, de hoje e de sempre, ligados fundamentalmente à sobrevivência do Homem em sociedade [...]" (COELHO, 1978, p. 61), deixa de ter vínculo exclusivo com essa vertente para alcançar um campo mais vasto: as mazelas do nosso país, "uma ruína em transe".

O tema "transe", portanto, não tem relação apenas com as personagens da obra graciliânica, diga-se *Vidas secas*, que se deparam com as mais diversas e complexas situações de violência, de disputa de poder, de interesses políticos e econômicos, enfim, de injustiças. Tem também com o interlocutor do texto, com a coletividade. Isso porque Graciliano Ramos, intelectual que viveu o contexto sócio-histórico da primeira metade do século passado – permeado por acontecimentos como a Revolução de 1930, A Revolução Constitucionalista de 1932, a Intentona Comunista de 1935, a implantação do Estado Novo em 1937 e a eclosão da 2ª Guerra Mundial em 1939 –, não ficou impotente perante a realidade que o circundava. À frente de seu tempo, se colocou "[...] desde sua estreia, como o mais importante romancista da década, ao mergulhar nos problemas sociais e psicológicos sem fazer média com as críticas de seus próprios amigos nem abdicar de uma posição política que sempre estivera muito clara [...]" (BUENO, 2006, p. 243). Com isso deu a sua literatura *status* de, para utilizarmos uma expressão cara a Azevedo Filho (2016), uma "Literatura em transe".

"Transe" esse que faz com que Graciliano Ramos rompa a forma com que vinha edificando suas obras, ou seja, diferentemente dos seus antecedentes, *Vidas secas* não possui uma personagem escritor, com narrativa em primeira pessoa. Mas como assim? O Velho Graça ocupa o lugar do oprimido para falar por ele? A resposta é muito simples: não. É evidente que não. O autor de *Memórias do Cárcere* (2001) deixa que o próprio marginalizado se exponha. Não pela voz articulada, mas pela da consciência. Esta, desestabilizadora de verdades únicas, em "transe" constante, é trazida à tona por intermédio do narrador em terceira pessoa.

Saudado pela crítica literária especializada como obra-prima do escritor alagoano, *o romance* – premiado pela Fundação William Faulkner, em 1962, como livro representativo da Literatura Brasileira Contemporânea, publicado em mais de dezenove países e transformado em filme por Nelson Pereira dos Santos –, ambientado no sertão nordestino, dá destaque não somente para a realidade, os modos de ser e a condição de existência da família do vaqueiro que migra pela caatinga, por ocasião da seca, em busca de um lugar menos agreste para viver. Mas para a nossa também.

A personagem Fabiano, assim, com um mínimo de palavras, junto com a sua família, é o excluído da atualidade que, longe de ser a representação do sertanejo pitoresco e exótico tão evidenciado pela literatura romanesca brasileira, na de Graciliano Ramos representa as condições "caatinga" de um universo seco e hostil, tanto em se tratando da natureza quanto do meio social. Seu monólogo interior, trazido à superfície textual por meio do narrador em terceira pessoa, evidencia a consciência de uma coletividade que questiona, de maneira contundente, o "transe" em que vive a nossa "mãe gentil", a "terra adorada", a "pátria Amanda". Eis o argumento: o transe telúrico da personagem.

6.2 O telúrico: do romance à personagem

Pois bem, já sabemos o que vem a ser o "transe" na obra em questão e, consequentemente, na personagem. Mas e o *tellus*? Ah, o *tellus* – terra em latim! Essa nossa "mãe gentil" é referendada por Jean Chevalier e Alain Gheerbrant (1999) como uma substância universal, o caos primordial, a primeira matéria, da qual o Criador molda o homem. É a terra virgem, penetrada pela lâmina ou pelo arado. Também é a mesma terra que se torna fecunda pela chuva ou pelo sangue. É a matriz que concebe as fontes, os minerais, os metais, etc. Enfim, é a simbologia da função maternal, aquela que dá e também rouba a vida.

Em *Vidas secas,* o leitor mais atento descortina, ao longo da leitura, imagens telúricas que são incomuns, pois estas colocam em cena uma terra que ultrapassa o sentido literal. Renovando os sentidos, o interlocutor transcende significados atribuídos a terra desde os tempos mais remotos. Isso possibilita explorar, de maneira mais produtiva e adequada, a temática telúrica que consideramos ser um assunto muito pertinente à literatura, pois a simbologia é ampla, para além do sentido materno, de fertilidade, do sagrado, dentre outros. Além de toda essa representação é também índice identitário e metáfora da miséria socioeconômica. Não por acaso, o título da obra, de antemão, deixar evidente que a narrativa tratará da vida do homem pobre e miserável, moldado e movido pela terra seca que, muitas vezes, lhe rouba a vida.

A passagem da narrativa em que o narrador descreve que "A catinga estendia-se, de um vermelho indeciso salpicado de manchas brancas que eram ossadas" (RAMOS, 2006, p. 10), de modo singular, põe a nu a busca pela sobrevivência. O mapa de uma vida sacrificada é demarcado pelas ossadas que se espalham no solo vermelho – sinônimo de terra fecundada pelo sangue. Essa terra, roubando a vida, por mais paradoxal que possa parecer, sendo Mãe, acolhe os mortos que, no branco de suas ossadas, voltam para as entranhas telúricas: o pó da terra. Elemento de transformação, a terra, muda as substâncias. As ossadas, dessa maneira, metamorfoseadas pela terra, misturados nela, adquirem nova forma e também passam a ser um símbolo telúrico, pois "Se a Terra é Mãe viva e fecunda, tudo o que ela produz é, ao mesmo tempo, orgânico e anímico" (ELIADE, 1957, p. 144). A terra seca, então, acaba ganhando vivacidade.

Graciliano Ramos incute esse composto orgânico e anímico em sua personagem Fabiano. Na vida do vaqueiro os elementos culturais e regionais são transformados em imagens telúricas, em que a morte física não é o tônus principal, pois a personagem, a partir do signo telúrico, "[...] sentia um ódio imenso a qualquer coisa que era ao mesmo tempo a campina seca, o patrão, os soldados e os agentes da prefeitura. Tudo na verdade era contra ele" (RAMOS, 2006, p. 139), que empreende uma luta muito maior do que a travada com a natureza. A luta incessante é contra a política capitalista de manipulação e de exploração do homem. Tal política, para que sua fecundidade seja perene, "mata", vagarosamente, o homem.

A terra não se resume, assim, unicamente ao chão cheio de rachaduras, seco e árido. Ela marca profundamente a narrativa em pauta, em todos os demais aspectos. Consequentemente, Fabiano também luta contra a sociedade hostil. Essa que absorve a sua vida e as de sua família para a manutenção do sistema capitalista que busca não atrapalhar o desempenho dos lutadores mais poderosos, no caso, o patrão e o governo em suas mais diversas ramificações. Destacamos, assim, em especial, o descaso das autoridades que não enxergavam/enxergam parte dessa nossa "mãe gentil", desse "outro Brasil" que precisava/precisa de cuidados para se tornar fecundo – não pelo líquido vital do *homo sacer,* ao estilo agambeniano (2002) –, a fim de que as vidas secas não morressem/morram à míngua. Antes, para que tivessem/tenham vida digna. Nessa vertente, percebemos que a força-motriz dessa obra e de seus personagens, assim como as demais obras desse autor, é a terra, o telúrico. Antonio Candido, ao falar dessa particularidade, destaca que

> Em nenhum outro livro é tão sensível quanto neste a *perspectiva recíproca*, [...], que ilumina o personagem pelo acontecimento e este por aquele. É que ambos têm aqui um denominador comum que os funde e nivela – o meio físico. Essas iluminuras de Livro de Horas (áspero livro em que Deus é substituído pela fatalidade e pelo desespero) constituem na verdade um romance telúrico, uma decorrência da paisagem, entrocando-se na geografia humana. [...] Ora, o drama de *Vidas secas* é justamente esse entrosamento da dor humana na tortura da paisagem (CANDIDO, 2012, p. 65, grifos do autor).

Candido é contundente: *Vidas secas* é a obra graciliânica com maior explicitação telúrica, pois a reciprocidade entre a substância universal e o indivíduo é gritante. Logo, Fabiano, pelos fenômenos ocorridos em sua "geografia" – seu corpo, seu íntimo (consciência) – possui uma forte relação com a terra. Na verdade, uma relação indissolúvel, tanto que as características da natureza – aridez, secura, dureza, resistência, etc – são elementos determinantes do seu aspecto físico – "Os seus pés duros quebravam espinhos" (RAMOS, 2006, p. 9) – e de seu temperamento – "Fabiano [...] tinha o coração grosso" (RAMOS, 2006, p. 10) –, de tal maneira que ele se sente parte integrante dela. A terra exerce forte influência sobre a vida de Fabiano e de sua família. Ela é um símbolo de multiplicidade, uma vez que ele se identifica com o mundo por intermédio da força desse elemento.

Vidas secas, assim, representa, pelo viés da dificuldade socioeconômica e do drama identitário, o íntimo entrelaçamento do homem com a terra. Logo, tendo em vista os vários campos de referência do texto, as várias entradas, encontramos uma "chave de leitura" capaz de levar em consideração os múltiplos aspectos da obra, uma vez que a narrativa, construída por meio de um campo semântico que nos conduz sempre à percepção de uma "terra em perene transe", fornece a chave para o que está em foco: a experiência-limite, para além da região agreste do país.

6.3 Diáspora: a experiência-limite das *vidas secas*

A experiência-limite da família de Fabiano tem início desde a primeira cena do romance, que retrata os nordestinos cansados e famintos, à procura de uma sombra para poder descansar, depois de três horas de caminhada, em plena seca, pelos "[...] caminhos, cheios de espinhos e seixos" (RAMOS, 2006, p. 10) da caatinga e depois pisando "[...] a margem do rio, a lama seca e rachada que escaldava os pés" (RAMOS, 2006, p. 10). Curiosamente, assim que Fabiano avistou a sombra de um juazeiro, em meio à caatinga rala, o filho mais velho, exausto, sentou-se no chão e se pôs a chorar. A atitude da criança desencadeou o "transe" do pai faminto que, "[...] desejou matá-lo, [pois] queria responsabilizar alguém por aquela desgraça" (RAMOS, 2006, p. 10). Fabiano sabia que aquele obstáculo pequeno – a criança – não era o culpado. Mas, naquele momento, era o que dificultava a marcha de toda a família, que estava de "Mudança" – não por acaso, nome do primeiro capítulo do romance. Mudar para onde? Não sabiam.

A poderosa arma de Graciliano Ramos, a palavra clara e objetiva, permite que o leitor menos ingênuo, em sintonia com as personagens, também entre em "transe" ao se deparar com a forte e crua realidade daqueles andarilhos miseráveis. Impossível ficar indiferente a essa lucidez escritural, a esse fluxo, a essa consistência, a essa verdade ficcional, pois os fatos falam por si: uma família fugindo da seca e da opressão social, em um deslocamento forçado

– misto de fuga, busca, sina – motivado pela necessidade de preservar a vida, de seguir para não morrer. Um verdadeiro calvário que nos remete a inúmeras reflexões, dentre elas, a situação diaspórica e a busca pela identidade, tão exploradas nos estudos culturais, que tanto intrigam o vaqueiro Fabiano.

A viagem da família de Fabiano não é por prazer. Trata-se de uma cruel necessidade de sobrevivência, dando a ver que por não criarem raízes em um único lugar, não habitam uma única terra ou uma terra única. Devido a esse estranho paradoxo telúrico, "[...] o vaqueiro, o pai do vaqueiro, o avô e os outros antepassados mais antigos haviam se acostumado a percorrer veredas, afastando o mato com as mãos. E os filhos já começavam a reproduzir o gesto hereditário" (RAMOS, 2006, p. 17-18). Em diálogo com essa tradição terral, percebemos que o drama histórico dos antepassados de Fabiano, dele próprio e, consequentemente, de seus herdeiros é o "transe" identitário do homem em relação à consciência que tem da terra, pois a "[...] sina era correr mundo, andar para cima e para baixo, à toa como judeu errante" (RAMOS, 2006, p. 19). Eis a consciência telúrica, que pode ser ainda mais explicitada pela expressão "judeu errante": à diaspórica.

Se consultarmos um dicionário etimológico constataremos que o termo "diáspora" deriva dos vocábulos gregos *dia* (através, por meio de) e *speirõ* (dispersão, disseminar ou dispersar) e refere-se à dispersão do povo judeu que foi oprimido e exilado da Palestina pelos babilônicos. É dessa experiência vivida, sofrida, que surge o termo diáspora, que significa saída forçada, deslocamento, exílio. No contexto dos estudos culturais, a questão diaspórica – "correr mundo", "andar para cima e para baixo" – possui significado especial. Em *Da diáspora:* identidades e mediações culturais, Stuart Hall (2003) apresenta vários artigos em que analisa assuntos inerentes aos estudos culturais, dentre eles, a questão diaspórica. O teórico jamaicano estuda os mitos fundadores desse conceito aprofundando-se na questão ocorrida nos assentamentos de negros caribenhos do Reino Unido. Para esse autor, mesmo que o conceito de diáspora mais familiar entre os caribenhos seja

> modelado na história moderna do povo judeu (de onde o termo diáspora se derivou), cujo destino no Holocausto – um dos poucos episódios históricos-mundiais comparáveis em barbárie com a escravidão moderna – é bem conhecido. Mais significante, entretanto, para os caribenhos é a versão do Velho Testamento. Lá encontramos o análogo, crucial para nossa história, do 'povo escolhido', violentamente levado à escravidão no 'Egito', de seu 'sofrimento' nas mãos da 'Babilônia', da liderança de Moisés, seguida pelo Grande Êxodo – 'o movimento do povo de Jah' – que os livrou do cativeiro, e do retorno à Terra Prometida (HALL, 2003, p. 28).

É evidente que a narrativa das "vidas secas" não é sobre o horror do Holocausto, tampouco sobre a diáspora judaica, mas compartilha com tais tragédias, como também dialoga com o mito do Velho Testamento, modelo análogo à história dos caribenhos. Em *Vidas secas*, então, o Velho Graça, mais que explicitar questões inerentes à diáspora dos nordestinos que se jogam "ao mundo, como negro[s] fugido[s]" (RAMOS, 2006, p. 117) e migram para as outras regiões do país em busca de melhores condições de vida, pinta o mais amplo retrato do migrante, não somente o do nordestino: o ser à margem, pobre marginalizado, deslocado, sempre à procura de suas identidades intimamente ligadas ao desejo de liberdade perante tudo que o aprisiona, domina, subjuga.

Aprisionamento. Dominação. Subjugação. Deslocamento. Todas essas Agruras, vividas pela família de Fabiano, trazem-nos à lembrança outras duas diásporas: a dos negros africanos trazidos como escravos para o Brasil e a vivida pelo mentor de Fabiano que, quando criança, foi deslocado infinitas vezes, visto que a família vivia em constante diáspora pelas cidades nordestinas devido à seca. Já adulto, foi preso e posto em situação diaspórica durante dez longos meses, no governo de Getúlio Vargas. Como preso político do Estado Novo foi acusado de subversão. Encarcerado arbitrariamente de forma "[...] injusta, calhorda, sem processo, sem inquirição, sem coisa nenhuma" (RAMOS, 1995a, p. 23), foi "[...] obrigado, ele diz, a fazer uma viagem turística forçada, ao vir, preso, no porão do navio Manaus para o Rio de Janeiro" (MIRANDA, 2006, p. 151), como se estivesse em um navio negreiro.

Por esses pontos telúricos deslizantes, após tantos séculos, a história se repetiu. O navio, o mar e, agora, Graciliano Ramos. Ele não era negro, nem africano, tampouco escravo. Mas um navio... e o Atlântico, tão negro como a metáfora trabalhada pelo sociólogo Paul Gilroy (2002) – que explicita um pensamento renovado sobre a modernidade ao trabalhá-la em consonância com o conceito de diáspora africana e, consequentemente, com a cultura desenvolvida dos dois lados do Atlântico –, possibilitou-lhe narrar as tristes e descontínuas histórias das vidas secas de um país em seus aspectos telúricos mais amplos "[...] depois da experiência [...] nos cárceres do Estado Novo, [...] por ele mesmo julgada essencial para a elaboração do livro" (REIS, 1995, p. 31). Mas como? De que forma essa experiência diaspórica corporificou o romance *Vidas secas*? Ora, a resposta a esses questionamentos nos é oferecida pelo próprio Graciliano (1995b, p. 128), ao relatar que, em certa ocasião, um crítico sugeriu que ele utilizasse em um romance os camponeses do nordeste. Todavia Graciliano, apesar de ser sertanejo, achava-se incapaz de escrever sobre tal povo. O conselho só foi colocado em prática depois que ele conviveu com outros sertanejos "[...] na cadeia, dormindo nas esteiras podres e dividindo fraternalmente os percevejos".

Em situação diaspórica, conforme afirma Hall (2003, p. 26), "[...] as identidades se tornam múltiplas" e, não sendo fixas, Graciliano Ramos, sujeito diaspórico, explicitará, por meio de sua ficção, os ganhos e perdas que a vivência forçada em um espaço de constante tensão lhe proporcionou, além de deixar para o país o legado de uma experiência intelectual e de uma consciência identitária ímpar. Uma consciência capaz de personalizar o "transe telúrico" do povo nordestino em seus temas, a ponto de ser chamado, conforme relata sua filha Clara Ramos (1995a, p. 28), "[...] romancista dos pobres diabos, exatamente desse povo sofredor, desse povo mais humilde". Além disso, ele também personaliza a região em que nasceu, incorporando-a, de forma telúrica em sua escritura, tanto que foi "[...] associado ao cacto, ao mandacaru, [...] sempre designado pelos adjetivos seco, agreste, enxuto, espinhoso" (RAMOS, 1995b, p. 28), por seus amigos e também pelos críticos literários.

A personalidade coletiva, a natureza agreste – uma das características mais marcantes de Graciliano Ramos –, assim, não é apenas elemento configurador de sua identidade, mas também de sua obra e de suas personagens. Identificando-se com a sua terra natal, o nordestino culto cria seu estilo e sua linguagem literária, que são telúricos. Ou seja, seu estilo é como sua região, agreste e enxuto, e sua linguagem, seca, espinhosa e cortante. Por meio desses artifícios, o escritor evidencia somente o que é essencial, desvendando socialmente o Nordeste – microcosmo de nosso país – e revelando em *Vidas secas*, de relato a relato, em treze capítulos rizomáticos, "pobres diabos" – seres fisicamente secos e psicologicamente áridos, rudes, espinhosos, brutos – que, na experiência da diáspora, enquanto correm mundo na busca por um lugar em que a miséria seja menos cruel, constroem suas identidades.

Graciliano Ramos reapresenta em *Vidas secas* sua terra, nosso Brasil, seu povo, nosso povo. Ao criar personagens que vivenciam um transe identitário ocasionado pela diáspora e, consequentemente, pelas relações social, econômica e cultural estabelecidas, expressa uma perspectiva crítica do Brasil e nos mostra o lado obscuro da identidade nacional: o do deslocado em todos os sentidos possíveis – corpóreo, geográfico, psicológico, social, linguístico etc. Assim, nesse romance, a concepção diaspórica da família de Fabiano, e dele em especial, que experimenta o estar deslocado, é telúrica. O primeiro deslocamento telúrico é em relação ao meio de produção. Devido aos precários meios de sobrevivência, a família é determinada pela relação que estabelece com a terra.

Ainda que Fabiano mantenha uma forte ligação com ela, não a possui, pois "Achava-se ali de passagem, era hóspede" (RAMOS, 2006, p. 19).

Não sendo proprietário, portanto, para manter-se vivo, ainda que no limite de sua resistência, depende do latifúndio. Sua sina é "[...] trabalhar como negro [sem] nunca arranjar carta de alforria" (RAMOS, 2006, p. 94) para ter comida, mesmo que minguada, e uma cama de varas, que não é a dos sonhos de sua mulher. Por isso, no interstício das duas secas se instala em uma "fazenda sem vida" – verdadeiro feudo – onde faz juz a sua identidade histórica – a de vaqueiro. Importante ressaltarmos que, de acordo com Darcy Ribeiro (1995), o vaqueiro Fabiano representa um dos símbolos mais expressivos da cultura popular nordestina – a imagem histórica e lendária do vaqueiro nordestino, resultado da mistura entre o colonizador europeu e o indígena do sertão nordestino. Eis mais uma questão telúrica posta em pauta por Graciliano Ramos: a da colonização do nosso país pelo imperialismo europeu. Sobre essa questão, o professor Luis Eustáquio Soares (2015, p. 168) nos revela que

> [...] o imperialismo europeu se constituiu a partir de uma dicotomia, a qual pode ser efetuada em diversos formatos, tais como europeu/não europeu, branco/não branco, dominador/dominado, opressor/oprimido. Essa dicotomia só foi realizável a partir do contato com o colonizado, cujas diferenças étnicas, históricas e culturais foram rechaçadas, egoicamente, em nome do padrão ocidental. Ou seja, para empoderar-se, para afirmar-se como soberano, fez-se abominavelmente necessário ao império recalcar o 'estranho'; tornou-se monstruosamente imprescindível criar alteridades.

Talvez por esse motivo, carregando em si as consequências do colonialismo, Fabiano, "o estranho", a exemplo dos que aqui serviam aos colonizadores portugueses, ocupando o lado dicotômico destinado ao oprimido, ao colonizado, era o expropriado da terra. Nela devia apenas trabalhar, cuidando do serviço e aumentando o gado do patrão que só o descompunha, pois "[...] queria mostrar autoridade, gritar que era dono" (RAMOS, 2006, p. 23). O empoderamento do patrão como soberano, impôs ao seu vaqueiro o padrão ocidental.

É fato que as relações e as lutas entre/de classes, núcleo das tensões exploradas na narrativa, possibilitam ao leitor atento perceber o quanto Fabiano e sua família estão deslocados de sua condição de sujeito social. Não há dúvidas quanto a isso, tampouco quanto a ele não possuir a terra. Sabemos que Fabiano não era dono de nada, mas precisava, para sobreviver, estar vinculado, mesmo que de maneira transitória, a quem detinha poder sobre a terra. Em virtude de sua classe socioeconômica, só podia ter uma condição: a de subordinado. O colonizador, digamos assim, era o patrão, o proprietário das terras, uma das peças opressoras da engrenagem social. Ele tem autoridade para descompor o vaqueiro por ser "amo", e Fabiano, sem muitas opções, é obrigado a suportar, por ser "escravo".

Por meio desse lamentável quadro sociológico do nosso colonizado território, o autor de "Baleia" remete na ficção, pelo ponto de vista do sertanejo, a cruel relação entre dominante e dominado, explorador e explorado, colonizador e colonizado, e as consequências desse embate na construção das identidades do nordestino e do povo brasileiro em geral, personificado em Fabiano e sua prole. Alfredo Bosi, em *Dialética da colonização* (1992, p. 12), apresenta a etimologia do vocábulo colonizador: do verbo latino *colo*, cujo sentido básico é *tomar conta de*, importando não só *cuidar*, mas também *mandar*.

Com esses dois objetivos – mandar e cuidar –, instalou-se, a partir do século XVI, em nosso país, um sistema eurocêntrico de caráter dominador que na "[...] tentativa de reduzir a diversidade cultural a apenas uma perspectiva paradigmática [...] vê a Europa como origem única dos significados, como o centro da gravidade do mundo, como 'realidade' ontológica em comparação com a sombra do resto do planeta" (SHOHAT; STAM, 2006, p. 11). O representante dessa realidade ontológica era/é o homem branco e, de preferência, possuidor de olhos claros.

Ironicamente, Graciliano Ramos edifica sua personagem Fabiano, aparentemente, como retrato fiel do colonizador europeu, pois "[...] tinha os olhos azuis, a barba e os cabelos ruivos" (RAMOS, 2006, p. 18). Mas ao colocá-lo em consonância com as características das terras nordestinas, uma vez que o vaqueiro era "[...] vermelho, queimado" (RAMOS, 2006, p. 18) e não edificá-lo como um possível colono, narrou as mazelas de um país em que os verdadeiros donos da terra foram/são transformados em inquilinos. Não por acaso, então, "[...] vivia em terra alheia, cuidava de animais alheios, descobria-se, encolhia-se na presença dos brancos e julgava-se cabra" (RAMOS, 2006, p. 18). Importante notar aqui que, mesmo o Brasil sendo República desde o final do século XIX, Fabiano – personagem do século XX – traz consigo os resquícios da história de nossa colonização, portanto, era considerado uma sombra, "uma coisa da fazenda, um traste" (RAMOS, 2006, p. 23). A terra – o nosso país –, por essa perspectiva, entrou em "transe" desde seu "achamento".

Em transe também se mantém a família de Fabiano perante o sentimento de superioridade ontológica do outro – personificado pelo patrão, pelo soldado amarelo e pelo cobrador de impostos. Estes, "em relação às 'raças inferiores desregradas'" (SHOHAT; STAM, 2006, p. 18), oprimem e marginalizam o grupo liderado por Fabiano, que só tem uma certeza: ser "[...]

cabra, governado pelos brancos, quase uma rês na fazenda alheia" (RAMOS, 2006, p. 24). Podemos constatar, com isso, que esses miseráveis se enquadram na mesma categoria intermediária que confinou o negro – "predestinado a caminhar dentro do véu" (GILROY, 2002, p. 126) – entre o animal e o homem, classificada por Du Bois como "*tertium quid*" (GILROY, 2002, p. 126). Isso evidencia a perda de referencial de lugar no mundo social e cultural sofrida por esses sertanejos, que, por sentirem-se "[...] bicho, coisa, escravo" (FELINTO, 2006, p. 133), perdem, também, o referencial telúrico e o referencial de si mesmos, a começar pelo nome.

Marilene Felinto (p. 134), no posfácio à 99ª edição de *Vidas secas*, nos lembra que "[...] o substantivo fabiano, do antropomínico 'Fabiano', significa 'indivíduo qualquer, desconhecido, sem importância, sinônimo de 'joão--ninguém'", por isso mesmo, ele e a mulher são desprovidos de sobrenome. Os filhos, também destituídos de si mesmos, são identificados apenas por menino "mais novo" e menino "mais velho", ao passo que a cachorrinha possui um nome: Baleia. Paradoxal e ironicamente, esse animal, que vive em um mar de areias quentes escaldantes, tem nome e reações muitas vezes humanas. Esse recurso, do qual Graciliano Ramos fez uso, comprova o "transe" das demais personagens: a desumanização e, consequentemente, o deslocamento identitário a que muitos homens estão condicionados. Quem não tem nome, não tem história, tampouco identidade.

Expulso de si mesmo, o grupo liderado por Fabiano não tem uma identidade unificada, completa, fixa e estável, mas sim fragmentada, não resolvida, fronteiriça – entre o animal e o humano. Essa fronteira possibilitará ao grupo, que vive em constante mutação e em constante deslocamento psíquico, enxergar a multiplicidade de *eus*, de identidades com as quais se identifica, uma vez que serão "[...] confrontados por uma multiplicidade desconcertante e cambiante de identidades possíveis, com cada uma das quais poderão se identificar – ao menos temporariamente" (HALL, 1998, p. 13).

Fabiano é confrontado "por uma multiplicidade desconcertante e cambiante de identidades", dentre as quais, a mesma a que o homem foi confrontado pela teoria evolucionista de Darwin. A caracterização da personagem a essa identidade é realizada no capítulo homônimo ao seu nome. A voz da enunciação nos descreve que "[...] o corpo do vaqueiro derreava-se, as pernas faziam dois arcos, os braços moviam-se desengonçados. Parecia um macaco. [...] Pendia para um lado, para o outro lado, cambaio, torto e *feio*" (RAMOS, 2006, p. 19-20, grifo nosso). Eis o ponto. Fabiano é comparado a um macaco. Por meio dessa comparação, Graciliano Ramos, sensivelmente, incorpora em *Vidas secas* a estética do feio e deslinda dois aspectos essenciais para a compreensão da saga severina empreendida pelo sertanejo em sua busca identitária. Primeiro, o de que a sobrevivência depende da sua adaptação ao meio. A apresentação da estrutura física do vaqueiro aponta para o "transe" e para as consequências da agressão e das ameaças que o meio hostil causa ao indivíduo – o corpo totalmente deformado devido à pressão sofrida pelo organismo do sertanejo, que é um forte e resiste às ameaças externas como "[...] um bicho capaz de vencer dificuldades" (RAMOS, 2006, p. 19). Depois, o de que o primitivo, desengonçado, que não tem harmonia corporal, totalmente desarticulado, é o indivíduo "feio" da sociedade – aquele que não se ajusta às identidades legitimadas.

Essa descaracterização humana de Fabiano revela que, para a sociedade hostil em que vive, é o "feio", tanto que no capítulo "Festa", após vivenciar todos os vícios e problemas sociais que o diminuíam, estimulado pela cachaça, fortaleceu-se e gritou para a multidão: "– Cadê o valente? Quem é que tem coragem de dizer que eu sou feio? Apareça um homem" (RAMOS, 2006, p. 78). Aparecer um homem ou parecer homem? Qual o real desejo do matuto? Fabiano queria o confronto com a alteridade? Ao lançar o grito "mudo", que só ecoou devido à cachaça, desejou sair daquele "transe identitário" e definir sua identidade – parecer homem – por intermédio do poder da palavra, que tinha conhecimento ser dos outros.

Fabiano sabia que a principal causa de sua feiúra social e de sua família era o primitivismo vocabular, a rusticidade na comunicação, a falta de uma linguagem articulada. O vaqueiro, que a temia, que mal a sabia usar, que era tão "mudo" quanto o papagaio, devorado na beira do rio seco para saciar a fome da família faminta, não sabia se expressar, estava linguisticamente deslocado. No entanto, intuía que somente com o domínio do "[...] modo mais puro e sensível de relação social" (BAKHTIN, 1988, p. 36) – a palavra, poderia ser percebido como sujeito, ter uma identidade, por isso lançou "o desafio numa fala atrapalhada" (RAMOS, 2006, p. 78). Mas sua palavra não passou de um simples grito.

A linguagem que insere o homem ao mundo é a mesma que se estabelece como maior barreira para Fabiano. Ela, ou melhor, a falta dela impede o contato do vaqueiro com os outros homens, negando-lhe, assim, uma identidade. "O único vivente que o compreendia era a mulher. Nem precisava falar: bastavam os gestos" (p. 98). Posto dessa forma, constatamos que Fabiano não fala a mesma linguagem dos sujeitos da cidade, "[...] assim, entre duas línguas, o seu elemento é o silêncio" (KRISTEVA, 1994, p. 23). Por faltar-lhe a linguagem socialmente aceita, resta-lhe o silêncio, pois falar é perigoso. Mas Graciliano Ramos, ao citar a palavra do matuto em discurso indireto livre, deu visibilidade e voz àqueles que não a têm, e representou de forma verossímil "[...] as pessoas que estão à margem, o que se passa na cabeça delas, o modo como se relacionam com as outras pessoas, como buscam o outro e como tentam, através dessa busca, estabelecer um laço de solidariedade ou de união" (MIRANDA, 2006, p. 134) para, de alguma forma, construir uma identidade que os liberte do estado animalesco em que vivem.

Fabiano tenta estabelecer esse laço de união projetando-se na identidade de homem sabido e educado. Para tanto, rememora Seu Tomás da Bolandeira, que corresponde à imagem que julga ideal para si, por isso, "[...] em horas de maluqueira desejava imitá-lo: dizia palavras difíceis, truncando tudo, e convencia-se de que melhorava" (RAMOS, 2006, p. 22). Todavia, não era tão fácil assim atar esse laço. Na verdade, para o vaqueiro era quase impossível. A saga dessa vida severina, em "transe telúrico" de uma situação diaspórica, é o retrato do que muitos outros homens viveram/vivem. Um claro exemplo disso é o capítulo "Cadeia", quando Fabiano é intimado, pelo soldado amarelo, a jogar um trinta e um. Fabiano, atentando a farda do outro, buscou o mais que pôde as palavras de Seu Tomás da Bolandeira e respondeu gaguejando: "Isto é. Vamos e não vamos. Quer dizer. Enfim, contanto, etc. É, conforme" (RAMOS, 2006, p. 28).

O poder da autoridade, estabelecida pela farda do soldado, coloca o matuto em situação inferior, pois "[...] levantou-se e caminhou atrás do amarelo, que era autoridade e mandava" (RAMOS, 2006, p. 28). Fabiano está novamente deslocado, agora em relação à escala hierárquica. Por isso, assume sua posição na base da pirâmide e vai jogar com o soldado. Mas após algumas rodadas do jogo, por decidir parar, sofre no corpo a violência do poder, ao ser preso e surrado pelo amarelo, que se sentiu desconsiderado por um simples matuto.

Tendo em seu corpo os estigmas do poder, que o subjuga e humilha, Fabiano, no ir e vir de seus pensamentos que também doem, devido ao "transe identitário" sofrido, trava diversas batalhas mentais para se enxergar como sujeito – manifestando seu ponto de vista sobre si e sobre o mundo, questionando-se constantemente sobre as identidades sociais que são consideradas "[...] como parâmetro em relação ao qual as outras identidades são avaliadas e hierarquizadas" (SILVA, 2000, p. 83). Vejamos:

> Porque motivo o governo aproveitava gente assim? Só se ele tinha receio de empregar tipos direitos. Aquela cambada só servia para morder pessoas inofensivas. Ele, Fabiano, seria tão ruim se andasse fardado? Iria pisar os pés dos trabalhadores e dar pancadas neles? Não iria. [...]
> O soldado amarelo era um infeliz que nem merecia um tabefe com as costas da mão. Mataria os donos dele. Entraria num bando de

cangaceiro e faria estrago nos homens que dirigiam o soldado amarelo. Não ficaria um para semente. Era a ideia que lhe fervilhava na cabeça (RAMOS, 2006, p. 37).

Ao ser vítima de inúmeras humilhações e maus-tratos, Fabiano tem o desejo assumir a identidade de cangaceiro, que "[...] naquela época, no Nordeste era uma das obsessões do nordestino: a revolta individual, o cangaço como perspectiva de superação de todos aqueles problemas" (SANTOS, 2011, p. s/p), para poder fazer "estrago nos homens que dirigiam o soldado amarelo" e, assim, ser temido, da mesma maneira que temia o amarelo. Uma vez que a existência sempre acontece em relação ao outro, e existir é chamar a alteridade – a mesma busca que a diáspora provoca –, o desejo que Fabiano sente, nesse momento, é preponderante para sua saga identitária. No pensamento de Bhabha (1998, p. 48): "É sempre em relação ao lugar do outro que o desejo [...] é articulado: o espaço fantasmagórico da posse, que nenhum sujeito pode ocupar sozinho ou de modo fixo [...], permite o sonho da inversão dos papéis". Para Fabiano, "[...] é necessário ser violento para superar a violência" (IRWIN, 2006, p. 72), por isso, no momento de maior humilhação, a tão sonhada "inversão de papéis" lhe é proporcionada, após a prisão, quando do seu confronto final com o amarelo, na caatinga. Mas mesmo estando em seu território – a caatinga –, o vaqueiro é mais uma vez deslocado, pois se exclui do espaço do idêntico.

Fabiano não assume a identidade de cangaceiro, devido ao contexto vivido – o poder da farda que fala mais alto, ou seja, a identificação do amarelo com a autoridade que o representa. Então, ele retira o chapéu, assume a postura de *feio* e ensina o caminho ao amarelo, afinal, para ele, "[...] apanhar do governo não é desfeita" (RAMOS, 2006, p. 105). No caso de Fabiano, seu deslocamento é plenamente justificado. Com esse prenúncio, materializa-se o que prescreve as causas que justificam o outro lugar. Ainda que desprovido de heroísmo, as atitudes de Fabiano denunciam todo um transe: o da identidade reificada daqueles que simplesmente obedecem e dão continuidade ao sistema dividido entre os que estão dentro e os que estão fora. Esta reflexão torna-se ainda mais profunda quando Graciliano Ramos nos apresenta os sertanejos na festa de Natal na cidade.

Quantos Fabianos pelo mundo afora estão de fora. Nas cidades, principalmente, para onde a diáspora encaminha muitos. Fabiano, um ignorante, "[...] comparando-se aos tipos da cidade, [...] reconhece-se inferior" (RAMOS, 2006, p. 76), ao passo que junto aos seus – sinha Vitória, os meninos e a cachorra Baleia – vê-se semelhante. Ao contato com os outros, corrigia-se, repetindo as expressões cristalizadas pelo uso social: "Quem é do chão não se trepa" (RAMOS, 2006, p. 92). Dessa forma, a família de Fabiano se constrói tanto dentro da perspectiva da diferença – em relação aos outros –, quanto da identidade – em relação aos seus.

Stuart Hall, citando Derrida, Laclau e Butler, relata que as identidades são construídas por meio da diferença, e não fora dela. O que implica reconhecer que é somente nas relações com o outro, com *o exterior constitutivo*, que a identidade pode ser construída (HALL, 2000, p. 100). No capítulo "Festa", percebemos bem essa teia de relações que constrói o sentido identitário de Fabiano e de sua família e a perspicácia com que Graciliano Ramos revela ao leitor atento o que é universal. Para tanto, utilizou-se da metáfora da ponte – momento em que os sertanejos "[...] atravessaram a pinguela e alcançaram a rua" (RAMOS, 2006, p. 73). Nessa ação, aparentemente simples, é possível identificarmos a simbologia telúrica do cruzamento de fronteiras. O nordestino não está mais no sertão. Está na cidade.

É na festa de Natal da cidade que as vidas severinas vivenciarão questões inerentes ao contato entre o interior e a cidade, que marcarão profundamente suas identidades, apesar de só no último capítulo o cruzamento das fronteiras geográficas ser tenuamente delineado. Tal contato, experienciado durante a saga das vidas severinas, evidencia os estigmas que a diáspora causa no tecido da alma humana. Na família do vaqueiro, o do eterno deslocamento que era nato dentro dela: a esperança de construir uma identidade telúrica. Esse desejo ratifica a pretensão do escritor alagoano em evidenciar o quanto o ser diaspórico é destituído de sua identidade. Ao apresentar a família em marcha, rumo à festa, nos choca, por incitar um contraste cultural.

Apesar de tentar se vestir e se comportar como as pessoas da cidade, a família de Fabiano não consegue, não fica à vontade e percebe que é diferente dos demais. Já em território estranho, misturada às pessoas da cidade grande, sente-se estrangeira dentro do próprio país – a cidade causa-lhe estranhamento. Isso torna conflitante o relacionamento com a sociedade, pois "No mundo, subitamente alargado", a família nordestina estava reduzida, menor do que as figuras dos santos que via no altar da igreja:

> Supunham que existiam mundos diferentes da fazenda, mundos maravilhosos na serra azulada. Aquilo, porém, era esquisito. Como podia haver tantas casas e tantas gentes?
> [...]
> Chegaram à igreja, entraram. [...]. Os meninos também se espantavam. No mundo, subitamente alargado, viam Fabiano e sinha Vitória muito reduzidos, menores que as figuras dos altares. [...]. Fabiano estava silencioso, olhando as imagens e as velas acesas, constrangido na roupa

nova, o pescoço esticado, pisando em brasas. A multidão apertava-o mais que a roupa, embaraçava-o. De perneiras, gibão e guarda-peito, andava metido numa caixa, como tatu, mas saltava no lombo de um bicho e voava na caatinga. Agora não podia virar-se: mãos e braços roçavam-lhe o pescoço. [...] Olhou as caras em redor. Evidentemente as criaturas que se juntavam ali não o viam (RAMOS, 2006, p. 74-75).

Esse excerto nos inspira uma reflexão sobre o movimento diaspórico. Fabiano, um nordestino – ser historicamente invisível para a sociedade –, está tão deslocado que é impossível ter o sentimento de pertença: a cidade "embaraçava-o". Ao se encontrar nesse novo contexto, cria o desejo pela caatinga – podendo ser entendida aqui como metáfora da terra natal para o migrante/imigrante, cuja imagem está cristalizada de maneira particular, resultado de sua condição de deslocamento. Assim, à medida que o incômodo de não pertencer efetiva-se, sua memória traz à tona pequenas lembranças da vida que leva na fazenda, a roupa que lá usa e que o assemelha a um tatu, avivando seu pensamento que "[...] circula de volta à restauração de seu momento originário, cura toda ruptura" (HALL, 2003, p. 29) e alivia, momentaneamente, o incômodo.

O distanciamento da identidade relativa à cultura da qual proveio é motivo de saudade em Fabiano. Sem dúvida, ele deseja retornar. Todavia, esse retorno teria que ser adiado, pois estava preso ali, em "transe", não podia "[...] mover-se, estava amarrado". Graciliano Ramos, dessa forma, evidencia em *Vidas secas* um dos aspectos que caracteriza a experiência da diáspora: a esperança do eterno retorno, o entendimento "[...] do enigma de uma 'chegada' sempre adiada" (HALL, 2003, p. 33) e confirma o não lugar do sujeito miserável, em seu espaço social.

Hall (2003, p. 27) relata que, mesmo o indivíduo tendo forte relação com seu lugar de origem, ao ultrapassar fronteiras, perde os vínculos, sendo obrigado a negociar com as culturas a que se agrega. Fabiano vê-se obrigado a isso e tenta negociar. Buscando construir uma identidade positiva de si, faz mediações com a identidade legitimadora – vinculada pela sociedade e pela cultura como formas de manutenção e dominação –, a começar pela "roupa nova cortada e cosida por sinhá Terta" que usa para assemelhar-se aos tipos da cidade, mesmo sabendo que "[...] o colarinho, a gravata, as botinas e o chapéu de baeta o tornavam ridículo" (RAMOS, 2006, p. 76).

Nesse processo identitário e ao mesmo tempo telúrico, muito mais que "[...] mudar de roupa sem trocar de pele" (ASSIS, 2003, p. 141), ao se inter--relacionar com o outro – representante do poder e da dominação –, Fabiano percebia e descobria o mundo injusto que o diminuía e se convencia "[...] de que todos os habitantes da cidade eram ruins" (RAMOS, 2006, p. 76). Um era o patrão, que lhe reprimia e lhe roubava nas contas. Outro, o fiscal da prefeitura, a quem também tinha que prestar contas e que simboliza a extorsão cometida aos pequenos comerciantes. O soldado amarelo, também, por representar a corrupção da polícia, evidenciada pela prisão arbitrária a que o obrigou. E, por fim, a própria multidão, que não tinha o direito de "embaraçá-lo". Vemos, portanto, que o movimento identitário tem uma relação muito próxima como o da diáspora.

Totalmente deslocado, em um mundo que lhe é mais hostil que a natureza – o social – e excluído de sua base identitária, Fabiano, em meio aos novos desafios, é obrigado a se reconstruir. Precisava ser alguém, ter visibilidade, assumir uma nova identidade – a de homem. Hall (2000, p. 110) pondera que, para uma identidade firmar-se, é preciso reprimir aquilo que a ameaça. Para tanto, Fabiano precisava desvencilhar-se das identidades que legitimava, ao se imaginar visto pelo outro. Assim, no terreno profícuo da ficção graciliânica, a multiplicidade de identidades desconcertantes e cambiantes, personificadas na personagem Fabiano, flutuam no ar. Ele vaga solitário, anônimo, sem rumo ou direção, em meio à multidão, em busca de sua identidade.

Para se desvencilhar da identidade de *feio* social, recorre à cachaça. Ela lhe dá a falsa confiança que o faz gritar, ordenando que apareça um valente com coragem de chamá-lo de *feio*. Com o grito "mudo", Fabiano, indivíduo estranho, que habita o *entre-lugar*, se expressa de dentro de seu complexo processo de construção identitária e, sente-se homem, por supor "[...] que havia ali por perto homens escondidos, com medo dele" (RAMOS, 2006, p. 78), uma vez que, conforme afirma Hall (1998, p. 39), a identidade surge "[...] não tanto da plenitude da identidade que já está dentro de nós como indivíduos, mas de *uma falta* de inteireza que é 'preenchida' a partir de nosso *exterior*, pelas formas através das quais nós imaginamos ser vistos por *outros*".

Fabiano, que antes imaginava ser visto pelos outros como um bruto, agora, "em transe", reconhece-se enquanto sujeito "Sim, Senhor". O vaqueiro ébrio, com seu discurso sóbrio, realça, na verdade, não o sentimento positivo de se sentir homem, mas o sentimento de decepção e estranheza que o sertanejo tem perante "as formas através das quais" imagina ser visto pela sociedade – o *feio*, parecido com humano, mas primitivo como macaco, portanto, de instintos primários. Essa consciência de limitação, de primitivismo enquanto ser desprovido de linguagem, aprisionado dolorosamente em seu isolamento linguístico, só é possível devido à reflexão e a tomada de consciência de Fabiano, graças ao embate estabelecido com os homens da cidade. Homem da cidade: isso Fabiano definitivamente não era.

Em *Vidas secas*, Graciliano Ramos nos apresenta o Nordeste e o nordestino não como parte integrante da sociedade, mas como primitivos, segregados, que, da "calçada" que lhes cabe, põem em questão o Estado Novo que pregava o desenvolvimentismo para o Brasil e propagava o projeto de nação do futuro. Além disso, a obra transcende o período histórico, já que os problemas estruturais apontados ainda estão presentes na sociedade brasileira, pois, eis que Fabiano,

> [...] capengando, foi sentar-se na calçada de uma loja. Estava desanimado, bambo; o entusiasmo arrefecera. [...] Havia ali outros matutos [...] tirou as meias, libertou-se do colarinho, da gravata e do paletó, enrolou tudo, fez um travesseiro, estirou-se no cimento [...] e adormeceu com o estômago embrulhado (RAMOS, 2006, p. 79-80).

O vaqueiro não é o único a pertencer ao mundo dos deslocados socialmente, "havia ali outros matutos". Não tendo onde ficar na cidade grande, os sujeitos diaspóricos se amontoam, junto aos seus semelhantes, em "calçadas". Esse espaço reforça o estatuto de marginalização social a que estão condicionados. As condições precárias não lhes permitem ter uma acomodação digna, muito menos uma identidade legitimadora. Esta lhes é arrancada, como fora o colarinho, a gravata e o paletó de Fabiano. Mas o estômago permanece "embrulhado", pois estão excluídos de quaisquer benesses do sistema capitalista. Por meio dessa passagem, podemos intuir que as condições precárias, comuns a muitos, migrantes ou não, que não têm onde residir, faz com que engrossem as periferias das grandes cidades – destino das pessoas obrigadas a se tornarem alheias em sua própria terra, uma vez que "[...] a alienação é a marca fundamental a que os moradores de periferias e favelas estão intimamente submetidos" (NASCIMENTO, 2006, p. 7-8).

Graciliano Ramos materializa o nordestino que sofre com a seca gigantesca – causadora da pobreza, da miséria e da submissão – e que, "em transe", se vê obrigado a estar em constante diáspora, não somente em direção à cidade grande, mas também em direção ao futuro. Existe para ele a certeza de que um dia o futuro chegará. No entanto, enquanto isso não ocorre, ele precisa seguir o curso da vida, da existência. Trazendo no corpo não apenas as marcas das rachaduras de pé peregrinos, mas a fragmentação do ser que vive à margem, esse migrante erra pelo sertão, pelo mundo. Desde o momento em que, juntamente com sua família, nas margens do rio seco, imprime sua angustiada marcha em busca de um lugar menos sofrido para se instalar, deixa aberta uma senda onde possibilidades de acontecimentos podem se efetivar. Não as mesmas mentalizadas pelo autor, mas as imaginadas por todos aqueles que se colocam no lugar da gente sofrida que está incessantemente em busca do devir, do vir a ser, assim como qualquer um sempre está.

6.4 Fabiano: o devir rizomático de uma *vida seca* diaspórica

A vida seca e diaspórica da personagem Fabiano e de toda a sua família vai tomando corpo, ao longo da narrativa, devido aos devires pelos que vão passando. Em Diálogos, Gilles Deleuze e Claire Parnet (2004, p. 12), inferem que o devir jamais terá relação com a imitação, com a assimilação, com a sujeição a um determinado modelo, seja ele de justiça ou de verdade. Isso pelo simples fato de que não existe um termo de onde se parte, tampouco um ao qual se chega ou se deve chegar. E menos ainda dois termos que se trocam. Logo, "Os devires não são fenômenos de imitação, nem de assimilação, mas de dupla captura, de evolução a-paralela, de núpcias entre dois reinos". Os estudiosos ainda deixam claro que ao se referirem ao termo "núpcias" não o fazem no sentido de ele ser uma máquina binária, ou seja, voltado para a ideia de casal, quer seja: questão-resposta, masculino-feminino, homem-animal, dentre outros.

As personagens de *Vidas secas* não contraem núpcias com máquinas binárias. Graciliano Ramos edifica Fabiano, e também sua família, em núpcias com a terra e com o "bicho" – o animal –, não no sentido de que ela imite a forma do animal ou as características da terra. O sentido é bem outro: o das núpcias entre dois reinos: Fabiano/terra e Fabiano/bicho. Em cada um desses pares, de dois reinos, o devir abre a possibilidade da forma de Fabiano para situações não humanas de individuação. São novos territórios adentrados pelo vaqueiro, novas subjetividades que escapam às representações. Tais territórios indicam algumas trilhas da vida dessa personagem que, a cada passo, em sua diáspora, entra em devir. Um devir que acontece por expansão, pois ele sempre encontra companhias em sua viagem. Nessa jornada, além da companhia da terra, Fabiano tinha outra: "Você é um bicho, Fabiano. [...] Um bicho, Fabiano" (RAMOS, 2006, p. 19).

O devir-bicho e, consequentemente, o devir-terra de Fabiano é um devir muito bem elaborado, pois Graciliano Ramos edifica uma personagem em constante devir rizomático. Mas o que é um rizoma? Em *Mil Platôs: capitalismo e esquizofrenia* (2000), o filósofo Gilles Deleuze e o psicanalista Félix Guattari, ambos franceses, apresentam e explicam o que vem a ser um rizoma. A proposta apresentada pelos teóricos tem por objetivo contribuir para a construção de uma nova imagem do pensamento que se efetive, não por meio de uma dicotomia, como normalmente se apresenta na psicanálise, na informática, na lingüística, mas sim por uma teoria das multiplicidades.

Com inclinação transdisciplinar, esses autores não se limitam à crítica da psicanálise. Antes, buscam apresentar propostas concretas do pensamento e, para designar a teoria que conduz tais propostas, trabalham com o conceito de rizoma. Eles, então, transportam da botânica tal conceito e o elegem para significar um novo campo de análise para o pensamento. Para tanto, estabelecem uma contraposição estrutural do rizoma em relação à árvore. Segundo os estudiosos franceses, as raízes de uma árvore são lineares, por isso, fixam um único ponto. Já as do rizoma não, pois o caule de alguns vegetais forma uma miríade de pequenas raízes, linhas fibrosas que se entrelaçam e, além de se remetem umas aos outras, voltam-se para fora, expandindo-se ainda mais.

Tomamos, para nossa contínua caminhada pelo devir de Fabiano, as seis características do rizoma, as quais Deleuze e Guattari chamam de princípios. Os dois primeiros são o da conexão e o da heterogeneidade, que conectam um ponto qualquer do rizoma com outro qualquer. O terceiro é o da multiplicidade, pois o rizoma não é formado por unidades. Antes, dimensões, direções movediças. O quarto, da ruptura a-significante, por poder haver ruptura entre uma ligação e outra sem que isso seja um problema. O quinto e o sexto são, respectivamente, o da cartografia e o da decalcomania, já que o rizoma é mapa, ou seja, desmontável, conectável, modificável e não decalque.

Com base nesses dois conceitos, devir e rizoma, entrelaçados ao "transe telúrico" da personagem Fabiano, damos continuidade a essa análise, pois *Vidas secas,* fazendo jus às personagens que apresenta, também é uma narrativa rizomatizada, representada pelo mapa aberto e telúrico que é o sertão nordestino, de linhas irregulares que se estendem a qualquer direção. Entendemos, assim, que podemos criar associações e fazer desse texto literário um terreno a ser desbravado sob ângulos antes, talvez, impensados. Analisar *Vidas secas* sob essa perspectiva nos permite ampliar conceitos e tornar perene a grandiosidade da obra sem encerrar seu conjunto de singularidades que se prolonga e conduz a infinitos caminhos de interpretação.

Um desses caminhos é o do devir, que se constitui por minorias. É claro que essas não são definidas por uma questão de número, de quantidade, de proporção, mas por alteridades que não se conformam, não se adaptam à "maioria" dominante. Dito de outro modo, uma "minoria" pode ser muito mais numerosa que uma "maioria", estabelecida por processos de estratificação e de poder. Com isso, entendemos que a família de Fabiano faz parte das minorias, pois cria linhas de vizinhança, conexões rizomáticas, e estabelece devir. Um devir minoritário, melhor, um devir animal, pois "Ele, a mulher e os filhos tinham-se habituado à camarinha escura, pareciam ratos" (RAMOS, 2006, p. 18), o que lhes proporciona, por estranho que possa parecer, a libertação das amarras formais de uma vida aprisionadora.

O devir animal é para Fabiano, a própria linha de fuga que implica sempre na fuga de um território. Ele foge do território da opressão econômica e social. Para compreendermos Fabiano ainda mais, então, devemos pensar em termos de linhas de fuga, de "transe telúrico", de devires, de rizoma. Não poderia haver situação melhor para discorrermos sobre os viventes de *Vidas secas* que não a do devir rizomático, as núpcias deles com os dois pares de reinos que evidenciamos anteriormente. Vejamos, camarinha vem do tupi-guarani "amari-nhêmba" e significa "erva de ponta dura que dá frutos doces". Além disso, é uma planta rasteira com hastes muito ramificadas, portanto, um rizoma. Os ratos também são rizomáticos, pois "Há rizoma quando os ratos deslizam uns sobre os outros" (DELEUZE; GUATTARI, 2000, p. 15).

Essa combinação ratifica que Fabiano experimenta devires e, por incorporar a perspectiva das personagens dostoievskiana, que nunca coincidem consigo mesmas – não são fechadas em um delineamento pronto e acabado –, também possui muitas ramificações, linhas de fuga que permitem ao estudioso de literatura mapear seu "transe telúrico". Antes, porém, de adentrarmos a esse aspecto, cabe mais um diálogo com os teóricos franceses (2004, p. 44) para compreender que o devir rato, o primeiro dentre outros tantos vivenciados por Fabiano, "[...] é uma composição de velocidades e de afectos entre indivíduos inteiramente diferentes, simbiose, e que faz com que o rato se torne um pensamento no homem, um pensamento febril". Ao mesmo tempo em que esse pensamento toma o homem, este "[...] se torna rato, rato que range os dentes e agoniza. O rato e o homem não são absolutamente a mesma coisa, mas o Ser se diz dos dois um só e mesmo sentido, numa língua que não é mais a das palavras [...]".

Entre Fabiano e o rato não há imitação, mas uma composição de velocidades. Trata-se de um processo. O vaqueiro e os seus possíveis devires rato não são a mesma coisa. O que interessa para Fabiano não é a forma do animal, que ele poderia facilmente imitar, ou suas características, que o fazem de espécie, mas o devir, ou seja, as próprias forças animais que explodem suas formas, suas intensidades. A força que se intensifica em Fabiano e em seu pensamento é o devir-rato.

O pensamento da personagem, nessa vertente, não é arborescente, é horizontalidade multiplicadora das relações e dos intercâmbios que dele se originam. É um contínuo fluxo e refluxo – potência de interação e produção de sentidos. Assim, em Fabiano, "[...] o cérebro não é uma matéria enraizada, [...] é muito mais erva do que uma árvore" (DELEUZE; GUATTARI, 2000, p. 25). Partindo dessa premissa, enxergamos o pensamento de Fabiano ao estilo de uma camarinha. Mesmo que exteriormente a personagem se faça dura como a seca terra do sertão, por dentro seus pensamentos possuem "hastes ramificadas" que produzem "frutos". Estes podem, dependendo do modo como forem colhidos pelo interlocutor, não serem tão doces, pois revelam a dor amarga de uma vida seca diaspórica. Um dissabor que nos dá subsídios para estabelecer que o vaqueiro, considerado por grande parte da crítica literária — Álvaro Lins, Antonio Candido, Hélio Pólvora, Rui Mourão etc. — como um ser desprovido de consciência e racionalidade, é dotado de pensamento.

O pensamento "rato" de Fabiano é tão rizomático que Graciliano Ramos (2006, p. 19), de maneira telúrica, o aproxima ainda mais da vegetação característica do Nordeste. Não por acaso, o narrador afirmar: "[...] Fabiano [...] Olhou as quipás, os mandacarus e os xique-xiques. Era mais forte que tudo isso, era como as catingueiras [...]". As quipás, os mandacarus e os xique-xiques são plantas cujas raízes remetem ao modelo arbóreo do pensamento, já a catingueira não. Ela é mais forte que tudo isso. Euclides da Cunha, em *Os sertões* (2004), revela ao seu interlocutor como são as catingueiras: solidárias às suas raízes e, no subsolo, em apertada trama, vencem pela capilaridade do inextrincável tecido de radículas enredadas em malhas numerosas, a sucção insaciável dos estratos. Assim é Fabiano. No subsolo de seus pensamentos, as inúmeras vozes sociais que absorve — pontos de vista, se entrelaçam formando uma rede, um rizoma. Isso o possibilita vencer a insaciável sucção de sua interioridade. Assim, entendemos que o vaqueiro, apesar de rústico e primário, existe, mas não simplesmente. Possuidor de um traço superior à passividade de uma evolução vegetativa vive em uma sinfonia polifônica de reflexões rizomáticas, pois "[...] interiormente sua vida mental é [...] dilatada, remoente" (CÂMARA, 1978, p. 291).

Nessa perspectiva, Fabiano é uma potência. Por todos os lados possui forças mentais que constitui um exercício do seu microcérebro. Deleuze e Guattari (2004, p. 197-198) afirmam que "É o cérebro que pensa e não o homem, o homem é só uma cristalização cerebral". O pensamento da personagem vaqueiro, portanto, é descentrado do pensamento vinculado unicamente ao homem. É descentrado das faculdades que lhe são sempre associadas: razão, entendimento, racionalidade. O pensamento dele é como seu "transe telúrico", ou seja, inorgânico, imanente ao homem, ao animal, às plantas e aos minerais. Por outras palavras, trata-se de uma personagem com uma nova experiência do pensamento, não como racionalidade exclusiva do homem, mas como conexão rizomática do mundo, pois prolifera em sua multiplicidade.

Daí que devir no marido de sinha Vitória seja uma conjugação telúrica e a fuga seja uma fuga em intensidades, o que lhe permite a experiência da absoluta alteridade, do desnudamento de si mesmo. Enfim, dos traços que o caracterizam como um indivíduo estratificado. Por esse motivo, a dilatação mental de Fabiano se processa por cadeia de conexões múltiplas e heterogêneas. Ao pensar, o vaqueiro estabelece relações com múltiplos elementos e em diversos aspectos, se tivermos em consideração o primeiro e o segundo princípios do rizoma. Assume um devir outro, um devir-rato, um devir-cavalo, um devir-tatu, um devir-onça, um devir-preá, um devir-cachorro, dentre tantos. Talvez na literatura brasileira autor nenhum tenha realizado com tanta correspondência tais devires como Graciliano Ramos em *Vidas Secas*:

> Montado, confundia-se com o cavalo, grudava-se a ele (p. 7)
> [...]
> Estava escondido no mato como tatu. Duro, lerdo como tatu (p. 10).
> [...]
> Vivia preso como um novilho, amarrado ao mourão, suportando ferro quente. [...] sem aqueles cambões pesados, sairia dali como uma onça (p. 17).
> [...]
> Sim, viveriam todos no mato, como preás (p. 34).
> [...]
> Cambada de cachorros. Evidentemente os matutos como ele não passavam de cachorros (RAMOS, 2006, p. 42).

Essa forma de pensamento de Fabiano cria conexões heterogêneas – cavalo, tatu, novilho, preás, cachorros. Por meio dessas conexões, o vaqueiro conecta vários pontos a sua condição de vida: viver no mato, suportando todas as agruras que lhe sobrevinham. Com isso, transita por vários campos – o social, o político, o econômico, o cultural, caracterizando, confrontando e correspondendo essas linhas de pensamento, tão heterogêneas, umas com as outras, em um exercício permanente de flexibilidade que dá forma ao seu pensamento, que brota como uma erva.

Nesse brotar, Fabiano quebra com os processos rígidos de significação, pois "Um rizoma pode ser rompido, quebrado em um lugar qualquer, e também retoma segundo uma ou outra de suas linhas e segundo outras linhas" (DELEUZE; GUATTARI, 2000, p. 18). Por isso, no vaqueiro "O fio da ideia cresceu, engrossou – e partiu-se" (RAMOS, 2006, p. 35), possibilitando-lhe, ressignificar e opor-se ao pensamento pivotante no âmbito do entendimento. Um comum exemplo disso é a disseminação do pensamento de que o homem é superior ao animal. Tal conceito sofre em Fabiano uma ruptura a-significante. Para ele a primeira validade significativa não implica em uma desconsideração da segunda. Antes, pode ser retomada nesta.

Ou seja, para Fabiano, sentir-se animal, em sua situação de vida, representava superioridade em relação a muitos que não suportavam e morriam ante as adversidades do meio.

Não sem razão ele saber que para vencer as intempéries daquele "mundo" era preciso ser mais que um bicho. Ele precisava ser um bicho capaz de vencer dificuldades. Nesse sentido, a voz interiormente persuasiva é uma das linhas do discurso de Fabiano: "– Você é um bicho, Fabiano". Mas ele não assume essa voz no sentido pejorativo que lhe é imposto. O matuto estabelece com ela uma luta, uma ruptura, comprovando sua inconsistência e dando-lhe novo acento, pois na situação dele, ser bicho é uma condição positivada, é sinônimo de resistência e não o contrário. Tanto que tem a certeza de que, "Se não calejassem, teriam o fim de seu Tomás da Bolandeira" (RAMOS, 2006, p. 25). Seu Tomás era um homem do sertão, um nordestino letrado. Mas que "Morrera por causa do estômago doente e das pernas fracas" (RAMOS, 2006, p. 25). Seu Thomás morreu porque não era "calejado", sofrido como Fabiano e os seus.

Em relação a essa resistência, aproveitamos o devir cachorro assumido pelo vaqueiro para fazer uma ponderação. Muitos críticos literários afirmam que a arquitetura sutil da obra insere o vaqueiro em uma situação de animalização e a cachorra Baleia a uma situação de humanização. Mas, em que medida podemos identificar Fabiano com um ser animalizado? Essa identificação deve ser sempre pejorativa? Vários são os pontos de vista teóricos, dentre eles o de Antonio Candido (1992, p. 106). Ele infere que a presença da cachorra Baleia institui um parâmetro novo em *Vidas secas*, quebrando a hierarquia mental, uma vez que permite ao narrador inventar a interioridade do animal. Uma interioridade que é bem próxima à da criança rústica, que por sua vez é próxima à do adulto esmagado e sem horizonte.

Tendo em consideração a assertiva de Candido, podemos entender os motivos da afirmação de Fabiano: "– Você é um bicho, Fabiano". E em seguida: "– Você é um bicho, Baleia" (RAMOS, 2006, p. 20). Isso porque, conforme atesta o crítico, um parâmetro novo foi instituído: a quebra da hierarquia mental. Nesse sentido, muito mais do que pensar no destaque comumente dado à humanização de Baleia "[...] que era como uma pessoa da família, sabida como gente" (RAMOS, 2006, p. 34), temos de atentar para dois pontos de destaque. Primeiro, Fabiano não realiza um decalque de sua animalização. Ele faz mapa, pois não é superior ao animal tampouco este inferior ao homem. Ao contrário, ambos são potências de devires humano, no caso de Baleia, e animal, em se tratando de Fabiano. Segundo, o realismo mágico com que Graciliano Ramos edifica Baleia, dotando-a de um comportamento irreal como se fosse algo comum, corriqueiro, do dia a dia.

Ter a ideia de que Graciliano Ramos rebaixa suas personagens ao nível dos animais simplesmente para realizar um decalque, evidenciando o quanto são excluídos, mostra um indivíduo vincado pela forma arborescente de pensamento. Não somente a exclusão está sendo evidenciada, mas e, principalmente, a concepção que se tem do homem marginalizado: um ser animalizado no sentido de ser desprovido de racionalidade. Por isso, talvez para evidenciar a potência de criaturas anônimas esquecidas pela História oficial e relegadas à condição de animais, por uma sociedade que se finge surda ao clamor dos semelhantes por ela mesma diminuídos, o escritor alagoano utilize-se tanto do devir em suas personagens.

Entrelaçado por uma realidade hostil, tanto política-econômica quanto linguística, que o impedia de estabelecer relações sociais naquela sociedade, Fabiano se identificava muito mais com os bichos e com as plantas do que com os seres da mesma espécie. Dessa forma, utiliza-se da desidentidade humana e estabelece relação de identidade com as plantas e com os animais da região. Nessa perspectiva, tanto Fabiano quanto Baleia, em seus devires, mapeiam linhas de força e delas retiram suas potências, produzindo uma gama de devires, como linhas de fuga da realidade hostil que as cercam. Essas potências constituem um exercício inorgânico do microcérebro de cada uma dessas personagens como uma forma de pensamento: Baleia "humanizada" e Fabiano "animalizado". O mais importante, nesse caso, não é a imitação, o mimetismo. Mas a captura, o devir-animal ou o devir-humano. Trata-se, pois, não de uma classificação pejorativa de desumanização ou valorativa de humanização. Não de uma exclusividade humana. Antes, de uma nova experiência, de uma conexão rizomática, de novo parâmetro.

Fabiano tem uma força geradora de potência. Baleia também. A potência desta personagem teve início antes mesmo do romance ser gestado, pois *Vidas secas* nasceu de um conto que fora encomendado a Graciliano Ramos por seu amigo argentino, Benjamim de Garay. O argentino que queria do nordestino culto umas histórias do Nordeste ou um conto regional. O conto escrito foi intitulado "Baleia" e, em um primeiro momento, para suprir as necessidades financeiras do escritor alagoano recém-saído da prisão, foi vendido para um jornal da Argentina e outro do Rio de Janeiro. A partir desse conto que narra a morte de uma cachorra com hidrofobia, o autor de *Memórias do Cárcere*, de pensamento rizomático, "Por detrás do acabado [...] enxerga o que está em formação e em preparo" (BAKHTIN, 2002, p. 247). Vale a leitura do início desse conto:

> A cachorra Baleia estava para morrer. Tinha emagrecido, o pêlo caíra--lhe em vários pontos, as costelas avultavam num fundo róseo, onde

> manchas escuras supuravam e sangravam, cobertas de moscas. As chagas da boca e a inchação dos beiços dificultavam-lhe a comida e a bebida.
> Por isso Fabiano imaginara que ela estivesse com princípio de hidrofobia [...]
> Então, [...] resolveu matá-la. Foi buscar a espingarda de pederneira, lixou-a, limpou-a com o saca-trapo e fez tenção de carregá-la bem para a cachorra não sofrer muito.
> Sinha Vitória fechou-se na camarinha, rebocando os meninos assustados, que adivinhavam desgraça e não se cansavam de repetir a mesma pergunta:
> – Vão bulir com a Baleia?
> Tinham visto o chumbeiro e o polvarinho, os modos de Fabiano afligiam-nos, davam-lhes a suspeita de que Baleia corria perigo.
> Ela era como uma pessoa da família [...].
> [...] naturalmente a decisão de Fabiano era necessária e justa. Pobre da Baleia.
> [...] Coitadinha da Baleia (RAMOS, 2006, p. 85-86).

Eis a percepção do que estava em formação e em preparo: as dimensões, as linhas de segmentaridade. Mas como surgiu essa percepção e que linhas eram essas? A percepção surgiu do diálogo que o autor de *Caetés* estabeleceu com o conto, pois percebeu que as personagens que, junto com Baleia, corporificavam aquele texto, poderiam lhe servir futuramente. Assim a captura possibilitou a concretização das linhas, ou seja, a família de Fabiano que passaria a configurar, cada uma delas, novos contos. Dessa forma, do conto "Baleia" brotaram ramificações.

Em *Alguns tipos sem importância*, Graciliano Ramos (2005, p. 74) fala da criação das personagens desses contos e o destino deles. Ele narra que no ano de 1937 escreveu a história da morte de uma cachorra, um bicho que saiu inteligente demais. Logo depois da escrita desse conto, dedicou "[...] várias páginas ao dono do animal". A trágica história da cachorra originou, depois, além de outras oito narrações, as intituladas Fabiano, sinha Vitória, o Menino mais velho, o Menino mais novo.

Inicialmente, todos os treze contos foram vendidos separadamente a jornais e revistas. Somente no início do outro ano, 1938, Graciliano Ramos os reuniu para criar o romance. Interessante ressaltarmos que ele não manteve os contos, no livro, na ordem em que foram escritos. Reordenou-os, emergindo com uma nova técnica de composição. Em entrevista a Zenir Campos Reis, publicada em *Tempos Futuros* (1995, p. 43), o autor de *Caetés* (1998) diz que

A narrativa foi composta sem ordem. Comecei pelo nono capítulo. Depois chegaram o quarto, o terceiro, etc. Aqui fica a data em que foram arrumados: 'Mudança', 16 de julho de 1937; 'Fabiano', 22 de agosto; 'Cadeia', 21 de junho; 'Sinha Vitória', 18 de junho; 'O menino mais novo', 26 de junho; 'Inverno', 14 de julho; 'Festa', 22 de julho; 'Baleia', 4 de maio; 'Contas', 29 de julho; 'O soldado amarelo', 6 de setembro; 'O mundo coberto de penas', 27 de agosto; 'Fuga', 6 de outubro.

Ao (re)criar seus textos, transfigurar o que já existia, produzir novos escritos, inserindo-os em novo material, ou seja, conectando seus contos, independentemente da ordem em que foram criados e transformando-os em capítulos de um romance, edificou um rizoma. Assim, o autor de *Vidas secas*, ao abolir a ideia de acabamento narrativo, concebido estrategicamente em treze capítulos, que se comunicam uns com os outros e que podem ser lidos em qualquer posição e posto em relação com qualquer outro, inovou, valorou seu objeto estético.

Nesse rizoma, as personagens Fabiano e Baleia mantêm, desde a gênese, uma conexão. Ousamos dizer, o enlace animal/humano. Nenhuma delas declara guerra aos instintos que constituem suas forças, pois não tomam o mundo como algo dado e estável. Na maioria das vezes, para compreender o mundo, assumem o devir. Isso passa a ser um indicativo de força que faz eco com o ser aberto, capaz de suportar a carga assumida na luta pela sobrevivência. Fabiano, então, não está limitado à figura do ser animalizado. Esta é posta em evidência para que seu devir ganhe maior notoriedade e os grilhões dos princípios sociais, políticos e econômicos que prendiam toda uma massa telúrica de Fabianos fossem colocados a nu pela sua consciência que ecoa enquanto está em devir.

Nessa vertente, Fabiano existe como uma multidão, como um indefinido coletivo, como vida imanente, liberta, que desenraiza as referências humanas para se desvencilhar das linhas de força dos poderes instituídos e, consequentemente, da organização capitalista que oprime toda uma classe por intermédio do latifúndio. Aquilo que nele é animal ou humano, então, já não se distingue mais. Tudo lhe é muito natural, normal: "Fabiano, você é um homem," ou, "Você é um bicho, Fabiano". Depreendemos, por meio dessas falas do vaqueiro, a fuga, o devir encontrado para sobreviver à sociedade que lhe era tão adversa. Pois bem, para melhor percebermos a relação de Fabiano com as forças inumanas, ou melhor, com seus devires animais que o potencializam, urge, também, retomarmos a invenção europeia – o realismo mágico.

Emir Rodríguez Monegal (1976, p. 177), biógrafo literário de Jorge Luis Borges, infere que a expressão "realismo mágico" surgiu no campo da pintura, quando o crítico de arte Franz Roh utilizou-a para referendar a arte pós-expressionista alemã, que se diferenciava muito de seus predecessores expressionistas. Arte esta que Roh, sob o viés da fenomenologia, chamou de "novo realismo" – ao ser traduzido para o espanhol foi denominado "realismo mágico" –, pois tal arte detinha especial atenção aos pormenores e à representação dos aspectos místicos, ou seja, não materiais da realidade. A expressão, portanto, distante das questões ontológicas, surge nas artes, não na literatura. Os estudos de Roh sobre o assunto, por exercerem influência na América Latina, se espalharam, chegando ao campo das artes literárias. O "plantio" dessa expressão no campo das letras foi realizada pelo escritor venezuelano Arturo Uslar Pietri. Dessa maneira, o mistério foi incorporado aos dados realista, de maneira distinta da de Roh, como "[...] una negación poética de la realidad (MONEGAL, 1976, p. 176), ou seja, superando esse tipo de retórica.

Graciliano Ramos utiliza-se dessa visão mágica da realidade em *Vidas secas* e a associa à Baleia, criando uma inesperada alteração dessa realidade, pois seu interesse não era realizar uma descoberta mimética do mundo real. Ele expõe, por meio dessa personagem, uma ampliação das escalas e categorias da realidade em virtude do realismo mágico, dando à cachorrinha da família características humanas. Estas, apesar de deixarem o interlocutor da obra, em um primeiro momento, surpreso, em "transe", acabam por fazê-lo aceitar aquela situação, no decorrer da narrativa, como sendo possível de acontecer, como sendo natural.

Antes, porém, de seduzir e encantar seu leitor com o realismo mágico da estória de Baleia, o autor de *Caetés*, a exemplo de suas personagens, entrava em processo de devir para realizar sua escritura. Diante da evidência de que a multidão imanente de minorias de nosso país encontra-se "numa língua que não é mais a das palavras", Graciliano Ramos, em suas múltiplas proliferações matilha – geradoras de multiplicidades – era um escritor que buscava o devir rato. O primeiro relato desse tipo de devir é mencionado em *Infância* (2000). Tal devir é atribuído a Mário Venâncio, um agente dos Correios, grande incentivador da vocação literária de Graciliano Ramos. Nessa obra (2000, p. 121), o Velho Graça se refere ao seu primeiro incentivador dessa forma: "Rápido e miúdo, o rosto fino como focinho de rato, modos de rato. O devir rato se estende também a si próprio. Em *Memórias do Cárcere* (2001, p. 34). fala do artista que produz sua obra perante tanta injustiça. Assim relata: "[...] mas nós, [...] alojados em quatro de pensão, como ratos em tocas, a pão e laranja".

Em devir-rato Graciliano Ramos produziu uma narrativa que trouxe à tona, por meio das personagens retirantes, "[...] a alteridade que buscou compreender" (MIRANDA, 2004, p. 41). O devir narrativo graciliânico não suprimiu contradições, gerou uma forma dentro da qual elas podiam mover-se. No entender de Wander Melo Miranda (2004, p. 43), trata-se de uma poética da escassez e da negatividade que acaba por enunciar uma contraposição ao pitoresco, ao descritivismo e ao gosto hiperbólico, presente, desde o naturalismo do século XIX até o regionalismo dos anos de 1930, na tradição do romance da seca. Além disso, ainda com Miranda, naquele período os textos literários desempenhavam a função de desvendar socialmente o nosso país. A narrativa graciliânica, ao contrário desses textos, oferece uma linha de fuga, na medida em que problematiza com rigor incomum, os pressupostos identitários de integração nacional formulados pelos literatos de sua época.

De acordo com Deleuze e Guattari (2004, p. 21), "[...] escrever é um devir, escrever é ser atravessado por estranhos devires que não são devires-escritor, mas devires-rato, devires-inseto, devires-lobo, etc". O escritor é um ser que foge. Graciliano Ramos é um nômade, fugindo do modo mais atual. Fugir, eis a questão da escrita. Daí a relação do escritor com o devir animal que o arrasta, pois ambos estão sempre em busca de uma saída. Quantos artistas fizeram devir: Kafka, devir-inseto; Melville, devir-baleia de *Moby Dick;* Van Gogh, devir-girassol.

O devir é o ponto de fuga que o literato alagoano estabelece em relação à maioria dos outros textos literários da sua época, o que, para Carlos Roberto Dória é o garimpar do linguajar nordestino e a integração dessa matéria-prima a uma língua de cultura: o português. Porém, o crítico (1993, p. 27) afirma que a literatura graciliânica "[...] não encontra audiência e aceitação nos círculos de poder pela simples razão de que é um contra-poder, destruindo a comunicação que se dá através de formas e conteúdos socialmente ultrapassados".

A escritura de Graciliano Ramos está, de certo modo, dissociada da língua imposta. Isso porque, em seu devir-escritor, utilizando-se de uma liberdade linguística e plástica, reelaborou "[...] a linguagem regional e inseriu os valores de sua cultura em uma dimensão universal, dando origem ao telurismo" (MENEGAZZO, 1991, p. 204) de sua arte. Dotada de referentes do regional, a tessitura graciliânica, para muitos, não era agradável, simplesmente por colocar em evidência uma "língua menor".

É justamente por isso que a arte graciliânica é útil. É literatura menor, no sentido deleuze-guattariano, é claro. Em *Kafka: por uma literatura menor*, Deleuze e Guattari (1977) relatam que Kafka, um escritor judeu, nascido na República Tcheca, falante de três línguas – o alemão, o ídiche e o tcheco –, ao escrever sua obra, optou pela língua alemã, mas não a literária tradicional. Antes, a utilizada pela pequena comunidade intelectual de Praga – cultura marginal situada ao mesmo tempo dentro e fora da tradição germânica. Assim, a literatura desse escritor representa a maneira como a língua oprimida se apropriou do capital cultural dos setores hegemônicos de outro idioma e criou uma língua diferenciada, estrangeira.

Os autores franceses, além disso, relacionam o problema da política com o conceito de devir e por meio dessa conexão elaboram o conceito de literatura menor. Na realidade os teóricos realizam a inversão do entendimento do adjetivo "menor". Compreendem a literatura menor como vinculada aos problemas de um povo. No entanto, não a consideram como a de uma língua inferior, diminuída, mas como "[...] a que uma minoria faz uso em uma língua maior" (DELEUZE; GUATTARI, 1977, p. 25), constituindo o que Érika Kelmer Mathias considera uma estratégia geradora de tensão na língua da maioria. Nesse sentido, os teóricos franceses afirmam que Kafka faz literatura menor.

Deleuze e Guattari ainda atribuem três características para uma literatura menor. Consideram que nesse tipo de literatura a língua é modificada por um forte teor de desterritorialização, tudo é político – o caso individual é ligado à política, sendo que outra história nela se agita – e, dessa forma, adquire valor coletivo. Por se desviar da língua padrão, o conjunto de escritos do autor tcheco foi considerado por Deleuze e Guattari como uma máquina ativa de produção de *desterritorialização*, ou seja, saía do território destinado à literatura tradicional da língua escrita e se estabelecia em outro lugar, se *reterritorializava*.

Assim sendo, reconhecida como um modelo de ruptura na tradição literária brasileira, a obra graciliânica, desterritorializando-se, objetiva o esgotamento da palavra em seu poder de representação, centrando-se "[...] no plano desse ou daquele herói, dessa ou daquela consciência" (BAKHTIN, 2005, p. 22) e não no enredo. Na medida em que revela a trágica história pessoal de Fabiano e, consequentemente, a história coletiva dos Fabianos desprovidos da língua maior, retorritorializa-se, tornando-se fato político. A fronteira onde tudo se encontra é a política. Para além de um caso individual, Graciliano Ramos vê toda outra história se agitar e possibilita às vozes "menores" esquecidas pela história oficial reagirem, gritarem ao mundo, por meio do silêncio, o que acontece aos despossuídos de voz. A lembrança que Fabiano tem do papagaio revela o que acontece a esses:

> O que desejava... An! Esquecia-se. Agora recordava-se da viagem que tinha feito pelo sertão, a cair de fome. As pernas dos meninos eram finas como bilros, sinha Vitória tropicava debaixo do baú dos trens. Na beira do rio haviam comido o papagaio, que não sabia falar. [...] Fabiano também não sabia falar (RAMOS, 2006, p. 36).

O pensamento rizomático de Fabiano realiza uma conexão heterogênea. Tal conexão se estabelece entre ele e o papagaio. O elo para o enlace é a falta de voz do papagaio que, mapeada pelo vaqueiro, conduz este a um ponto qualquer: o encontro consigo mesmo e com sua situação frente ao mundo ao qual estava inserido. Essa situação é exposta pelo pensamento de sinha Vitória, quando de sua justificativa para ter aproveitado o papagaio como alimento. Na voz do narrador ecoa o pensamento da mulher de Fabiano:

> Despertara-a um grito áspero, vira de perto a realidade e o papagaio, que andava furioso, com os pés apalhetados, numa atitude ridícula. Resolvera de supetão aproveitá-lo como alimento e justificara-se declarando a si mesma que era mudo e inútil. [...] O louro aboiava, tangendo um gado inexistente, e latia arremedando a cachorra (RAMOS, 2006, p. 11-12).

Ora, tal qual o papagaio, Fabiano não sabia falar – a língua maior, claro. Aos olhos de muitos, assim como o papagaio, ele era um ser mudo e inútil, tanto que "O patrão zangou-se, repeliu a insolência, achou bom que o vaqueiro fosse procurar serviço em outra fazenda" (RAMOS, 2006, p. 94) quando este reivindicou seus direitos trabalhistas. Então, por não estar inserido na língua maior, apenas arremedá-la, era mudo? Era inútil? Deveria, por isso, ser engolido pela língua maior, pelas brechas abertas na modernidade? O papagaio fora devorado "Na beira do rio [...] por necessidade, para o sustento da família" (RAMOS, 2006, p. 43). Mas "Ele, a mulher e os dois meninos seriam comidos" (RAMOS, 2006, p. 115)?

Para a "necessária" máquina desejante de manutenção do poder político e social, que se estabeleceu nos sertões do Brasil nas primeiras décadas do século XX, muitas famílias de Fabianos foram devoradas pela miséria, pela fome, pelo latifúndio, pela opressão social, enfim. *Vidas secas* representa a visão crítica de Graciliano Ramos que "[...] expõe sem rodeios um país e um Nordeste, mais agudamente que sangra por todos os poros" (ARAÚJO, 2008, p. 54) ao evidenciar as condições sociais vividas pelos sertanejos esquecidos e devorados pelo ambiente hostil e social onde lutavam pela sobrevivência. O ponto da narrativa da chegada da família de Fabiano à fazenda deserta e o que ele representava para essa fazenda retrata, com verossimilhança, esse fato:

> Chegara naquele estado com a família morrendo de fome, comendo raízes. Caíra no fim do pátio, debaixo de um juazeiro, depois tomara conta da casa deserta [...]
> [...]
> Fabiano, uma coisa da fazenda, um traste, seria despedido quando menos esperasse. Ao ser contratado, recebera o cavalo de fábrica, perneiras, gibão, guarda-peito e sapatões de couro cru, mas ao sair largaria tudo ao vaqueiro que o substituísse (RAMOS, 2006, p. 18-23).

Como pudemos perceber, na perspectiva da literatura menor graciliânica, operou-se o contrário da máquina política e social do país, Fabiano e sua família não foram devorados, mas "[...] revelados em sua alteridade e desolação" (MIRANDA, 2004, p. 10). A necessidade existente, nesse tipo de literatura, é perceber o valor coletivo, é a de entrar em devir com o outro para, assim, poder criar sentido político e dar voz aos que não a possuem. É o que faz o autor de *Memórias do Cárcere*, "[...] se identifica com seres broncos, analfabetos, [...]" (PÓLVORA, 1978, p. 133) e, assim, ao passar do *eu* ao *ele* – efeito do devir sobre o sujeito –, prolifera ideias e cria sentido para os Fabianos dando a ver as contradições de um país em processo de modernização.

Esse sentido é dado a conhecer devido à simbiose de Fabiano – uma vida imanente e liberta das amarras subjetivas, desenraizada das referências humanas. O devir do vaqueiro é, então, o estado não humano do homem, a ausência do homem. É ele que permite ao interlocutor da obra perceber o "transe telúrico" do pensamento rato que acompanha o vaqueiro. Ao deslizar rizomaticamente sobre suas infinitas entradas e saídas de pensamento febril – que se transformam à medida que faz conexões, contatos –, Fabiano vai "[...] roendo a humilhação" (RAMOS, 2006, p. 67), pela que, constantemente, passava e assim, "[...] range os dentes" (RAMOS, 2006, p. 33) e deixa ecoar sua voz menor.

Dessa maneira, esse ser menor, habitado por linguagem menor – elemento importantíssimo na narrativa, que põe a nu as desmontagens das grandes maquinarias sociais, evidenciando as intensidades telúricas da língua –, subtraindo-se das formas hegemônicas de dominação processa perenemente diferenciações em si e no tecido social. Sua voz "menor" representa mais que a voz coletiva de classes oprimidas. Sob dupla condição de opressão – a linguística e a social –, evidencia que, conforme ressalta Célia Aparecida

Ferreira Tolentino (2001, p. 156-157), mesmo que o vaqueiro fosse letrado, não teria muito a reivindicar, pois a lei, pelos sertões do Brasil, se recriou, na forma do direito costumeiro. Nesses casos, o que vigora é o poder político e social do proprietário. Não há a intermediação das formas de lei oficial, que eram elitistas porque imitavam o pensamento culto importado, e 'irreais' porque distanciadas da vida prática.

O problema de Fabiano não será resolvido somente pela remediação de sua linguagem, pois letrado ou não, ele representa uma individuação sem sujeito, um coletivo de enunciação, uma voz que não consegue, mesmo que queira, se incorporar a formas padronizadas e definidas de funcionamento social. A alternativa encontrada por ele é voltar-se para o interior da língua e ali, em meio às injustiças sociais de toda a ordem, entrar em devir e tornar-se uma voz reivindicadora, questionadora dos parâmetros sociais, políticos e econômicos estabelecidos sobre uma maioria marginalizada. É nesse sentido minoritário que o devir rizomático de Fabiano, ao se entrelaçar à vida prática, confecciona a narrativa, revelando um ser que, em "transe telúrico", revela uma infinidade de agenciamentos. Estes não são truncados, difíceis, impossíveis de serem compreendidos, pois são fluxos de intensidades ramificadores de fluxos telúricos.

Essas particularidades evidenciam que a história que começou com a "Mudança" – nome do primeiro capítulo – da família, não termina com uma "Fuga" – nome do último capítulo do romance. –, pois a terra não possui dois lados. Não há de um lado a terra do exílio e de outro a terra prometida. O que há é uma "terra em transe" cheia de contradições, ramificações, entradas e saídas. Mas ao que parece, nem todos percebem a potencialidade de *Vidas secas*. Candido (1992, p. 47-48), por exemplo, enxerga na obra em questão o mito de Sisifo, pois para ele trata-se de um retorno perpétuo, em que o fim do romance encontra o princípio, em duas situações idênticas. E os sertanejos se organizam do berço à sepultura, voltando sempre sobre os passos, como animais atrelados ao moinho e sufocados pelo meio.

Discordamos da afirmação de Candido porque percebemos, lemos e analisamos *Vidas secas* e, consequentemente, Fabiano, como rizomas. Candido vai de encontro ao que prescreve o rizoma que privilegia as possíveis ligações entre diferentes pontos. Com isso, questionamos a percepção dele. O estudioso considera que o último capítulo é idêntico ao primeiro. Sugere a conexão de pontos iguais. Um romance linear? Um círculo vicioso? Visto assim evidencia uma concepção naturalista. Mas, *Vidas secas* não tem como determinante dos destinos de suas personagens, ao conectar "Mudança" e "Fuga", a continuidade do mero ciclo da seca. O que tem é a inadequação de suas personagens ao seu destino, a sua situação. Fabiano não voltará sempre sobre os mesmos passos como afirma Candido. Ele persegue o desejo de "[...] realizar os valores mínimos a que se propõe. E por isso, [...] seu futuro é um futuro aberto, contendo a possibilidade de realização ou de fracasso" (COUTINHO, 1978, p. 110).

Vidas secas, assim, modifica perspectivas. Não segue uma regularidade, chegando a ser, talvez, uma desordem aos olhares organizados da modernidade, pois não foi edificado mediante um pensamento-arbóreo. Seu autor não objetivou estabelecer uma estruturada hierárquica organizada em início, meio e fim, que caracterizava o enredo tradicional, culminando com um desfecho catártico – seguindo os ensinamentos da *Arte Poética* de Aristóteles – tampouco lhe fixou um ponto, uma ordem, pois conclui a história praticamente negando-lhe um final.

Essa negativa é vista por alguns críticos literários como "meio" para o desenrolar de outras obras. Miranda (2006, p. 158), em seu artigo "A arte política de Graciliano Ramos", diferentemente de Antonio Candido, vê uma possibilidade contida no término do romance do escritor alagoano, que não a de um eterno retorno. Ele nota uma continuidade, pois, "*Vidas secas* termina no condicional [...] e tem uma continuação. É *A hora da estrela*, de Clarice Lispector [...] quem vai dar prosseguimento à história de *Vidas secas*". Realmente, a personagem de Clarice Lispector é uma nordestina, portanto, uma retirante, que vive na cidade do Rio de Janeiro.

Trinta e nove anos após a publicação de *Vidas secas,* Clarice Lispector apresentou sua nordestina em "transe telúrico" na cidade grande. Mas a retirada em direção ao sul teve grande fluxo justamente no ano em que Graciliano Ramos faleceu. Sua filha, Clara Ramos (1995a, p. 23), mesmo sem saber o porquê dessa sincronidade do destino, declara que quando a voz de seu pai, que se colocara à disposição de seus conterrâneos em algumas páginas definitivas da nossa literatura, se calava na sepultura, o país inteiro se comovia devido a uma seca gigantesca. E acrescenta que até hoje continuamos vendo a mesma situação, "[...] esses exércitos de Brancaleone, esses contingentes, essa diáspora constante que vai para o Sul e ainda é mal recebida [...]. O problema continua exatamente o mesmo".

No romance graciliânico, as aves de arribação anunciaram a nova seca, e a família de Fabiano, que personifica "esses exércitos de Brancaleone, esses contingentes, essa diáspora" nordestina, precisou partir. Havia uma diferença: a família do vaqueiro sabia aonde queria chegar: no Sul – na "Terra Prometida". Ao marchar rumo a essa terra, não esperava ter o mesmo destino dos flagelados de 53, mas esquecer "[...] a caatinga onde havia montes baixos, cascalhos, rios secos, espinho, urubus, bichos morrendo, gente morrendo" (RAMOS, 2006, p. 123). Assim, Fabiano cumpriria o prometido a si mesmo no início de sua diáspora pelo sertão: "[...] um dia sairia da toca, andaria com a cabeça levantada, seria homem" (RAMOS, 2006, p. 24) para poder construir a tão sonhada identidade.

Macabéa saiu da toca, foi tentar construir sua identidade na cidade grande. Mas o devir rizomático do pensamento característico de Fabiano parece ter acompanhado a nordestina. Na cidade ela não se desvencilhou de sua terra, pois esta estava agarrada a ela que, ali, em meio à multidão, não era vista. Em um novo local, na cidade do Rio de Janeiro, onde as divergências – econômicas e políticas – eram ainda mais amplas, uma vez que junto a isso deparou-se com a xenofobia ao nordestino, o "transe telúrico" não se desfez. Tornou-se ainda mais presente e ela, muito mais deslocada. Deslocados estamos todos. O "transe" não acabou nem no sertão nem na cidade grande, tampouco em *Grande sertão: veredas* (2001).

Mas por que *Grande sertão: veredas*, se estávamos falando de *A hora da estrela*? Ora, porque Heloisa Starling é outra estudiosa que concebe *Vidas secas* como "meio" para a feitura de uma obra literária, no caso, a de Guimarães Rosa. A autora diz que Fabiano, ao hesitar sobre o seu futuro – achando que ele e a família iriam acabar como Baleia na cidade grande –, traz à superfície da narrativa a intuição de Graciliano Ramos, ainda nos idos de 1930: a inutilidade do êxodo rural. É a partir dessa leitura que Starling (2006, p. 211) se reporta à obra de Guimarães Rosa: "É como se [...] *Grande Sertão: veredas*, começasse exatamente onde Graciliano parou, falasse do deslocamento que simboliza a última chance de escapar da miséria e descobrisse a completa inutilidade desse deslocamento".

Graciliano Ramos estaria mesmo apenas intuindo a inutilidade do êxodo rural nos anos 30? Esse fato, evidenciado pela autora do artigo *Margens do Brasil na ficção de Guimarães Rosa* (2006), de onde extraímos o excerto acima, contribui ainda mais para nossa hipótese de que *Vidas secas* é um rizoma. De que forma? Simples. Retomemos a diáspora das vidas secas de Graciliano Ramos. Esta, no entender de Starling, foi apenas intuída pelo escritor alagoano. Isso não é verdade, pois ele mostrou, narrou, escreveu sobre o fato. A conexão encontra-se dentro da própria obra, basta acabar de ler o último capítulo – "Fuga" – e voltarmos alguns capítulos e ler o intitulado "Festa".

O nordestino culto escreve sobre o perene deslocamento do homem da região aspérrima do país não só na catinga, mas também na cidade. Em "Festa", o autor apresenta ao interlocutor atento os sertanejos na festa de Natal na cidade – local para onde a diáspora encaminha muitos. Então, basta conectarmos os capítulos citados que teremos toda a narrativa sobre a diáspora nordestina, incluindo o destino dos sertanejos na cidade. Além disso, teremos também o mais amplo retrato do migrante nordestino: o ser à margem, pobre marginalizado, deslocado, inacabado, sempre à procura de respostas intimamente ligadas ao desejo de liberdade perante tudo que o aprisiona, domina, subjuga. Assim, o autor de *Vidas Secas*, deixa entrever que o problema do país se apresenta não só no sertão nordestino, mas também na cidade, evidenciando que muitos Fabianos pelo mundo afora estão de fora.

Essa personagem, ramificada em cada um dos capítulos de *Vidas secas*, evidencia as profundas dilacerações produzidas no homem por intermédio do desejo, do sentido, do trágico, do plural e do múltiplo, perfeitamente engendrados em um só espaço – outro imenso e fértil "terreno" da obra: o do pensamento que é

> [...] devir, um duplo devir, em vez de ser um atributo de um sujeito e a representação de um todo. Um pensamento em luta com as forças externas em vez de recolhido em uma forma interior, operando por revezamento em vez de formar uma imagem, um pensamento-acontecimento, 'hecceidade', em vez de um pensamento-sujeito, um pensamento-problema, em vez de um pensamento-essência ou teorema, um pensamento que apela para o povo em vez de se pensar como um ministério; um pensamento nômade, um contrapensamento, um pensamento de fora [...] (DELEUZE; GUATTARI apud MACHADO, 2010, p. 27).

Graciliano Ramos, ao procurar "[...] auscultar a alma do ser rude e quase primitivo que mora na zona mais recuada do sertão e observar a reação desse espírito bronco ante o mundo exterior, isto é a hostilidade do meio físico e da injustiça humana," (RAMOS, 1979, p. 125) deixou ecoar do vaqueiro Fabiano um pensamento "acontecimento, problema, em luta com as forças externas", enfim, um pensamento nômade, em devir rizomático. Pensamento este que se tornou revelador, por meio da ficção, dos problemas de uma região, de um país, melhor, de uma "terra", que ainda hoje, se encontra em "transe" social, moral, ético, político, econômico, muito mais profundo e assustador do que os dos tempos de outrora.

REFERÊNCIAS

AGAMBEN, Giorgio. *Homo sacer*: o poder soberano e a vida nua I. Trad. Henrique Burigo. Belo Horizonte: UFMG, 2002.

ARAÚJO, Jorge de Souza. *Graciliano Ramos e o desgosto de ser criatura*. Maceió: Edufal, 2008.

ASSIS, Machado de. *Esaú e Jacó*. São Paulo: Nova Cultural, 2003.

AZEVEDO FILHO, Deneval Siqueira de. *Literatura em transe*: labirintos, abismos, humor, transe e dor. Curitiba: CRV, 2016.

BAKHTIN, Mikhail. *Marxismo e Filosofia da Linguagem*. Trad. Aurora Fornoni Bernardini. 4. ed. São Paulo: Hucitec, 1988.

_____. *Problemas da poética de Dostoiévski*. Trad. de Paulo Bezerra. 3. ed. Rio de Janeiro: Forense universitária, 2005.

_____. *Questões de literatura e de estética*: a teoria do romance. Trad. Aurora Fornoni Bernardini. São Paulo: Ed. Hucitec, 2002.

BHABHA, Homi. *O local da cultura*. Trad. Myrian Ávila, Eliana Lourenço de Lima Reis, Gláucia Renata Gonçalves. Belo Horizonte: Ed. UFMG, 1998.

BOSI, Alfredo. *Dialética da colonização*. São Paulo: Companhia das Letras, 1992.

BUENO, Luis. *Uma história do romance de 30*. São Paulo: Edusp, 2006.

CÂMARA, Leônidas. A técnica narrativa na ficção de Graciliano Ramos. In: BRAYNER, Sônia. *Graciliano Ramos*. 2. ed. Rio de Janeiro: Civilização Brasileira, 1978. p. 277-309.

CANDIDO, Antonio. *Ficção e Confissão*: ensaios sobre Graciliano Ramos. Rio de Janeiro: Ed. 34, 1992.

CHEVALIER, Jean; GHEERBRANT, Alain. *Dicionário de símbolos*: mitos, sonhos, costumes, gestos, formas, figuras, cores, números. Col. André Barbault et al.; coord. Carlos Sussekind; trad. Vera da Costa e Silva et al. 13. ed. Rio de Janeiro: José Olympio, 1999.

COELHO, Nelly Novaes. Solidão e luta em Graciliano. In: BRAYNER, Sônia. *Graciliano Ramos*. 2. ed. Rio de Janeiro: Civilização Brasileira, 1978. p. 60-72.

CUNHA, Euclides. *Os Sertões*. São Paulo: Ática, 2004.

DELEUZE, Gilles; PARNET, Claire. *Diálogos*. Trad. José Gabriel Cunha. Lisboa: Relógio d'Água, 2004.

DELEUZE, Gilles; GUATTARI, Félix. *Kafka*: por uma literatura menor. Trad. Julio Castañon Guimarães. Rio de Janeiro: Imago, 1977.

_____. *Mil Platôs*: capitalismo e esquizofrenia. Trad. Aurélio Guerra e Célia Pinto Costa. São Paulo: Ed. 34, 2000. v. 1.

_____. *Mil Platôs*: capitalismo e esquizofrenia. Trad. Suely Rolnik. São Paulo: Ed. 34, 2004. v. 4.

_____. apud MACHADO, Roberto. *Deleuze, a arte e a filosofia*. Rio de Janeiro: J. Zahar, 2010.

DÓRIA, Carlos Alberto. Graciliano e o paradigma do papagaio. *Revista do Instituto de Estudos Brasileiros*, São Paulo, n. 35, p. 19-34, 1993.

ELIADE, Mircea. *Mitos, sonhos e mistérios*. Trad. Samuel Soares. Lisboa, Portugal: Edições 70, 1957.

FELINTO, Marilene. Posfácio. In: RAMOS, Graciliano. *Vidas secas*. 99. ed. Rio de Janeiro: Civilização Brasileira, 2006.

GILROY, Paul. *O Atlântico Negro*: modernidade e dupla consciência. São Paulo: Editora 34; Rio de Janeiro: Universidade Candido Mendes; Centro de Estudos Asiáticos, 2002.

HALL, Stuart. *A identidade cultural na pós-modernidade*. Trad. Tomaz Tadeu da Silva e Guaracia Lopes Louro. 2. ed. Rio de Janeiro: DP&A, 1998.

_____. *Da diáspora*: identidades e mediações culturais. Trad. Cássia R. da Silveira e Denise Moreno Pegorim. Belo Horizonte: Editora da UFMG; Brasília: Representação da UNESCO no Brasil, 2003.

HALL, Stuart. Quem precisa de identidade? In: SILVA, Tomaz Tadeu da (Org./Trad.). *Identidade e diferença*: a perspectiva dos estudos culturais. Petrópolis, RJ: Vozes, 2000.

IRWIN, William (Coord.). *Hip Hop e a filosofia*. Coletânea de Derrick Darby e Tommie Shelby. Trad. Marta Malvezzi Leal. São Paulo: Madras, 2006.

KRISTEVA, Julia. *Estrangeiros para nós mesmos*. Trad. Maria Carlota Carvalho Gomes. Rio de Janeiro: Rocco, 1994.

MATHIAS, Érika Kelmer. Implicações políticas nas formas discursivas de uma literatura menor: o caso João Gilberto Noll. In: ENCONTRO REGIONAL DA ASSOCIAÇÃO BRASILEIRA DE LITERATURA COMPARADA, 11, 2007, São Paulo. Anais... Disponível em: <http://www.abralic.org.br/enc2007/anais/5/1518.pdf>. Acesso em: 10 jun. 2017.

MENEGAZZO, Maria Adélia. *Alquimia do verbo e das tintas nas poéticas de vanguarda*. Campo Grande: Cecitec/UFMS, 1991.

MIRANDA, Wander Melo. A arte política de Graciliano Ramos. In: CASTRO, Marcílio França (Coord.). *Ficções do Brasil*: conferências sobre literatura e identidade nacional. Belo Horizonte: Assembleia Legislativa, 2006.

_____. *Graciliano Ramos*. São Paulo: Publifolha, 2004.

MONEGAL Rodríguez, E. La narrativa hispanoamericana. Hacia una nueva poética. In: SANS VILLANUEVA, S. et al. (Eds.). *Teoría de la novela*. Madrid: Sociedad General Española de Librería, S. A., 1976.

MOURÃO, Rui. Vidas Secas. In: _____. *Estruturas*: ensaios sobre o romance de Graciliano Ramos. Belo Horizonte: Tendência, 1969.

NASCIMENTO, Jorge Luiz. Da ponte prá cá: os territórios minados dos MC's. *REEL – Revista Eletrônica de Estudos Literários*, Vitória, v. 2, n. 2, 2006.

PEREIRA, Astrojildo. *A propósito de Vida Secas*: interpretações. Rio: Casa do Estudante do Brasil, 1944.

PÓLVORA, Hélio. Retorno a Graciliano. In: BRAYNER, Sônia. *Graciliano Ramos*: fortuna crítica. 2. ed. Rio de Janeiro: Civilização Brasileira, 1978. p. 123-133.

RAMOS, Clara. Graciliano revisitado em seu centenário. In: DUARTE, Eduardo de Assis (Org.). *Graciliano revisitado*: coletânea de ensaios. Natal: UFRN; CCHLA; Editora Universitária, 1995a.

RAMOS, Graciliano. *Angústia*. 60. ed. Rio de Janeiro: Record, 2004. Contracapa.

_____. *Caetés*. 34. ed. Rio de Janeiro: Record, 1998.

_____. *Cartas*. 7. ed. Rio de Janeiro: Record, 1992.

_____. *Infância*. 34. ed. Rio de Janeiro: Record, 2000.

_____. *Linhas Tortas*. 21. ed. São Paulo: Martins, 2005.

_____. *Memórias do cárcere*. São Paulo: Martins, 2001. v. 1.

_____. *Viagem*. Rio de Janeiro: José Olympio, 1995b.

_____. *Vidas secas*. 99. ed. Rio de Janeiro: Civilização Brasileira, 2006.

REGO, José Lins. O mestre Graciliano. In: *Homenagem a Graciliano Ramos*. Rio de Janeiro: Alba, 1943.

REIS, Zenir Campos. Tempos futuros. In: DUARTE, Eduardo de Assis (Org.). *Graciliano revisitado*: coletânea de ensaios. Natal: UFRN; CCHLA; Editora Universitária, 1995.

RIBEIRO, Darcy. *O povo brasileiro*: a nação e o sentido do Brasil. São Paulo: Companhia das Letras, 1995.

ROSA, João Guimarães. *Grande sertão*: veredas. Nova Fronteira, 2001.

SANTOS, Nelson Pereira. Entrevista concedida a Pompeu de Souza e Paulo Emilio sobre *Vidas secas*. Disponível em: <http://www.contracampo.com.br/27/debatevidassecas.htm>. Acesso em: 2 jun. 2017.

SHOHAT, Ella; STAM, Robert. *Crítica da imagem eurocêntrica*: multiculturalismo e representação. Trad. Marcos Soares. São Paulo: COSACNAIFY, 2006.

SILVA, Tomaz Tadeu da. A produção social da identidade e da diferença. In: _____. (Org./Trad.). *Identidade e diferença*: a perspectiva dos estudos culturais. Petrópolis, RJ: Vozes, 2000.

SOARES, Luis Eustáquio (Org.). Imperialismo americano e cultura. In: *Cultura e imperialismo americano*. Vitória: Aquarius, 2015. p. 141-154.

STARLING, Heloisa. Margens do Brasil na ficção de Guimarães Rosa. In: *Ficções do Brasil*: conferências sobre literatura e identidade nacional. Belo Horizonte: Assembléia Legislativa do Estado de Minas Gerais, 2006.

TOLENTINO, Célia Aparecida Ferreira. *O rural no cinema brasileiro*. São Paulo: Ed. UNESP, 2001.

7. O TELURISMO COMO REPRESENTAÇÃO DA BRASILIDADE:
a terra-pátria sob o juízo de Lima Barreto

> *Em Lima Barreto amalgamaram-se um escritor imperfeito e um perfeito observador da áspera trama social desenvolvida a seus olhos* (TOLEDO, 2017, p. 103).

O duplo em Lima Barreto: ora um "escritor imperfeito", pois "Capricho não era com ele" (TOLEDO, 2017, p. 100), ora um "perfeito observador". Qual a imagem que nos hodiernos tempos prevalece? Roberto Pompeu de Toledo, no ensaio intitulado "Letras da dor", refere-se a uma nova biografia sobre o autor carioca, assinada pela historiadora Lilia Moritz Schwarcz: *Lima Barreto – Triste visionário* (2017). Mais robusta do que a lançada por Francisco de Assis Barbosa nos anos de 1950 – *A vida de Lima Barreto* (1964) –, a obra, de 656 páginas, descreve os passos e percalços do autor, revigorados com a pesquisa da antropóloga, multiplicando, na verdade, a potência dos registros. Indiscutivelmente, a imagem que prevalece é a do "perfeito observador". Reitera o texto do jornalista, sobre a obra recém lançada, que o subúrbio foi o cenário eleito para os seus cinco romances, dos mais de cento e cinquenta contos e do sem-número de crônicas para diferentes publicações. Vieram desse quase "não lugar" – o subúrbio – suas mais argutas impressões. O chão em que pisou, os trens que o transportavam e as relações sociais que testemunhou lhe inspiraram, sem dúvida. A volumosa obra, construída em apenas quarenta e um anos de vida, torna-se proporcional ao relevante papel crítico que assumiu sobre a "áspera trama social desenvolvida a seus olhos". Há um consenso: mesmo mestiço e alcoólatra, mesmo órfão de mãe e sem condições financeiras, Lima Barreto cativou um lugar de destaque nas letras nacionais. Apesar de não ter se sentado em uma cadeira da Academia nos idos de outrora, tornou-se destaque na Literatura. Prova tal é a homenagem póstuma que recebeu, em 2017, na prestigiada Feira Literária de Paraty, em sua terra natal, perpetrando, mesmo que tardiamente, o seu lugar. Todas essas prerrogativas indicam que Lima Barreto é um "[...] escritor obrigatório, um sensível tradutor da realidade brasileira de seu tempo (que em alguma medida ainda é a de nosso tempo" (TOLEDO, 2017, p. 103).

Afonso Henriques de Lima Barreto nasceu em 1881, no Rio de Janeiro, e morreu em 1922, "[...] na mesma cidade, da qual raras vezes saiu"

(TOLEDO, 2017, p. 100). Foi nessa terra em que estabeleceu seus mais estreitos vínculos físicos e afetivos. Foi sobre esse chão que testemunhou todas as agruras que o capacitaram a exercer a "literatura militante", quiçá uma literatura em transe, tão cara à sua sobrevivência. Dos becos cariocas retirou o substrato para seus enredos, das personagens suburbanas inspirou-se para dar visibilidade às (in)vivências ficcionalizadas. Ora aproximando-se da realidade – ou até fazendo parte dela –, ora distanciando-se para melhor observar, o autor adotou essa pátria-Brasil como paradigma para transformar sua brasileira literatura em algo que atingisse o universal.

Essa estratégia possibilita aos interlocutores enxergar em sua produção uma atmosfera telúrica. Não só pelo testemunho que edificou, não só pelos rostos que ganharam contornos a partir de seu olhar, mas e, sobretudo, por acreditar nessa terra como "a prometida" e não como uma terra improdutiva e seca. Apesar da melancolia tão presente nas entrelinhas de seus textos, alimentava-se do maná diário fornecido pelos solos cariocas, como uma mística telúrica que o fortalecia para combater, literariamente, as discrepâncias e ingerências que contriuíram(em) para desertificar os desvalidos, os excluídos, os desclassificados de todo microcosmo em que a cidade do Rio de Janeiro se transformou àquela época. Sob a égide de podas sociais e econômicas, Lima Barreto tornou-se capaz de fazer frutificar por meio de sua literatura. Todos os temas e as personagens originam-se de sua terra. Foram os subúrbios e suas histórias – diga-se, inglórias –, especialmente, que o capacitam a estabelecer uma crítica contundente à elite governista e ao *status* de doutor que a cidade tanto aclamou. As figuras locais atuam em seus livros, contos e crônicas como protagonistas, ajudando a dar à história de sua época outros vieses. Esse perfil provinciano lincado ao telurismo tem um efeito contrário, pois a leitura do que testemunhou não se volta para si mesmo, mas para o coletivo.

A densidade das muitas ironias sobrepostas nos enredos permite perceber quão a fundo o autor conhecia a realidade brasileira, a ponto de subvertê-la a episódios capazes de catalisar os cidadãos atentos à história. Lima Barreto, por meio da ficção, trouxe à tona o extraliterário, para além das questões relacionadas à superfície textual. O forte apelo telúrico vislumbrados em seus textos era proveniente do subterrâneo social do qual fazia parte. As situações inquiridas e os seus desfechos conduzem o leitor, a cada episódio, a ser diferente de alguma forma e refletir sobre a literatura, uma vez que "[...] para que uma obra se caracterize como literatura, é preciso fundamentalmente que a função crítica se exerça" (BRANDÃO, 2006, p. 263). O leitor atento perceberá que na literatura barretiana essa função torna-se plena. Como um artigo de opinião vivo sobre aquela época, as cenas construídas são capazes de transportar os interlocutores para os becos do Rio de Janeiro, onde são imprensados, sufocados, tornando-se necessária uma reação, afinal, a ficção leva à realidade, e vice-versa, como num jogo. Lê-lo, nessa proposta, torna-se prazer, viagem, fruição, ímã. Por trás de seus escritos barretianos há uma literatura permeada de humanidade, de denúncia, buscando sempre privilegiar o lugar dos desvalidos sociais, pois sua arte literária "[...] é um ato de resistência frente a todo e qualquer tipo de opressão" (PEREIRA, 1998, p. 34-35). É o seu pensamento avante, e ainda presente, que irá compor esses aspectos de resistência encontrados em toda sua obra, marcada por seu forte testemunho, convertido em matéria literária.

Ao ser chamado por Luciana Hidalgo de "passeador", na obra *O passeador* (2011) – título referente à arguta observação do autor sobre a cidade do Rio de Janeiro, na época de sua modernização –, abre-se um precedente para a andante boemia de Lima Barreto. Tal locução de alcunha oportuniza projetá-lo como não só como "o passeador das ruas", mas também como alguém que percorre caminhos e enxerga além da superfície. O autor construía, dia a dia, uma teoria em seu íntimo, e tentou, de alguma forma, incorporá-la a sua escrita. Essa estratégia possibilitou a aproximação ao ético, à terra, ao subterrâneo, ao obscuro, à desconstrução do belo e ao papel crítico que à literatura também cabe exercer.

Lima Barreto dedicou sua vida à literatura, a princípio, sem retorno. Foi um autor que realmente conhecia o Brasil, a ponto de analisá-lo com perspicácia. Há os que, nessa década, vêm a público prestar-lhe agradecimento: "Muito obrigado, Lima Barreto, pela longevidade e atualidade de sua obra literária e por ter sido o cidadão que o Brasil desses dias constipados de hoje tanto precisa" (TOLEDO, 2011, p. 10). A leitura de seu texto, neste tempo, ainda provoca inquietações. A história pode ter outro sabor, contudo, quando utilizada a lente que amplia as outras causas do esquecimento a que a crítica o relegou por quase cinquenta anos. Constata-se certo rancor por parte daqueles que compunham a inspiração próxima de suas personagens; sendo elas representadas por seus pares de profissão ou provenientes do meio jornalístico ou político. Quando suas narrativas eram publicadas, protagonistas podiam ser associados a cidadãos eminentes da cidade-capital, que servia como palco para a história. Esse fato aborrecia a muitos e estimulou a vingança: os que tinham o poder de julgar a pertinência dos escritos barretianos preferiram a indiferença. Nesse fato, está a origem do anonimato a que o autor foi assujeitado, ainda em vida, e em um longo período após o seu precoce falecimento.

Todavia, a força do que Lima Barreto registrou, tempo ou outro, viria à tona. A lucidez com que fez literatura foi mérito que não poderia permanecer na obscuridade. Quem é o Floc, hoje? – o crítico literário, conhecido e rechaçado, por meio de palavras, personagem de *Recordações do Escrivão Isaías Caminha* (1984). Quem são os que, nos enredos, tiveram história e nomes como inspiração para a criação de personagens? À época, poderiam, sim, ser associados a indivíduos sociais; mas isso se perdeu com as décadas. Identificar é tentativa frustrada e sem propósito. O que sobressai é o registro da história ali montada; o que ela ocasionou em cada interlocutor que a sorveu e, ainda, a sorve.

As vivências do autor – sempre ligadas profundamente à ordem do telúrico – jamais podem ser consideradas um fato fechado, pronto e lacrado. O que Beatriz Resende percebe e registra no artigo "O Lima Barreto que nos olha" (2016) é relevante, pois dilui as possíveis barreiras que insistem em engessar pensamentos e estetizar a linguagem em formas.

> Essa forma de pensar a arte, que assume a destruição de categorias, fronteiras e hierarquias, constitui um regime estético definido pelo conjunto de relações entre ver, fazer e dizer. É essa transformação que permite combinações inéditas, a partir da ruptura de um certo número de fronteiras como as que separam as artes entre si, as formas de arte, as formas de vida, a arte pura da arte aplicada, a arte da não arte, o narrativo do descritivo e do simbólico. Ao crítico literário, ao pesquisador, cabe, ao que me parece, sobretudo um trabalho de cartografia que atravessa todas essas formas de manifestação, formando um sistema de possíveis (RESENDE, 2016, s/p. Acesso em: 16 jun. 2016).

Tais considerações ganham propriedade quando em pauta os textos de Lima Barreto, pois abrem precedentes ao crítico literário de ler o texto sem lacres, como um "sistema de possíveis", cartograficamente. Ele [o texto] passa a ser analisado sob a perspectiva de canal de linguagem aberto, em que podem ser vislumbradas "combinações inéditas". Dentre as inúmeras possibilidades de combinações está a perspectiva do testemunho e o telurismo em sua obra. Essas características podem representar uma ruptura, pois ultrapassam a fronteira que muitas vezes se impõe para sua leitura como um texto exclusivamente autoficcional.

Lima Barreto não transportou de forma fidedigna suas vivências para sua obra. Ao invés disso, com propriedade, transformou a provação vivida – a grave situação gerada pelo vício da bebida –, fato que em muito o afligia, em criação artística. Fez de suas crises existenciais meio de colocar em ação sua inteligência e seu talento para transfigurar, via texto literário, tudo que julgou como inadequado não apenas para si, mas para a coletividade, pois considerava "A arte, por sua natureza mesma, uma criação humana dependente estritamente do meio, da raça e do momento – todas essas condições concorrendo concomitantemente" (BARRETO apud BARBOSA, 1964, p. 200). Interessante notar o parecer do autor quando declara que a criação humana é dependente "do meio". Não seria essa uma imposição telúrica? De acordo com o Dicionário de Símbolos de Chevalier e Cheerbrant (2006, p. 878), o telúrico simboliza a "função maternal [...]. Dá e rouba a vida". Da terra provém o sustento que edifica – o sustento físico e cultural. Do "meio" seria essa responsabilidade.

As injustiças protagonizadas pelos responsáveis por esse "meio social" é que inquietaram Lima Barreto. A atitude de exclusão praticada pela elite gerencial, por mais paradoxal que possa parecer, muito contribuiu a literatura crítica e rebelde do escritor. Acostumado a falar literariamente por crônicas publicadas no meio jornalístico, teve sua voz interrompida muitas vezes – ou pelo silêncio sobre suas publicações ou pelo hospício. Como registra Resende, "[...] retirado das ruas para a clausura do hospício, a necessidade da escrita terá que encontrar outra forma de expressão, compatível com o isolamento que lhe é imposto" (RESENDE, 1993, p. 170). Nessa hipótese, não se intimidou. Perceba-se: fez de sua estada um laboratório, fez de sua pessoa uma personagem e edificou *O cemitério dos vivos* (2010). Estava preso e era necessário criar um novo canal de comunicação. A loucura, enquanto esteve sequestrado no hospício, foi, para ele, pretexto de criação. Demonstrando autonomia e condições mentais perfeitas, o autor coloca-se em uma posição de controle psíquico. Na entrevista concedida ao jornal *A Folha*, enquanto esteve internado, imprime ao seu discurso um tom propagandístico, antecipando a pertinência do romance que viria, após deixar o hospício, publicar.

> Leia *O cemitério dos vivos*. Nessas páginas contarei com fartura de pormenores as cenas mais jocosas e as mais dolorosas que se passam dentro dessas paredes inexpugnáveis. Tenho visto coisas interessantíssimas (*A Folha* apud BARRETO, 2010, p. 295).

> [...] Agora só falta escrever, meter em forma as observações reunidas. Nesse trabalho pretendo encetar logo que sair daqui, porque aqui não tenho comodidades que são de desejar para a feitura de uma obra dessa natureza (*A Folha* apud BARRETO, 2010, p. 296).

Analisando-se essas proposições, percebe-se uma estratégia literária de Lima Barreto. Os registros efetuados no diário, durante sua estada no hospício, entre dezembro de 1919 e fevereiro de 1920, tiveram como cenário os corredores do ambiente sombrio daquele hospital asilar – regido pela inconstância de pessoas das mais diversas sortes de patologias ou debilitações psicológicas. É, de certa maneira, gestado tendo os mesmos traços literários de todos os seus demais textos: ironia e denúncia.

O que Lima Barreto fez no Hospício Nacional de Alienados foi uma prática usual, pois era típico dele registrar vivências, era típico desse autor alinhar-se ao que acontecia em seu torrão natal. Fazê-las, contudo, em um local de exílio, dividido entre pessoas excluídas e doentes, exigiu-lhe força. Os escritos construídos nas instalações do hospício são, dessa forma, permeados de singularidades. De acordo com Maurice Blanchot, em *O espaço literário* (2011), as intenções de quem escreve um diário é travar uma luta. De um lado está o espírito de vida e do outro as forças da morte; morte da dignidade, morte sinônimo de impossibilidade. *Diário do hospício* (2010) foi, então, escrito em um momento de extremada provação.

A prática do registro não foi inaugurada em sua última internação no Hospital Nacional de Alienados, ela é concomitante a sua escrita. Era o bloco de notas de sua vida. As impressões, os sentimentos e os possíveis esquecimentos eram anotados para eternizar o momento. Estavam ali como iscas de ideias, como contornos de enredos e sombras de personagens. À época de sua reclusão, não deixou de adotar esse exercício como mecanismo de sobrevivência. Utilizou-se da escrita como "[...] uma vacina contra a loucura" (HIDALGO, 2008, p. 238). Esse um processo o ajudou a superar os momentos de definhamento aos quais esteve sujeito. Além desse exercício, Lima Barreto apropriou-se do diário construído dentro do espaço asilar para formatar seu romance inacabado *O cemitério dos vivos*. Suas notações tornaram-se imprescindíveis para criar o protagonista Vicente Mascarenhas. A transposição desses registros para o ficcional, formulado no romance, eram projeções de seus ideais.

O tom de denúncia ratifica a densidade crítica que contorna todo o legado que dele herdamos. Alfredo Bosi, em prefácio, reitera o temor de Lima Barreto ao receber tratamento no hospício. Ao ser analisado por um dos frutos da pseudociência psiquiátrica brasileira, o autor desconfia dos procedimentos plagiados dos franceses, desconsiderando as especificidades inerentes a cada indivíduo. Escreve o estudioso: "Perplexo, o intelectual crítico, cuja obra toda fora uma denúncia da mentira social, teme que os médicos do Hospício o tratem de maneira cega ou arbitrária. Teme principalmente que a ciência livresca que seguem, [...], não lhes permita ter dúvidas, nem lhes faça ver pessoas [...]" (BOSI, 2010, p. 34). O temor de Lima Barreto era proveniente da desconfiança que tinha sobre a urgência de implantação de métodos ineficazes que dariam ao Brasil o *status* de Pátria.

Todas as discussões, assim, contribuirão para dar ênfase ao projeto literário de Lima Barreto, um homem que "[...] sempre se superou [...] enquanto escritor [...]" (LINS, 1997, p. 304). O autor carioca procura, representado por sua arte ficcional, estabelecer um diálogo, propositadamente velado com o leitor, que deverá empreender o esforço de traduzir e compreender a mensagem dentro de suas experiências, fazendo refletir sobre as ilusões e os desafios da arte estética que toca o ético das relações. As abordagens não pretendem estagnar ou fechar as discussões, o processo é contrário: deixar abertas as sendas que possam conduzir a novas descobertas não localizadas no plano retilíneo do texto, mas em suas entrelinhas, em que a *doxa* pode, a todo o momento, ser questiona e ressignificada.

7.1 O espaço estético de Lima Barreto e as marcas telúricas em *Triste fim de Policarpo Quaresma*

> [...] *é possível ao artista reelaborar a linguagem e inserir os valores de sua cultura em uma dimensão universal, dando origem ao telurismo* (MENEGAZZO, 1991, p. 204).

A literatura de Lima Barreto permite a associação entre o seu conteúdo e o "telurismo", cuja raiz latina é *tellus*. O significado etimológico induz ao termo terra, chão, solo, ampliando-se para outras significações – sociais, políticas, econômicas e culturais – na tessitura do "artista" mulato. Permeada de valores culturais, numa "linguagem" crítica típica barretiana, os textos possibilitam uma leitura mais ampliada, diga-se, de "dimensão universal". Dissolvida em toda a produção de Lima Barreto, a ideia do telúrico "reelabora" sua obra, imprimindo-lhe características que justificam o sentimento de pertença que o autor estabeleceu entre os enredos que criou e o conceito. O telurismo, nesse caso, não associa a estética do autor somente aos aspectos da natureza, integrando o homem ao meio como forma de sobrevivência, conforme observou Eric Dardel, em "Em o homem e a terra: natureza da realidade geográfica" (2011, p. 13): "[...] o telurismo entendido como uma forte aproximação entre a terra e o homem, [...] capacidade de sentir a presença do elemento natural que conhecemos por solo ou terra". Há também a proposta de associação a um "[...] imperativo telúrico de inclinação filosófico-humanista" (MACEDO, 2013, p. 105).

A influência telúrica, no caso da estética barretiana, possibilita ao interlocutor sentir a terra de outra forma, além do sentido primeiro lhe atribuído. Seria uma "reelaboração da linguagem", onde pode, inclusive, haver uma subversão. *Triste fim de Policarpo Quaresma* dá visibilidade a essa questão.

Dotado de ironia, Lima Barreto cria a personagem Major Quaresma, portador de um nacionalismo utópico, para desmontar a imagem da pátria perfeita, divulgada veementemente pela elite carioca. O protagonista não se esmera em adorá-la.

> O major não se conteve: levantou o olhar, concertou o *pince-nez* e falou fraternal e persuasivo: "Ingrato! Tens uma terra tão bela, tão rica, e queres visitar a dos outros! Eu, se algum dia puder, hei de percorrer a minha de princípio ao fim! (BARRETO, 1994, p. 17).

O vocábulo "terra" aparece no enredo de *Triste fim de Policarpo Quaresma* (1994) aproximadamente uma centena de vezes. Durante todo o romance, o protagonista menciona as propriedades que ensejam sua ligação a ela. Referindo ao seu potencial agrícola, Policarpo Quaresma não se continha ao perceber certo descaso em referência às suas positivas características. Comportando-se de forma contrária aos seus irmãos de pátria – que sonhavam em visitar a terra "de outros", exaltava o seu desejo de conhecer a sua – Terra – por todos os seus geográficos caminhos: "de princípio ao fim". O enredo faz a terra emergir à superfície do texto de forma crítica e satírica. A estratégia do Major em exaltar a terra-pátria para depois desconstruir a imagem que os livros lhe inspiravam, deu a esta obra o mérito do reconhecimento. Escrito em apenas dois meses e meio, de janeiro a março de 1911, o livro foi publicado primeiramente em folhetins, na edição da tarde do *Jornal do Comercio*, e só depois lançado compactamente como livro, nos fins de 1915. Considerada a sua obra célebre, vislumbra-se na arquitetura de seu enredo o Lima Barreto pensador, intelectual, crítico, militante e mentor de um protagonista que se equilibra entre a vida e a morte, a glória e a tragédia, num registro que percorre a projeção de uma pátria ufanista e a desconstrução da imagem de um país pautado em uma ótica ilusionista. O seu ímpeto criador projeta-se na descrição de quadros que revelam, ao mesmo tempo, poesia e realidade transfigurada:

> Trabalhou-o com paixão, entregando-se por inteiro à sua composição, vertiginosamente, como se estivesse em transe. [...] Quanto mais depressa a mão trêmula ia grafando os caracteres, melhor saía a composição. Parecia dominado por uma força misteriosa, que o impossibilitava de interromper por um dia sequer o mágico processo da elaboração mental, exigindo a comunicação instantânea do pensamento para o papel (BARBOSA, 1964, p. 195).

A composição escrita de forma vertiginosa foi conduzida por uma espécie de "força" que dotava Lima Barreto de uma capacidade de abstração, voltada para a sociedade. Todo esse trabalho operava no escritor como um "transe" literário, desarticulando as suas certezas e convertendo-as em lacunas, preenchidas pelo leitor atento que, também em transe, as transpõem para a sua realidade, no ato da leitura, no pretendido processo de "comunicação instantânea".

Aproveitando-se das considerações de Francisco de Assis Barbosa, pode-se também apontar para a simbologia da "mão trêmula", citada no excerto. A palavra "trêmula" implica, a princípio, denotativamente, insegurança, medo, temor, contudo, isso não corrobora com a prática do autor, que enfrentou criticamente toda uma intelectualidade solidificada, a fim de imprimir suas contundentes marcas estéticas. O transe, nesse sentido, o retira do lugar comum de literato beletrista e o aloca no espaço da ruína, de onde pôde enxergar todas as dobras que submeteram a população suburbana ao *status* de "rés do chão", de acordo com a visão de Antonio Candido sobre os desvalidos sociais. É desse lugar de desconstrução que surgem os enredos e as personagens barretianas. É desse "não lugar" que surge Policarpo Quaresma, protagonista do impacto causado entre a realidade e as suas projeções, "o choque entre o real e o irreal". Veja-se:

> O resultado é que a oposição clássico/popular deixa uma vez mais de ser trabalhada como redução contrastiva, para cindir a fabulação em dois planos que se complementam à proporção que penetram no contexto mais amplo da crise do velho: o plano da contestação ideológica da ordem em crise e o plano da sua obsessão visionária pela ruptura, que fixam – para retomar aqui a distinção de um crítico – o choque entre o real e o irreal e alargam o descompasso entre o lugar social do romance e as regras excessivamente convencionais do sistema (PRADO, 1989, p. 29).

Nesse contexto, Lima Barreto protagoniza uma literatura de impacto, em constante transe. A "ruptura" dá-se por meio de alternados recursos do humor. O autor projeta a desconstrução da imagem de um Brasil romantizado, preenchido de adornos que turvam seu retrato mais próximo. Ao propiciar no leitor o impacto "entre o real e o irreal", a narrativa ficcional põe em evidência os contrastes que serviram de base para a sociedade à época, com seus ecos na contemporaneidade. A vigorosa estrutura narrativa do romance em análise também permite ilustrar o laço que une história e ficção. Referindo-se a episódios históricos e fictícios ocorridos durante a presidência de Floriano Peixoto (1891-1894), o texto narra o esforço de Policarpo

Quaresma em contribuir para a grandeza do Brasil, com base no seu "[...] inquebrantável patriotismo" (GERMANO, 2000, p. 19).

O choque desencadeado pela personagem central, Policarpo Quaresma, morador do estado fluminense da segunda metade do século XIX, que caminhava na contramão da modernidade, traz à tona o mundo ao seu redor e as suas mudanças de forma desencantada. Sua postura anticapitalista e, ao mesmo tempo, anticosmopolista, inserem-se no contexto de transformações da sociedade, atreladas ao desenvolvimento do capitalismo mundial. Seria ele um anti-herói capitalista e um herói-telúrico? Policarpo posiciona-se contrário ao escambo, considerando-se a sua evolução a partir da conquista do Brasil-colônia pelos portugueses. Os efeitos e as repercussões dessa prática, em *Triste fim de Policarpo Quaresma*, vão desde a invasão do mercado interno pelos produtos industriais ingleses e franceses, até a dissolução e a remodelação dos modos de vida tradicionais, afetando ou deslocando as identidades culturais dos centros urbanos. Ao mesmo tempo, o protagonista vê no nacionalismo a medida para a construção de uma identidade nacional.

A capital federal apresentava-se como maior referência cosmopolita do país, alinhando-se com os padrões culturais e econômicos da sociedade europeia e seus ritmos. No interior desse contexto, encontra-se o Major, envolto pela temática do nacionalismo e do patriotismo – diga-se, o telúrico – e contrapondo-se ao ideário e às práticas europeizantes que as classes média e alta praticavam – o escambo. Foi essa inquietação nacionalista que fomentou em Lima Barreto o tema central do livro, expondo um dos aspectos predominantes da reflexão romântica. Segundo Silviano Santiago, no artigo "Uma ferroada no peito do pé" (1997, p. 539), *Triste fim de Policarpo Quaresma* marca "[...] um ponto nevrálgico na leitura que fazemos hoje do discurso sociocultural que, desde Vaz de Caminha, tenta explicar o que era e é o Brasil". Ao contrário do conteúdo da carta do navegante português, que edifica as características da nova Terra, o literato carioca expõe os atributos da pátria para, em seguida, paulatinamente, desconstruí-los, conforme assevera, mais uma vez, Santiago (1997, p. 539): "Aí, sim, reside a maior modernidade do projeto de Lima Barreto. O ponto nevrálgico o é porque é ambíguo: a escrita ficcional subscreve o discurso histórico-nacionalista e ufanista, e ao mesmo tempo o rejeita, julgando-o, criticando-o como ilusório".

O próprio protagonista possui inúmeros caracteres que, combinados, compõem um estado de espírito, de temperamento e de práticas identificados com o romantismo, sendo sua trajetória permeada por ideias e atitudes concatenadas à visão de mundo que lhe é correspondente. Pertencente a uma comunidade nacional imaginada e narrada por Lima Barreto, Policarpo, como representante de um nacionalismo exaltado e ingênuo, julgava-se, a partir de suas próprias reflexões telúricas, capaz de lutar por reformas radicais na sociedade brasileira. Seus sentimentos cívicos manifestaram-se desde a juventude e fizeram-no aprender o violão, as modinhas e o folclore do país e também estudar os temas brasileiros de forma profícua, no desejo de solucionar os problemas da pátria:

> Policarpo era patriota. Desde moço, aí pelos vinte anos, o amor da pátria tomou-o inteiro. Não fora o amor comum, palrador e vazio, fora um sentimento sério, grave a absorvente. Nada de ambições políticas ou administrativas, o que Quaresma pensou, ou melhor: o que o patriotismo o fez pensar, foi num conhecimento inteiro do Brasil, levando-o a meditações sobre os seus recursos, para depois então apostar os remédios, as medidas progressivas, com pleno conhecimento de causa (BARRETO, 1994, p. 8).

A telúrica personagem foi caracterizada como um homem de forte expressão subjetiva, apresentando-se em constante conflito com a realidade exterior, pois "o amor da pátria tomou-o inteiro". Imersa em um universo social em que as camadas letradas perseguiam, sobretudo, sua inserção num mundo de formas capitalistas mais avançadas, Policarpo, representava o contraste, o papel inverso que, por meio do texto literário denunciava o ambiente falso vivenciado pelos burgueses. A sensibilidade dessa personagem capacitou-a a exercer um sentimento à *Tellus Mater* que rejeitava a objetividade capitalista, inserindo-a, ao mesmo tempo, em um paradigma mais subjetivo, conforme afirma Eduardo Campos (1993, p. 146): "O sentimento telúrico é mais subjetivo do que objetivo: algo que se imagina existir, porém rigorosamente desponta mais nas atitudes afetivas, humanas [...]". Essa era a "humanidade" por perseguida por Lima Barreto. Alinhar todos a uma condição efetivamente humana seria um dos seus maiores objetivos. Sua literatura, nessa vertente, buscou deflagrar os desníveis que privilegiavam poucos.

A luta contra as mudanças impostas pelo processo de europeização da sociedade, que incorporava valores e práticas do mundo moderno e agentes desagregadores da ordem presente, era a bandeira erguida por Policarpo Quaresma. Em função dessa concepção negativa acerca do ambiente que predominava na nação, exaltou vários produtos da terra, que, pela sua ótica nacionalista, expressavam a autenticidade e a pureza e deveriam ser resgatados, comprovando seu comprometimento com o telúrico. Debateu-se para não deixar "[...] morrer as nossas tradições, os usos genuinamente nacionais" (BARRETO, 1994, p. 6). Assim, frente à preferência burguesa pelo piano e pela música clássica dos mestres estrangeiros, bateu-se contra o vigente preconceito e a desclassificação do violão e da modinha, vistos por ele como expressões poético-musicais genuínas, características da alma nacional. O telúrico cultural permeava seus enredos, conforme observa Roberto Schwarz:

> A opção ao nível do uso da língua liga-se à valorização desta cultura popular que encontra expressão não apenas na linguagem, mas também na música, nas danças, nas formas de reunião social. Abre-se espaço para os ditos do bom-senso popular sem medo do despotismo da gramática, para as polcas e modinhas dengosas, a flauta do carteiro e o violão do capadócio, para as conversa entre cafezinhos e parati (SCHWARZ, 1977, p. 75).

Lendo sobre as riquezas nacionais do Brasil, sua história e sua geografia, além de obras literárias de autores unicamente nacionais ou tidos como tais – num momento em que nossos literatos eram vistos, por alguns, como tolos absorvidos pelas inspirações francesas – o Major buscou adquirir maior conhecimento do Brasil. Frente ao anseio geral dos cariocas endinheirados de viajar à Europa, deixava evidente o seu desejo de percorrer as terras brasileiras. Contrapondo-se aos costumes e usos europeizados que se generalizavam, lembrava-se de costumes antigos, carregados de originalidade, defendendo a adesão ao modo de vida de nossos silvícolas. Segundo ele, "[...] entre nós tudo é inconsistente, provisório, não dura [...]" (BARRETO, 1994, p. 17), não havendo registros da memória que lembrassem o passado. Nesse sentido, julgava ser necessário reagir, desenvolvendo o culto às tradições, mantendo-as sempre vivas na memória e nos costumes do povo.

Com essa ideologia, iniciou a organização de um sistema original de cerimônias, festas, cantigas e hábitos que abrangesse todos os momentos e ocasiões prescritos pelas relações sociais, baseando-se na vida dos selvagens. Dessa forma, cultivou contos e canções populares do Brasil, estudou os costumes tupinambás, passando a incorporar, em seu comportamento, as formas de expressão daqueles, como o hábito de chorar e berrar ao receber visitas, em vez de apertar a mão. Tudo isso inserido num programa voltado para "[...] uma reforma, a emancipação de um povo [...]" (BARRETO, 1994, p. 23).

Ainda preocupado em definir a identidade nacional frente à internacionalização da cultura que se acreditava genuinamente brasileira, ocupou-se com a constituição linguística, requerendo ao Congresso Nacional decretar o tupi-guarani como língua oficial da pátria. Para ele, a língua de um país era a mais elevada manifestação da inteligência de uma nação, reveladora de originalidade. Portanto, na concepção de Policarpo, a emancipação do país só ocorreria em virtude de sua emancipação idiomática. Sob esse prisma, a língua portuguesa era vista como um empréstimo de Portugal ao Brasil, já o tupi-guarani, como língua original, pura. Não contaminada de galicismos, anglicismos, invadiria a pátria e se consolidaria como marca de sua nacionalidade autêntica. Eis aqui uma vertente do telurismo cultural, ligando a língua à pátria.

Com base nessas ações, Quaresma foi demonstrando publicamente seu desconforto para com a realidade que no presente se configurava, levando-o a ser diagnosticado como louco, sendo internado, em decorrência disso, em um hospício – última novidade institucional advinda da Europa, vista como meio, por excelência, para o trato daqueles considerados doentes mentais. Invenção que foi amplamente usada para cercear e enclausurar diversos desviantes da ordem social, mesmo que não doentes, mas considerados como sofredores de uma "[...] inexplicável fuga do espírito daquilo que se supunha o real, para viver das aparências das coisas ou de aparências das mesmas" (BARRETO, 1994, p. 44). Seu internamento e sua loucura representavam, dentro desse contexto, o descompasso da visão de mundo que trazia em si e a que norteava suas atitudes, expondo, por suas práticas, a sociedade imersa em valores e interesses privados.

O protagonista, ainda exaltando sua vertente romântica, depois de deixar sua hospedagem na casa de saúde, apresentava-se moribundo e descontente com o que sempre fora. Para reerguer seu otimismo, deixou a hostilidade urbana, transportando-se para um lugar mais isolado, tendo como objetivo viver próximo da natureza, na busca do que perdera. Ao recolher-se na área rural, em um sítio, não aleatoriamente denominado "Sossego", passou a ansiar por uma vida mais tranquila daquela que vivera, desfrutando da atividade pela qual agora optara, "[...] tirar da terra o alimento, a alegria e a fortuna [...]" (BARRETO, 1994, p. 56).

A vida proveniente da agricultura – imaginada como simples, farta e calma – apresentava-se para ele como o reverso daquela da cidade, vivida em casas com espaços reduzidos – "verdadeiros caixotinhos humanos" – respirando um ambiente impregnado de patologias epidêmicas, sustentando-se com alimentos de baixa qualidade e trabalhando como empregado público, sem independência, alienado e coisificado. Assim, "Depois de ter sofrido a miséria da cidade e o emasculamento da repartição pública, durante tanto tempo [...]", acreditava que encontrara "[...] a doce vida campestre [...]" em que a terra era "[...] sempre mãe" (BARRETO, 1994, p. 23).

A mãe-terra, berço telúrico, "[...] considerada o colo materno; [...] símbolo de fecundidade e regeneração; origem de toda a vida" (CHEVALIER; GHEERBRANT, 2006, p. 880) representa o meio de Policarpo, nessa altura do enredo. Ela que protagonizará, a partir desse ponto da obra, a impossibilidade de realizar o que prescreviam os livros, em relação à exaltação da natureza das terras brasileiras. Ao travar conhecimento com a vida telúrica rural, o romântico Policarpo pensou que "[...] o que era principal à grandeza da pátria estremecida, era uma forte base agrícola, um culto pelo solo ubérrimo, para alicerçar fortemente todos os outros destinos que ela tinha de preencher [...]" (BARRETO, 1994, p. 57), inserindo-se, dessa forma, no debate instituído na sociedade acerca do mundo rural brasileiro, voltado para o estabelecimento de um projeto de reabilitação da vocação agrícola do país.

Quaresma era um ferrenho defensor das belezas e dos valores da natureza e, consequentemente, maravilhava-se com as cachoeiras, as árvores, os pássaros, as flores que representavam para ele o extraordinário da terra, tecendo elogios às riquezas e opulências do país. Ao ressaltar essa forma específica de exploração econômica, o protagonista planejou sua vida agrícola em diálogo com diferentes interesses, ações, discursos e práticas ruralistas da época. Suas reflexões desembocaram em uma fundação que propunha medidas para a regeneração agrícola do país, destacando-se a modernização e a mecanização do campo com a difusão da agricultura científica e a educação do trabalhador rural, operando na diversificação de plantios e na pequena sociedade.

Policarpo Quaresma vai, sucessivamente, tentando concretizar as ideias ufanistas apreendidas em manuais de história. O novo desbravador do campo, primeiramente baseado no que vinha sendo informado nos boletins da Associação de Agricultura Nacional, fez projetos a fim de que seu sítio prosperasse e a partir dele surgissem outros cultivadores, que a seu exemplo, acreditassem no poder da terra de dar subsistência ao homem da pátria, possibilitando a dispensa dos argentinos e europeus que a exploravam. Assim, teve a importante função de alertar sobre os grandes proprietários agro-capitalistas que enxergavam no café a única opção para o crescimento econômico.

Para além de seus planos e acreditando nas leituras efetuadas, adquiriu termômetros, barômetros e outros instrumentos para o auxílio nos trabalhos da lavoura, embora resistisse no emprego de máquinas e adubos químicos de procedências americanas e considerados artificiais – mesmo que esses dessem "[...] o rendimento efetivo de vinte homens [...]" (BARRETO, 1994, p. 89), como descreviam os catálogos de propaganda. No entanto, em pouco tempo, tais insumos foram esquecidos, visto que não deram o resultado esperado, fosse a inexperiência ou a ignorância das bases teóricas deles, fosse porque toda a previsão tornava-se infrutífera. Dessa forma, foram relegados ao abandono e deixados a enferrujar pelos cantos do sítio, o mesmo acontecendo mais tarde com o maquinário agrícola comprado inutilmente, uma vez que não apresentava serventia. Quaresma assumia, assim, seu desprezo pela ciência e pelas novas mercadorias oriundas do avanço tecnológico.

Em contato com a realidade, então, o major foi conhecendo melhor o ambiente agrícola que o cercava, fazendo sua avaliação sobre as condições do país, marcado por problemas agrários, por ele antes não imaginados. A miséria da população campestre, o abandono da terra à improdutividade, o ar triste, a pobreza das casas apresentavam-se como o contraponto da ideia de roceiros que eram "[...] felizes, saudáveis e alegres [...]" (BARRETO, 1994, p. 81). A falta de terra própria para trabalhar, de ferramentas e de apoio do Governo compunham as causas apontadas pela população rural para a situação. Porém, a política proposta pelo Governo foi sendo revelada somente para os agricultores nacionais e pequenos trabalhadores, uma vez que existiam para os estrangeiros todos os auxílios e facilidades. Além disso, Policarpo enxergou também o oposto do que supunha e sonhava, ao observar que não existia:

> [...] naquela gente humilde sentimento de solidariedade, de apoio mútuo. Não se associavam para coisa alguma e viviam separados, isolados [...] sem sentir a necessidade de união para o trabalho da terra [...] Mesmo o velho costume do 'motirão' já se havia apagado (BARRETO, 1994, p. 85).

Se, por um lado, o Estado implementava uma política imigracionista pautada no argumento da escassez de mão de obra, para Quaresma tal afirmação parecia-lhe vaga e mal intencionada, pois o Governo importava aos milhares, sem se preocupar com os que já existiam. Além da crise percebida pelos ruralistas, outros problemas agrários foram elencados pelo protagonista quando em sua estada no campo. As saúvas, mesmo, aferroaram o Major com a mesma violência que a da impiedosa reação geral ao infeliz requerimento. Conforme registra Osman Lins (1976, p. 39), contrariamente à visão utópica de um paraíso na terra, o resultado de seus investimentos patrióticos e financeiros revela-se outro desastre. Infere-se que a esterilidade de Policarpo Quaresma – que não tinha filhos – é a mesma de seus projetos utópicos:

> Abriu a porta, nada viu. Ia procurar nos cantos, quando sentiu uma ferroada no peito do pé. Quase gritou. Abaixou a vela para ver melhor e deu com uma enorme saúva agarrada com toda a fúria à sua pele magra. [...]
> [...] Matou uma, duas, dez, vinte, cem, mas eram milhares e cada vez mais o exército aumentava. Veio uma, mordeu-o, depois outra,

e o foram mordendo pelas pernas, pelos pés, subindo pelo seu corpo. Não pôde aguentar, gritou, sapateou e deixou a vela cair (BARRETO, 1994, p. 83).

Diante de tantos contrapontos detectados na esfera rural, considerados como barreiras para os avanços no desenvolvimento agrário do país, Policarpo considerou insignificantes suas preocupações anteriores, como a questão linguística, o folclore, as modinhas e suas tentativas agrícolas, passando de uma postura ufanista à crítica – uma verdadeira travessia telúrica para o eixo político-econômico. Percebeu a necessidade de maiores investimentos, vislumbrando a urgência de erguer uma agricultura que se encontrava abandonada, mentalizou a implantação de reformas nas leis agrárias, a reformulação da visão administrativa do país aproximando do governo a realidade do campo. Seria necessária, na visão do cidadão-sonhador, uma administração forte, capaz de remover "[...] todos esses óbices [...]", espalhando "[...] sábias leis agrárias, levando o cultivador... Então sim! O celeiro surgiria e a pátria seria feliz" (BARRETO, 1994, p. 83).

Com base em suas vivências, foi possível projetar um futuro diferente ao da insólita atualidade que o circundava, pensando em um grande destino para o Brasil, por meio do levantamento da vida agrícola. Nesse contexto, por ocasião da insurreição antiflorianista, Policarpo entusiasmou-se com Floriano e engajou-se no batalhão patriótico "Cruzeiro do Sul". A fim de prestigiar o governo, optou por combater os revoltosos da armada e assessorar o presidente, fornecendo um memorial de medidas necessárias para a recuperação da atividade agrícola. Nele encontravam-se expostos todos os entraves oriundos da grande propriedade, o extremo rigor em exigir o pagamento dos impostos, a carestia de fretes, enfim, as violências políticas contra o produtor nacional. No entanto, esse documento só lhe rendeu a alcunha de "visionário" pelo "marechal de ferro". Além disso, todas as ações do Governo que iam das delações e recompensas às prisões e aos crimes, ao chegarem ao ouvido de Quaresma, fizeram-no sofrer, sentindo ter um espinho a lhe dilacerar a alma. Confuso ao comparar suas projeções com os fatos da realidade, perguntou-se que direito pela vida e pela morte tinha o ditador sobre seus concidadãos, uma vez que não se interessava pela sorte deles, pelo enriquecimento do país, pelo progresso da lavoura e pelo bem-estar da população.

Em sua leitura crítica da sociedade brasileira, Lima Barreto, com sua personagem telúrica Policarpo Quaresma, expôs a mediocridade daqueles que o cercavam e os interesses individuais que norteavam as ações dos dirigentes políticos, desde os da esfera nacional até os locais. Apontou como usavam dos cargos públicos para a realização de seus sonhos pessoais de poder e de fortuna, não raro, nomeando pessoas, criando cargos e distribuindo empregos, ordenados, promoções e gratificações, e outros atropelamentos das regras de conduta do funcionalismo feitos em nome da causa. O autor, assim, cria "Como se estivesse diante de uma questão principal, jamais se afastando um milímetro do trabalho de denúncia [...] à tarefa de desmascaramento da ideologia em curso" (LINS, 1997, p. 535).

Nesse contexto de falta de comprometimento das autoridades públicas, diante dos problemas do país e de profunda apatia da população rural, Policarpo foi perdendo sua ingenuidade peculiar, vendo ruir sua visão idealizada-romântica da realidade que circundava todos naquele início de novo regime. Sua postura não era mais de confiança, de entusiasmo, mas de desânimo e de desespero. Percebeu ainda que as causas por que se lutavam na guerra eram tão banais que sentiu ruir seus ideais nacionalistas mostrando-se desiludido com o embate. Pensou em seus ideais e em sua postura, no seu inútil sacrifício em prol de tolices inventadas pelas autoridades. Seu sofrimento era moral e perguntava para si, onde, na terra, encontrava-se o seu sossego. Sentia também que o pensamento que conduzia sua motivação em defender as coisas da terra não estava em comunhão com outros habitantes da pátria, pois todos estavam ali por interesse, sem buscar méritos maiores, nada de superior os animava, tudo era ilusão. "A sociedade e a vida pareceram-lhe coisas horrorosas [...]" (BARRETO, 1994, p. 148).

Culminando sua luta e demonstrando inquietação diante das execuções aleatórias dos prisioneiros de guerra pelo governo ditatorial – que ocorriam como forma de dar exemplo para que jamais o poder constituído fosse atacado, ou mesmo discutido – finalmente, Quaresma escreveu uma carta veemente ao presidente da incipiente República, protestando contra as atrocidades cometidas de forma injusta aos soldados da pátria, ações que feriam seus sentimentos e princípios morais. Como consequência, foi preso e considerado um traidor e, no estreito calabouço onde se encontrava, pensou consigo mesmo em todas as suas ideias e comportamentos, sendo a palavra decepção o resultado da reflexão.

Ainda na prisão, procurava entender as formas de expressão e ação do povo, perguntando onde se encontrava a "doçura" que acreditava possuir essa gente que viu combater como feras, a matar inúmeros prisioneiros. Concluiu que "Sua vida era uma decepção [...]" e "A pátria que quisera ter era um mito, [...] um fantasma criado por ele no silêncio do seu gabinete [...] Certamente era uma noção sem consistência nacional e precisava ser revista [...]" (BARRETO, 1994, p. 150). Assim, desvela o sentido das construções discursivas sobre a nação, oculto sob o manto da unidade e da harmonia, isto é, sua dimensão de comunidade imaginada, de uma invenção política que mascara a diversidade e as tensões sociais.

Foi esse o triste fim de Policarpo Quaresma, que tanto lutou para a felicidade e a prosperidade da pátria. Em vez de admiração, provocou ressentimento, despertou rancor e recebeu como condecoração a morte. Pagou com a própria vida seu sonho do bem-estar e da fortuna do povo brasileiro, de "[...] épocas melhores, de ordem, de felicidade e elevação moral" (BARRETO, 1994, p. 125). Numa realidade de egoísmo, baixeza, violência, hipocrisia e interesses pessoais guiando tudo, mesquinharia, vingança, miséria, ódios... viu suas ilusões perderem-se frente a "[...] uma série, melhor, um encadeamento de decepções" (BARRETO, 1994, p. 154). Esse mundo não o cabia com os seus valores qualitativos e éticos, pois a moral moderna é cada vez mais condicionada por interesses e conveniências sociais, econômicas e políticas. Ingenuidade, idealismo, bondade, generosidade, honestidade, ternura, solidariedade e sacrifício pelo bem social foram virtudes exiladas desse mundo, que não comporta mais sonhadores, gente com "[...] candura de donzela romântica [...]" (BARRETO, 1994, p. 154).

Por meio do romântico Policarpo Quaresma, Lima Barreto produziu uma narrativa sobre a nação em invenção, registrou um momento específico do debate em torno da questão telúrica nacional com alguns de seus temas. Discussão que antecedia a implantação do novo regime e que perpassou os anos subsequentes da história republicana, permanecendo aberta, possibilitando conectar as memórias do passado com o presente, onde outras imagens são construídas, quando as identidades nacionais e culturais são deslocadas pelo avanço do processo de globalização permeado pela problemática da exclusão e da resistência cultural, da massificação, do desenraizamento e desterritorialização. Utilizou-se da personagem que, na verdade, representava um anti-herói para se fazer entender, para aproximar de sua visão de Brasil os seus interlocutores: "Toda a agonia do herói Quaresma centra-se na falsidade de uma noção de pátria e na conscientização de uma outra noção, agora ancorada na vivência dos entraves, necessidades, limitações e inferioridade do Brasil real" (GERMANO, 2000, p. 32).

O mérito dessa obra está em seus registros que preservam representações da brasilidade e impressões sobre um momento importante da História factual, política e literária, não as deixando cair em esquecimento e perderem-se, constituindo-se numa forma de memorização e reflexão acerca dos percalços da sociedade brasileira do momento: os projetos para o seu desenvolvimento – como os de perspectiva ruralista e romântica, como, ainda, o estabelecimento da ditadura florianista no alvorecer da República. Na visão dos vencedores daquele momento, as manifestações populares e a tradição, tão a gosto dos românticos, deveriam ser afastadas da cena e foram durante algum tempo, até que outras leituras da sociedade, em conjunturas diversas, buscassem incorporá-las e aproximá-las, produzindo outros quadros, com matizes próprios.

Sobre esse alicerce, confrontando a convivência social e política, que pairava nos ares de implantação do regime republicano e o sonho quimérico da figura tragicômica de Policarpo Quaresma, o autor buscou a cada cena, criar paralelos que permitam satirizar o *ethos* brasileiro. O embate sempre proposto nas páginas da obra conduz o seu portador a reflexões sobre a complexa realidade telúrica, em seus mais diversos aspectos à época, por que não, os seus reflexos na atualidade.

Estereotipado como produtor de uma literatura que grita suas amarguras pessoais, poderia ser visto como um autor egoísta, contudo, em uma análise mais detida, transfigura suas experiências e suas observações em um texto rico, cheio de pistas a fim de conduzir o leitor a uma realidade que importa para suas vivências, tal como um testemunho Essa pluralidade de significações, construída na rede espacio-temporal, faz com que esses significados literários possam pertencer ao escritor e aos leitores ultrapassando as fronteiras passado-presente-futuro.

A escrita barretiana, nesse sentido, busca libertar o texto do próprio autor, recolocando-o no lugar de sua significação. Parafraseando Paul Ricoeur (s.d., p. 39), o que importa agora não é o que o autor quis dizer, mas a significação implícita ou explícita contida no seu dizer e como ela será lida. Assim, cabe ao leitor, como intérprete do romance, como fruidor da arte ficcional de Lima Barreto, dar sentido à obra extrapolando o plano do texto, inserindo em suas entrelinhas reflexões críticas que contribuam para seu exercício de cidadania.

7.2 O obceno da identidade nacional: o telúrico como instrumento de desconstrução

> [...] é porque o sentido telúrico não se restringe a um perímetro urbano ou interiorano, mas a um sentimento, uma espécie de condição (MACEDO, 2013, p. 105).

O telurismo enxergado na obra de Lima Barreto, nos moldes de *Triste fim de Policarpo Quaresma*, pode ser plurissignificado. Ora como valor utópico, ora como herança maldita de uma gestão precária, ora como uma dobra da nacionalidade. Em quaisquer ângulos, o telúrico diz muito sobre a relação do autor carioca e sua cidade, seu estado natal, enfim, do próprio país que lhe deu morada. A relação, indiscutivelmente, é identitária, "espécie de condição". Não nas discrepâncias entre o real e o abstrato, mas na luta literária empenhada para significar as práticas e movimentar o interlocutor

Entre o homem e sua terra não pode haver separações. Ela traz a sua marca, a história de suas vivências, sua identificação no mundo. Nessa teia de possíveis, o autor barretiano pode ser visto como um genuíno autor telúrico que, mais do que amar sua terra, amou o povo, que muitas vezes foi por ela rejeitado. A ligação de Lima Barreto com a sua terra – o Rio de Janeiro, capital do Brasil de outrora, permite projetá-la, dentro de um viés literário, como um símbolo que contribui, de certa forma, para entender as relações sociais, os hábitos, os costumes, a cultura, transcendo em muito o aspecto literal do texto. Novos sentidos podem ser dados, possibilitando uma ampliação de sentidos, conforme observa Idilva Maria Pires Germano em *Alegorias do Brasil: imagens de brasilidade em Triste fim de Policarpo Quaresma*:

> Não há exatamente uma 'identidade brasileira' a ser decifrada sob os meandros das palavras, rituais e imagens do seu povo. Não existe um sentido próprio que se opõe a um sentido figurado do Brasil. A rigor, toda expressão é polissêmica, remetendo a significação para uma infinidade de outras significações, ou seja, para outros aspectos daquilo que é. A literatura, os costumes e os símbolos brasileiros presentificam, encarnam, inscrevem a significação imaginária do Brasil. São tijolos de um grande edifício, ou melhor, peças de um quebra-cabeças, o qual não teria configuração na ausência de suas partes. Sendo entretanto um jogo que se dá na história consciente e inconsciente dos homens, a montagem da cena inteira é sempre uma hipótese e um desejo. À medida que se vislumbra uma certa heterogeneidade e se procura cristalizá-la – em modelos teóricos, em ideologias – o quadro já se transforma para revelar outras cenas, outras cores e formas. Decifrar o enigma brasileiro é querer e tentar fazê-lo nesse incessante feixe de remissões do universo imaginário (GERMANO, 2000, p. 128).

Segundo a autora, há um "enigma brasileiro" a ser decifrado, contudo não existe uma resposta exata. O Brasil alinha-se à imagem de um "quebra-cabeças" sem uma montagem ideal, sem "uma configuração na ausência de suas partes". É na simbologia desse desafio que se interpõe "o consciente e o inconsciente dos homens". É nesse "feixe de remissões" que se instalou Lima Barreto. Portador de uma visão crítica, o autor interpretou todas as jogadas sob o arguto olhar de um literato de um tempo à frente, marcado por certa visionalidade. Foi a partir dela que privilegiou o elemento social, tão marcado em sua obra. Nessa figuração, emana da produção do autor a interpenetração dos fatores externos e internos que, de certa forma, dão consistência à sua literatura, ao seu estilo literário, uma vez que as metas do seu texto "[...] transcendiam a sua textura literária em direção a transformação das crenças e costumes e do desencadeamento dos fatos de ação" (SEVCENKO, 1997, p. 321).

Além do papel que a obra literária cumpre ao saciar a necessidade humana universal de trabalhar a ficção e a fantasia, desafiando intimamente o leitor na sua ânsia pelo devaneio, sua importância deve residir, segundo o plano estético de Lima Barreto, na exteriorização de certo e determinado pensamento de interesse humano, que aluda às questões de conduta na vida. A consequência desse poder revelador – que incumbe o escritor de uma missão redentora impondo-lhe sacrifícios e restrições pelo desnudamento de uma "verdade" nem sempre aceita pelo seu público – é a atuação de sua obra na formação do homem e, consequentemente, na construção da sociedade.

Nesse sentido, a concepção de Literatura como meio de comunicação entre as individualidades se acresce à capacidade de transformação social, traço essencial para compreender esse autor, cuja obra revela uma postura assumidamente militante, de compromisso frente ao seu tempo e à sua realidade. O papel fundamental da função crítica na Literatura, conforme assevera Luis Alberto Brandão, é exercido pelo discurso literário do mulato de Todos os Santos e torna-se nítido quando aprofundadas as análises em sua literatura.

> [...] para que uma obra se caracterize como literatura, é preciso fundamentalmente que a função crítica se exerça. [...] se não houver sinal de intervenção, o sinal de menos em relação aos discursos dominantes, não faz sentido que um texto seja considerado literário. Ainda que a literatura possa desempenhar outras funções, o que a define é a função crítica (BRANDÃO, 2006, p. 263).

Estimulado pelo paradigma de ruptura representado pela estética barretiana, este ensaio aponta como principal questionamento a busca do eixo central em que se funda o discurso crítico do autor transgressor, do escritor mulato, do "pobre diabo" (PAES apud LINS, 1997, p. 307). Com base em análises e reflexões, apurou-se que a discrepância entre o real e o irreal, notadamente, é o mote gestacional de toda produção discursiva de Afonso Henriques de Lima Barreto.

Para confirmar tal assertiva, buscou-se empreender considerações acerca dessa percepção no romance *Triste fim de Policarpo Quaresma*, evidenciando o processo de construção e desconstrução da identidade nacional forjada nos moldes românticos. Considerou-se também o artifício irônico que permeia toda a narrativa, cujos pontos tornarão férteis as reflexões sobre esse embate, enriquecendo a base acadêmico-científica que comprova a coerência do projeto ficcional proposto pelo autor. O romance facilita tal abordagem por situar-se a meio caminho entre o Romantismo e o Modernismo, movimentos que na concepção de Zilá Bernd operam, respectivamente, no processo de sacralização e dessacralização de uma identidade nacional fixada pela Literatura.

> Uma literatura que se atribui a missão de articular o projeto nacional, de fazer emergir os mitos fundadores de uma comunidade e de recuperar sua memória coletiva [...] No Brasil, o romantismo realizou uma revolução estética que, querendo dar à literatura brasileira o caráter de literatura nacional, agiu como força sacralizante [...] trabalhando somente no sentido de recuperação e da solidificação de seus mitos. [...] Por outro lado, o modernismo concebeu a identidade nacional no sentido de sua dessacralização, o que corresponde a um pensamento politizado, equivalendo a uma abertura contínua para o diverso, território no qual uma cultura pode estabelecer relações com as outras (BERND, 2003, p. 20).

Citar as nuances que balizam o irônico *Triste fim de Policarpo Quaresma* sem considerar a questão da identidade nacional torna-se uma tarefa impossível de ser praticada. O autor, na tessitura de seu enredo, quer desnudar, desmitificar, dissociar o mito da pátria, fruto de uma construção pura, arraigada somente no local, sem considerar as influências estrangeiras que se apresentam desde a gênese da nação. Pôde-se perceber que o texto representa e ilustra com didatismo o desencontro entre o ideal e o real, inserido entre a grandeza do visionário Policarpo Quaresma – protagonista da trama – e as impossibilidades de ação que o rodeiam. Consolida-se, ainda, em um trânsito entre ideais nacionalistas propostos pelo Império e a revisão desses ideais que se processavam na virada do século, sob a égide das tendências na Europa que no Brasil seriam conhecidas futuramente pelo nome de Modernismo.

Para dar consistência às reflexões acerca da discrepância entre o ilusório e o real – em se tratando do Brasil republicano do início do século passado – foram pautadas considerações sobre a identidade nacional que, direta e indiretamente, vinculam-se às propostas do texto de Lima Barreto. Afinal, o enredo de *Triste fim de Policarpo Quaresma* permite ao leitor atento projetar imagens de ficção, criando um embate com a realidade, forçando-o a exprimir um pensamento crítico acerca do nacional, como considera Idilva Maria Pires Germano ao afirmar que "[...] o romance de Lima Barreto desenvolve importantes questões acerca da dialética entre o real e o irreal [...] centradas no campo das fantasias do Brasil" (GERMANO, 2000, p. 41).

Para dar início a tais associações, toma-se então João do Rio, que às vésperas da Exposição Nacional de 1908[21], escreveu uma crônica portadora de inquietante interrogativa e que, indiretamente, vincula-se ao projeto de Lima Barreto: "Quando o brasileiro descobrirá o Brasil?" (RIO, 1909, p. 275). Do autor suburbano não parte a preocupação histórica do fato, uma vez que os registros oficiais já são suficientes para o endosso desse paradigma. O seu projeto literário, contudo, busca suscitar, utilizando-se da ironia e da sátira, teses que descortinam inverdades na época da República e que, ao mesmo tempo, remetem a questionamentos e a constatações acerca da identidade nacional. A elite detentora do poder, mesmo reverenciando as intervenções europeias na administração das cidades, promovia-se como defensora de uma cultura pura. Diante da ligação de Lima Barreto à sua Terra-pátria não poderia haver inquietações. O traço telúrico – utilizado por meio da ampliação de símbolos ligados ao social e à cultura, dessa forma, tornou-se a sustentação de seus argumentos.

O foco da crônica aludida dialoga com a cultura cosmopolita da elite afrancesada carioca da época que, por ora, punha em Paris o seu marco de referência identitária, desprezando o nacional, mostrando-se displicente em relação às coisas do país. Remete, em acréscimo, a alguns elementos de tensão que presidiram a construção da identidade nacional brasileira. Conjectura-se que a identidade de um país não tem existência imemorial presente desde a gênese dos tempos. Sua concepção é datada, surgindo a partir do momento em que um grupo afirma que a nação existe, percepção sugerida por Luiz Costa Lima ao registrar que a nação, que a pátria se constitui num "[...] princípio básico de identidade grupal" (LIMA, 1986, p. 202). Entender a identidade nacional como resultado de uma construção implica pressupor um processo de identificação, seleção, montagem e composição de elementos que formam o padrão identitário de referência. Essa construção vale-se de imagens, discursos, mitos, crenças, desejos, medos, ritos, ideologias. Dizendo de outra forma: "[...] a identidade pertence ao mundo do imaginário, que é esta capacidade de representar o real, criando um mundo paralelo ao da concretude da existência" (PESAVENTO, 2010, p. 124). Lima Barreto tornou-se, nessa hipótese, um mediador telúrico que demarcou as incongruências que burlavam a realidade brasileira.

---

21 A Exposição Nacional, realizada na Praia Vermelha, Zona Sul do Rio de Janeiro, em 1908, entre os morros da Babilônia e da Urca, pretendeu, além de comemorar o Centenário da Abertura dos Portos, mostrar para o mundo, a beleza e as qualidades da moderna capital da jovem República brasileira.

No caso da identidade nacional, e, particularmente, da identidade nacional brasileira, pode-se supor que se constrói uma comunidade simbólica de sentido criando a sensação de pertencimento. E, na consolidação desse grupo, o imaginário, apesar de difuso, opera como uma vertente unificadora, como assinala Luis Alberto Brandão:

> O imaginário não possui em si uma determinação. É algo altamente difuso, um campo de possibilidades ou um mecanismo definidor desse horizonte de possibilidades. É a capacidade de conceber. É algo que, apesar de impalpável, não deixa de ser extremamente atuante (BRANDÃO, 2006, p. 272).

Mais do que complexo, o fenômeno da identidade nacional prevê uma multiplicidade de registros que podem se entrelaçar: os recortes abarcam o continental, o nacional, o regional ou o local, por um lado, mas, por outro, estabelecem distinções de ordem etária, classista, de gênero, étnica, racial, profissional, etc. Como todo processo de construção imaginária, a identidade se apóia em dados da realidade que se compõem de situações e se interpenetram com elementos do inconsciente coletivo e com outros inventados, num processo de deliberada ficção criadora, cujo resultado, todavia, é sempre uma projeção no mundo do abstrato.

Tomar a obra de Lima Barreto sob o foco da identidade nacional brasileira implica interpretar quais as estratégias e quais os pontos que se tornam imprescindíveis para reconhecer toda a arquitetura de seu projeto estético. Ao situar grande parte das ações de seus escritos numa área geográfico-social – comprovando sua ligação ao telúrico, à Terra-Brasil, que inclui não só o centro urbano como também os subúrbios do Rio de Janeiro – espaços que circulavam uma série de personagens que vão dos mais poderosos membros da elite às classes mais pobres – delimitam-se as prerrogativas que justificam o olhar telúrico e, ao mesmo tempo, caústico de seus escritos. O objetivo do autor é apresentar suas criações como parte de um grande e unificado cenário para, escutando-lhes as diferentes vozes, representar a complexidade de tensões de uma sociedade estratificada, desigual, multirracial e multicultural em transformação. Ao concretizar esse projeto em *Triste fim de Policarpo Quaresma,* o autor é finalmente inserido no debate intelectual, principalmente nas questões que envolvem a identidade nacional e o telurismo.

Nessa altura dos acontecimentos, Lima Barreto, como intelectual emergente do século XX – momento em que o Brasil passava por uma etapa importante do processo de modernização e, portanto, de uma nova tentativa de integração ao Ocidente –, não se furta à discussão a respeito do nacional.

Ao contrário, ao se contrapor com veemência à *Belle Époque*, ou seja, à cultura dominante de traços marcadamente importados, busca revelar a ideia de que o conceito de nação vincula-se fortemente à elite e que não há como fixar uma identidade nacional se desconsiderar verdadeira tradição do país. É revelador que os contextos históricos referentes à Primeira República, que estão tão bem representados na obra do intelectual suburbano, deem visibilidade aos diferentes interesses da elite nacional e particularmente da carioca.

Dessa maneira, ao analisarem-se as relações políticas, sociais e culturais que envolvem o autor, inseridas em *Triste fim de Policarpo Quaresma* e também em outras obras de Lima Barreto, relacionando-as com os movimentos populares e o cotidiano das comunidades suburbanas cariocas, é possível estabelecer paralelos entre o local e o universal, presentes no imaginário da sociedade brasileira elitista e republicana dessa época. Nesse aspecto, o texto barretiano reveste-se de significações principalmente por revelar o abismo e as contradições existentes entre as aspirações das camadas mais pobres e o projeto de construção de uma República para poucos.

Cabe lembrar também o comportamento antagônico das suas personagens às várias instituições que regem a sociedade brasileira em geral, e em particular àquelas que representam o conceito e as instaurações da ordem social republicana. Por meio de ações inesperadas, essas personagens desestabilizam tudo que é oficial, quebrando a repetitividade embutida nessas instituições, denunciando-as como forças opressoras, criadas para cercear a liberdade do indivíduo. Aflora-se aqui uma discussão sobre o lema otimista de ordem e progresso, conceitos fundamentais no contexto sociopolítico em que se dá o enredo de *Triste fim de Policarpo Quaresma* uma vez que a narrativa "[...] espelha literariamente a distância entre os planos de Brasil das classes mais abastadas e as necessitadas do povo [...]" (GERMANO, 2000, p. 40). A ordem deixa de ser um conceito universal, como queria a ideologia positivista-republicana, para parecer, ao contrário, como algo relativo, passível de diferentes definições.

E é por essa lógica que, apesar das personagens em *Triste fim de Policarpo Quaresma* estarem envolvidas, por exemplo, em discussões ufanistas sobre a identidade nacional e, dessa forma, tornarem-se objetos frequentes do riso, elas nunca se convertem em bufões nem o seu idealismo é completamente rejeitado. O telúrico, nessa hipótese, perfaz-se como um artifício. Lima Barreto não se satisfaz em acusar a decadência moral da sociedade que está representada em seus escritos, mas indica também a existência de alternativas que possam eventualmente restaurar pelo menos algo da autencidade nacional, do telurismo intrínseco a seus enredos, que considera perdido. Esta concepção é importante porque se, por um lado, os contos, os romances e as crônicas de Lima Barreto contestam a tradição ufanista da nação, particularmente na sua modalidade romântica, por outro lado não a descartam totalmente. O que o romance rejeita é a glorificação convencional da grandeza do Brasil – forma de discurso que, como o falso cosmopolitismo da sociedade carioca do início do século XX, tanto incomodava Lima Barreto. Segundo ele, não era uma criação nacional, mas uma versão ufanista institucionalizada para obscurecer as diferenças entre Brasil e Europa. Sua experiência estética, mais uma vez, "[...] se instala como um antagonismo explícito às ideias recorrentes de seu tempo" (BERND, 2003, p. 129).

O romance que narra a saga de Policarpo Quaresma, sob esse ângulo, permite vislumbrar o alcance do sentido de originalidade em que o autor se embasava, bifurcada nas vertentes telúricas do cultural, do social, do político e também do econômico. Afinal, ali ele reconhece a impossibilidade de um país de origem colonial construir plenamente sua originalidade, isto é, tornar-se completamente distinto da antiga metrópole. Em suas diversas fases de estudo do Brasil, a personagem-título deseja um retorno progressivo à origem a partir de um resgate meticuloso baseado em pesquisas e leituras. De seu interesse pelo violão em busca de uma expressão artística original proposta inicialmente, desloca-se até a busca pela origem do folclore – lendas, cantos, danças, anedotas do imaginário popular. O resultado de suas pesquisas lhe promoverá o encontro com tradições e canções estrangeiras na base formadora da origem brasileira: "Quase todas as tradições e canções eram estrangeiras, o próprio "Tangolomango" o era também. Tornava-se, portanto, preciso arranjar alguma coisa própria, original, uma criação da nossa terra e dos nossos ares" (BARRETO, 1994, p. 21-22).

Com apoio na passagem extraída de *Triste fim de Policarpo Quaresma* em que Policarpo decepciona-se com a origem de parte da cultura do país, e nesta outra extraída da obra *Impressões de Leitura* (1961), emite sua opinião a respeito da história da filosofia no Brasil: "[...] é que nós queremos criar, do pé para a mão, aquilo que outros povos levaram anos, séculos a elaborar [...]" (BARRETO, 1961, p. 213), pode-se afirmar que o conceito de originalidade no qual Lima Barreto se baseava não excluía o legado europeu recebido até então, mas requeria a liberdade na busca de soluções distintas das apontadas pelas tendências literárias que vigoravam. O uso da ironia em sua obra parecia atender bem a essa necessidade, não no que tange à originalidade do recurso que não foi, obviamente, criado pela intelectualidade brasileira, mas como forma nova de abordar determinadas questões como o nacional, por exemplo, que até então recebiam tratamento sério e superior. Essa instância preconizada nos questionamentos entre o estrangeiro e o nacional também pode ser observada na passagem em que o narrador teatraliza a excessiva valorização por parte de Quaresma da cultura indígena como meio de encontrar a originalidade da incipiente pátria Brasil:

> Essa ideia levou-o a estudar os costumes tupinambás, [...].
> Desde dez dias que se entregava a essa árdua tarefa, quando (era domingo) lhe bateram à porta, em meio de seu trabalho. Abriu, mas não apertou a mão. Desandou a chorar, a berrar, a arrancar os cabelos, como se tivesse perdido a mulher ou um filho. A irmã correu lá de dentro, o Anastácio também, e o compadre e a filha, pois eram eles, ficaram estupefatos no limiar da porta.
> – Mas que é isso, compadre?
> – Que é isso, Policarpo?
> – Mas, meu padrinho...
> Ele ainda chorou um pouco. Enxugou as lágrimas e, depois, explicou com a maior naturalidade:
> – Eis aí! Vocês não têm a mínima noção das coisas da nossa terra. Queriam que eu apertasse a mão... Isto não é nosso! Nosso cumprimento é chorar quando encontramos os amigos, era assim que faziam os tupinambás (BARRETO, 1994, p. 22).

Ao contrário da "irmã", do "Anastácio", do "compadre" e da "filha" que não tinham "a mínima noção das coisas da terra", Policarpo a defendia com unhas e dentes, numa atitude escanradamente telúrica. Com essa caricatura do nacionalismo utópico, a personagem expõe nesse trecho uma exarcebação dos ideais patrióticos. Conforme o enredo da narrativa, devido à sua suposta insanidade constatada após o ato descabido, não são raras as comparações estabelecidas entre Policarpo Quaresma e Dom Quixote, de Cervantes que, ao mergulhar no mundo das novelas de cavalaria, não conseguiu retornar à realidade e ensandeceu.

Embora tal comparação não seja impertinente, Policarpo Quaresma não se limita a ser cavaleiro da triste figura nacional, um sonhador ingênuo na luta inglória contra os moinhos de vento, mas é, antes de tudo, um cientista, dotado de racionalidade e de espírito sistemático, um pesquisador arguto, que busca confrontar os dados dos livros e compêndios da História oficial do Brasil com a realidade. Ao considerar esse paradoxo entre os dois "Brasis" – o formal e o real, a personagem estabelece inferências acerca do país e realiza uma verdadeira revisão dos postulados alencarianos[22] a respeito da pátria, isento dos equívocos de intelectuais, cujas observações se assentavam em teorias importadas e eivadas de preconceitos.

---

22 Esta expressão faz referência à tentativa de José de Alencar ao explicar, pulverizado em sua produção, o mito fundador de uma nacionalidade brasileira romanceada.

Aos escritores românticos coube a tentativa de constituição de uma cultura brasileira autêntica, sem vínculos com Portugal, e de uma língua nacional distinta da do colonizador. Contudo, a despeito do seu empenho, prevaleceram as normas da língua matriz com algumas nuances brasileiras. Diante disso, como desdobramento lógico de suas reflexões, para Quaresma, o tupi seria a única língua genuinamente brasileira, livre da interferência do colonizador. No intuito de satisfazer suas pretensões, Policarpo Quaresma envia ao Congresso Nacional um documento devidamente fundamentado, com argumentos convincentes, demonstrando que o tupi-guarani deveria ser declarado língua oficial da nação.

> Era assim concebida a petição:
> Policarpo Quaresma, cidadão brasileiro, funcionário público, certo de que a língua portuguesa é emprestada ao Brasil, certo também de que, por esse fato, o falar e o escrever em geral, sobretudo no campo das letras, se vêem na humilhante contingência de sofrer continuamente censuras ásperas dos proprietários da língua, sabendo, além, que dentro de nosso país, os autores e os escritores, com especialidade os gramáticos, não se entendem no tocante à correção gramatical, vendo-se, diariamente, surgir azedas polêmicas entre os mais profundos estudiosos do nosso idioma – usando do direito que lhe confere a Constituição, vem pedir que o Congresso Nacional decrete o tupi-guarani, como língua oficial e nacional do povo brasileiro.
> O suplicante, deixando de parte os argumentos históricos que militam em favor de sua idéia, pede vênia para lembrar que a língua é a mas alta manifestação da inteligência de um povo, é a sua criação mais viva e original, e, portanto, a emancipação política do país requer como complemento e conseqüência a sua emancipação idiomática.
> Demais, Senhores Congressistas, o tupi-guarani, língua originalíssima aglutinante, é verdade, mas a que o polissintetismo dá múltiplas feições de riqueza, é a única capaz de traduzir as nossas belezas, de pôr-nos em relação com a nossa natureza e adaptar-se perfeitamente aos nossos órgãos vocais e cerebrais, por ser criação de povos que aqui viveram e ainda vivem, portanto possuidores da organização fisiológica e psicológica para que tendemos, evitando-se dessa forma as estéreis controvérsias gramaticais, oriundas de uma difícil adaptação de uma língua de outra região à nossa organização cerebral e ao nosso aparelho vocal – controvérsias que tanto empecem o progresso da nossa cultura literária, científica e filosófica.
> Seguro de que a sabedoria dos legisladores saberá encontrar meios para realizar semelhante medida e cônscio de que a Câmara e o Senado pesarão o seu alcance e utilidade.
> P. e E. deferimento (BARRETO, 1994, p. 35-36).

A ironia transborda nessa construção de Lima Barreto, por isso sua transcrição literal. No exercício de sua literatura em *Triste fim de Policarpo Quaresma* é evidente a desconstrução das imagens solidificadas pela intelectualidade, transformando-se em deleite para o interlocutor, conduzindo-o a reconhecer o tecido crítico que cobre a narrativa. Apesar da atitude de Policarpo – aos olhos dos compatriotas – soar como bizarra e insana, foi uma tentativa racional, formalizada de acordo com os padrões legais e burocráticos de verem contempladas suas reivindicações. A convicção de Policarpo era tamanha que, posteriormente à construção do documento oficial dirigido ao Congresso, também dirigiu um requerimento no próprio tupi-guarani ao Ministro de Guerra. Interpretado como louco após a insana atitude aos olhos dos administradores, foi recolhido ao hospício.

Aparentemente despretensioso e cômico esse comportamento pode ser revelado como um indício da rebeldia de Quaresma diante da ordem instituída. Em virtude disso, as esferas do poder atuaram para anular a sua voz e tachá-lo de louco seria uma estratégia do sistema excludente, baseado nos valores elitistas da *Belle Époque* e de progresso da nação. A linguagem do autóctone havia sido extirpada do mito oficial da brasilidade – que idealizava o índio – expurgando os traços de sua verdadeira cultura, deixando-a à margem da identidade nacional arquitetada pela elite dominante. Diante das constatações acerca da linguagem, a personagem chega à sua primeira inferência: não há uma cultura brasileira genuína e percebe que aquela, reputada como tal, não passa de uma construção artificial que não reflete os sentimentos populares nem os grupos excluídos da nação.

Pautar os questionamentos referentes à identidade nacional implícitos nos enredos da produção barretiana e, principalmente, em *Triste fim de Policarpo Quaresma*, conduz então a conceber o conceito de identidade numa visão macro, proporcionando a compreensão de todo o processo da formação da identidade brasileira. A identidade, como representação do relacional, tem como referência a alteridade que é do outro, ou, melhor dizendo, dos "outros". A configuração e a delimitação de um conjunto identitário têm como contraponto o existir de "outros". Seria como a projeção da metáfora do espelho: diz-se de si mesmo amparado no reflexo do outro para determinar a existência. Conforme salienta Zilá Bernd: "A consciência de si toma sua forma na tensão entre o olhar sobre si próprio – visão do espelho, incompleta – e o olhar do outro ou do outro de si mesmo – visão complementar" (BERND, 2003, p. 17).

É o outro quem determina o que somos, e assim, a alteridade assume uma *performance* que abarca ora o positivo, ora o negativo, dependendo de qual referência aproxima-se o objetivo proposto: a alteridade desejada, aquela que se espelha no exótico, no desejado, no admirado, ou a alteridade dos excluídos. Para que se torne plausível, a identidade deve ter uma carga de positividade que seduza um grupo a fim de que esse possa endossar e recepcionar tal conceito, aderindo a sua proposta. Com vistas a essa proposição, afirma Zilá Bernd:

> A identidade é um conceito que não pode afastar-se do de *alteridade*: a identidade que nega o outro, permanece no mesmo. Excluir o outro leva à visão especular que é redutora: é impossível conceber o ser fora das relações que o ligam ao outro (BERND, 2003, p. 17, grifo da autora).

Desde quando descoberto pelos portugueses, o Brasil, integrado a um circuito da civilização ocidental, aliou-se ao universal, via expansão do capitalismo. Suas elites letradas, por mais reduzidas que fossem, sempre estiveram em contato com uma cultura dita "superior" advinda da civilização europeia, com acesso ao debate intelectual de sua época por meio da leitura de livros e jornais que informavam sobre o panorama do mundo ocidental. Todavia, o país também foi marcado pela diferença no que tange à terra, à natureza, aos "selvagens", enfim, a um modo diferente de vida. Esse confronto entre o *modus vivendi* do Velho Mundo e a realidade do Brasil trouxe a formação da identidade por meio de um processo duplo, pois a questão ora convergia-se junto aos padrões internacionais de cultura ora investia na defesa de um perfil identitário particularizado, dando origem a um *ethos* diferenciado.

Essa tensão pode ser apreciada na alternância de gerações intelectuais que se sucederam, moldando a cultura brasileira e ancorando o seu padrão identitário seja no genuinamente nacional, como o romantismo, seja acentuando o viés cosmopolita de adesão ao universal, como na postura realista, cientificista do fim do século XIX. Assim, mesmo nos momentos de maior apego ao "autenticamente" local, há uma busca dos marcos do paradigma internacional. Em síntese, como afirma Sandra Jatahy Pesavento em seu artigo *A cor da alma: ambivalências e ambiguidades da identidade nacional*: "[...] mesmo na elaboração mais original, há um princípio inspirador que se localiza fora" (PESAVENTO, 1999, p. 125).

Como uma representação social, a identidade tem como fórmula uma maneira de ser que é inventada ou importada, mas, ao mesmo tempo, assumida e consentida, o que sempre implica em sedução e convencimento. É uma forma imaginária de conceber-se a si próprio que conforta, dá segurança, marca presença no espaço e no tempo. O indivíduo concebe-se como específico, mas partilha com todos, com outros um *ethos* e uma maneira de ser, marcando, portanto, uma expressão de ambivalência, mesmo que isso se realize no plano do simbólico.

Mas a identidade nacional, constituída na tensão entre o local e o universal, buscará sempre, no Brasil, uma referência que luta, indiretamente, contra os pressupostos de uma nação colonizada, sem uma formação genuína. Há lados ou facetas no Brasil que são bárbaros, mas que oscilam, segundo o olhar entre o atrasado e o exótico, desembocando numa tensão que é a da natureza frente à cultura. Sandra Jatahy Pesavento, mais uma vez, suscita esse paradoxo que contribui para as reflexões acerca da identidade nacional brasileira tão pautada por Lima Barreto:

> [...] há um lado que exalta a pujança da natureza deslumbrante e que assinala o maravilhamento. Mas, para os brasileiros, caberia assumir a assertiva de que o que nos falta em cultura nos sobre em natureza? Sendo assim, a nação é mais obra de Deus do que do próprio homem (PESAVENTO, 1999, p. 126)?

Gerações e mais gerações de intelectuais sucederam-se para dar respostas a tais questionamentos e um dos caminhos foi o de compor o mito das origens. Tentar esclarecer o conceito de mito das origens, conforme nos propõe Pesavento, é uma questão eterna que as sociedades elegem como objetivo a ser buscado e não cansam de ensaiar respostas, uma vez que a gênese assume uma forma mítica: a narrativa que explica e revela, operando com a crença e com a verossimilhança. Enfim, o mito das origens encontra-se na base da ideia de nação.

O Brasil, sem um passado clássico, tem seu nascimento histórico como dado mais notório. E a História factual deu-lhe a mestiçagem para a recomposição dessa gênese. Ou seja, o Brasil já nasce mestiço, sua alma já vem marcada pela cor. Porém, indispensavelmente, todo mito de origem exige referências para elucidar sua composição, uma vez que ao recompor o passado, uma temporalidade, precisa erigir indicativos de memória que contribuirão para a leitura e formação de um público de outra época. Desse modo, demonstrar a existência de um passado implica apontar fundadores, heróis, fatos, sítios, monumentos, entre outros aspectos que traduzem paradigmas de evolução do passado.

Em determinado momento de construção da nação brasileira, quando se consolidava um projeto político para tal, historiadores e romancistas tomaram como tarefa peculiar contribuir para dar resposta às questões identitárias básicas. Com a independência em 1822, impõe-se a tarefa de construção da nacionalidade. Afinal, nascia um país e com ele a necessidade de registro, de uma certidão, de uma história de origem. A reflexão de Sandra Jatahy Pesavento direciona para uma visão crítica acerca dos registros desse momento e suscita questionamentos do que foi real e do que foi mitigado em virtude de uma história limpa, sem máculas que denegrissem esse nascimento.

> A começar pela recuperação do momento original, no âmago da gênese brasileira: no princípio era o índio ou o português? O ponto de vista adotado assume a saga lusitana da conquista que liga a nação, em seu nascedouro, à epopéia cristã ocidental da reconquista/conquista d´além-mar e assegura ao País um pé na Europa. Mas a mestiçagem lá está, a insinuar-se no corpo e, sobretudo, na alma da nacionalidade emergente, onde há a aceitação do índio [...], mas realiza a exclusão do negro, relegado à coisificação da senzala. [...] Estabelece-se a curiosa tríade: o colonizador branco é cultura, o índio é natureza, o negro é coisa, ferramenta, utensílio (PESAVENTO, 1999, p. 127).

Imprescindível compreender, a esta luz, que o primeiro passo para a fundação de uma identidade nacional, na ideia dos pensadores de então, seria diferenciar-se do português colonizador da terra e opressor, com vistas ao processo de independência. Naturalmente, o índio e o negro não contariam nesse processo, pois não entram na história nesse momento de construção identitária. São fantasmas do passado para a nação, vistos simplesmente pela sociedade que os legitima como vencidos pelo branco colonizador.

Portanto, qual a referência, ou as referências para identificar a base da construção da nação brasileira? Surge aqui, novamente, o outro elemento de tensão: se é formada uma comunidade de sentido relacional, quem seriam "os outros" que sustentam a construção de uma nação pura? A questão do outro, contudo, impõe-se. O Primeiro Mundo é a referência no plano do desejado e a tensão entre o local e o universal consolida-se: o Brasil possui a vértice primeiro-mundista.

Nesse ponto, interessa ressaltar: destaca-se a lucidez de Lima Barreto ao pautar em seus escritos as percepções em relação às inspirações da sociedade. Com sua ironia mordaz, teceu críticas contumazes acerca dessa alteridade desejada e ressalta o quão prejudicial para o país é a construção de uma nação com alicerces focalizados no sonho, no outro, dito superior, tudo isso com destaque nos campos social, econômico, político e cultural. A historiadora Sandra Jatahy Pesavento endossa essa proposição sobre o autor suburbano, afirmando:

> Naturalmente, o texto irônico e mordaz de um Lima Barreto [...] potencializa esse pertencimento equivocado, espécie de bovarismo nacional que

fará, na virada do século, com que a elite brasileira se conceba de uma outra forma, distinta daquela que eram (PESAVENTO, 1999, p. 128).

A verdadeira excluída de todo o processo de construção da cidadania e que se configura como problema para a elaboração identitária é a imagem do Brasil mestiço e pobre. Ela está lá, a presença incômoda, lembrando continuamente a existência de problemas não resolvidos na sociedade brasileira e que remontam a heranças coloniais. Qual seria, então, a verdadeira face do Brasil?

> Há uma questão de ambiguidade nesse elemento excluído. A exclusão, como categoria que representa o social, implica, como a palavra indica, a negação ou rejeição do nomeado, mas, ao mesmo tempo, reconhece a sua existência. Nessa perspectiva, como fica a posição deste Brasil desvalido frente ao Brasil imaginário? (PESAVENTO, 1999, p. 129)

Ora, o Brasil é diverso, múltiplo e comporta diferenças de toda ordem, mas a diferença não é contradição e também se afasta da desigualdade. Há um uso político desse mosaico que recupera a noção de povo. Este não tem rosto, pois é variado, díspar, mas é justamente dessa diferença que se obtém a variedade. O povo-síntese do múltiplo, que é a cara do Brasil, absorve a mestiçagem, dotando-a de uma carga de positividade e apagando o ranço pessimista das visões cientificistas da virada do século. E, nesse contexto, há mais um elemento a considerar na tessitura do processo identitário nacional e que retoma a crônica criada por João do Rio e as proposições incitadas por Lima Barreto com sua arte ficcional: com que realmente se identifica a "alma" brasileira? Ou, em outras palavras – aquilo que é definido como "povo" – qual o seu *ethos*, sua maneira de ser, seus gostos, seu jeito? O que é genuinamente nacional? Via de regra, na elaboração de uma referência identitária, o popular é definido como "autêntico", próximo daquele reduto íntimo e profundo de individualidade que definimos como a alma do nacional, como observa Idilva Maria Germano Pires:

> De inúmeras maneiras e por formas variadas, nossos escritores, tanto no pensamento crítico quanto em suas criações literárias, vêm buscando dizer e narrar como somos e por que somos assim. Essa tem sido a fortuna mais constante e fecunda de nossa tradição letrada e até, de certo modo, das manifestações de nossa cultura popular (GERMANO, 2000, p. 13).

A formulação da identidade nacional engendrada por "nossos escritores", sobretudo, no século XIX, atendeu aos interesses da elite pátria imbuída de ideais nacionalistas e da necessidade de diferenciação em relação a outros países, urgindo, em virtude de tais proposições, elaborando um caráter autêntico para o Brasil. No entanto, seus mentores, contraditoriamente absorveram de modo acrítico a ideologia do colonialismo, cujo principal objetivo era criar a ilusão da inferioridade dos brasileiros e dos demais povos subjugados, justificando, assim, a exploração econômica dos países imperialistas sobre as nações dominantes. Em consequência disso, essa identidade, longe de refletir o verdadeiro caráter do homem brasileiro, foi uma construção ideológica que ora idealizava o país sob a ótica do romantismo, excluindo de sua formação étnica o índio, o negro e o branco pobre, pautada nas teorias racistas e no determinismo geográfico, ora apontava a inviabilidade do país, usando como argumento as intempéries do clima e a suposta degradação da população brasileira predominantemente mestiça.

Com base nessas considerações, modula-se o elevado grau de pertinência do enredo de *Triste fim de Policarpo Quaresma* quando em foco a construção/desconstrução da identidade nacional. De forma fugaz, a trajetória da personagem central e também das que são secundárias no romance descortina, a cada página, as inverdades que foram sustentadas quando em pauta o nascedouro identitário da nação-Brasil. Na saga de Policarpo Quaresma, é sua própria biblioteca que dá as pistas acerca da ironia presente em toda narrativa, onde se vislumbra o Brasil oficial construído em conveniência com os interesses ideológicos da elite pátria – um saber emoldurado e difundido por meio dos livros. Leitor de José de Alencar, o protagonista, em princípio, comunga com a ideologia sustentada pelo ufanismo, que oculta uma História de opressão.

> Havia perto de dez, com quatro prateleiras, foras as pequenas com os livros de maior tomo. Quem examinasse vagarosamente aquela grande coleção de livros havia de espantar-se ao perceber o espírito que presidia aquela reunião. Na ficção, havia apenas autores nacionais ou tidos como tais: O Bento Teixeira, da Prosopopéia, o Gregório de Matos, o Basílio da Gama, O Santa Rita de Durão, o José de Alencar (todo), o Macedo, o Gonçalves Dias (todo), além de muitos outros. Podia se afiançar que nenhum dos autores nacionais ou nacionalizados de oitenta p'ra lá faltava nas estantes do Major. De História do Brasil, era farta a messe: os cronistas, Gabriel Soares Gandavo, e Rocha Pita, frei Vicente Salvador, Aires Casal, Pereira Silva, Melo Morais, Capistrano de Abreu [...] (BARRETO, 1994, p. 6).

No decorrer do romance, portanto, as imagens vão sendo desmontadas e a cada paralelo estabelecido percebe-se que o conhecimento baseado nos livros não é referência para o conhecimento do país. As desilusões quaresmianas aliadas às propostas de desnudamento das "verdades" enriquecem a narrativa e certificam o autor como testemunha privilegiada que enxerga além da atmosfera turva que configurava o painel republicano – um Brasil marcado pela diversidade, com toda a riqueza das diferenças étnicas e culturais – mas também pela desigualdade. Sua participação nesse diálogo de muitas tensões – definição da identidade nacional – privilegia seus leitores que, atentos, podem retornar ao tempo da história e ressignificar todos os paradigmas propagados até então.

Assim, contribuindo política e socialmente para o conhecimento do país, Afonso Henriques de Lima Barreto faz de sua literatura um exercício crítico. Ao perceber a dinâmica do texto literário, deposita nele toda a sua vida, toda sua crença, todo o seu conhecimento de mundo. Ao agir com esse vigor ratifica sua ligação ao telúrico e com essa inspiração, potencializa sua produção não na construção de definições prontas, mas nas instigações pertinentes ao campo das reflexões que privilegiam a pátria em debate. Dentro desse propósito inserem-se as considerações de Luis Alberto Brandão:

> É fascinante o tipo de saber que o texto literário produz. É um saber paradoxal, que é tão mais vinculado à realidade quanto mais exercita sua autonomia em relação a ela, que é tão mais penetrante e abrangente quanto mais aberto e especulativo. O caráter paradoxal da experiência literária explica-se pelo fato de esta tornar possível o questionamento da oposição entre real e ficcional (BRANDÃO, 2006, p. 268).

Como leitor de vários estilos e nacionalidades, estudioso dedicado e pesquisador atento ao que ocorria no maduro continente europeu, Lima Barreto fez projeções e levantou hipóteses confrontando suas leituras com os fatos que ocorriam no Brasil – observações registradas em seu diário íntimo e que serviam como fonte para suas narrativas ficcionais. Suas percepções, além de exporem as tensões acerca do nascimento da identidade nacional com o advento republicano, buscaram revelar o confronto sonho *versus* realidade, real *versus* imaginário – comprovando o "caráter paradoxal da experiência literária". Como visto, no Brasil dessa época predominavam comportamentos construídos mediante uma vontade de ser aquilo que não se era, pautados na imaginação, maquiados por aspirações europeias, principalmente francesas. Nessa perspectiva, o ficcionista fluminense tomou como empréstimo o conceito do bovarismo de Jules de Gaultier[23] e o aplicou na coletividade brasileira que fomentava ser nação. Mais uma teoria pulverizada pelo autor nas páginas de *Triste fim de Policarpo Quaresma*.

7.3 O bovarismo como matriz de explicação do Brasil na narrativa barretiana

> *Os olhos do sonho não são o instrumento ótico adequado para mirar a realidade social, particularmente a complexa realidade cultural brasileira. Os olhos do sonho, porém, nos comovem* (GERMANO, 2000, p. 46).

> *Trata-se de uma violência surda, silenciosa, cotidiana, contra os habitantes do 'outro Rio', do Rio-vítima que se oculta sob o Rio-espetáculo, cartão postal da 'vitrina do Brasil'* (PESAVENTO, 1997, p. 35).

Lima Barreto ultrapassa o limite de um telurismo especificamente natural. O pertencimento à pátria o capacita a metamorfosear-se em várias personagens que constroem e desconstroem as relações sociais, plurissignificando, dessa forma, o conceito do telúrico. Toda influência que recebeu de sua terra natal influenciou todos os paradigmas que adotou para formular seu caráter. Dessa apreensão, deu vistas ao seu telúrico cultural, social, linguístico e, finalmente, estético. Seria como se Lima Barreto "[...] 'ciscasse' esse chão [Brasil] para achar suas raízes e criar sua linguagem poética" (FERRARI, 2010, p. 26), ultrapassando a esfera, especificadamente, terrena – da terra. Os restos recolhidos pelo autor na esfera nacional, nessa fórmula, seriam ressignificados. Em vista disso, na literatura barretiana "[...] os elementos telúricos se edificam, recebendo sentidos que ultrapassam as fronteiras do uso comum, eles passam então a integrar uma esfera simbólica" (FERRARI, 2010, p. 26).

Imerso na polifonia que envolve as temáticas do cotidiano e que serve de dinâmica para as suas narrativas, Lima Barreto põe em diálogo com a Literatura questões estéticas e questões políticas presentes na sociedade brasileira. Nesse particular, surge a constatação de que a ficção literária e a história brasileira relacionam-se como "[...] um movimento dialético que engloba a arte e a sociedade num vasto sistema solidário de influências recíprocas" (CANDIDO, 1980, p. 22). Contudo, mais importante que o registro das palavras e as temáticas desenvolvidas, são os efeitos por elas desencadeados.

---

23   Cf. SEVCENKO, 1989, p. 177: "A compreensão teórica desse conceito procedia de Jules de Gaultier, filósofo que esteve na vanguarda da reação idealista e relativista ocorrida no cenário do pensamento europeu no início do século (XIX) e sobre quem Lima Barreto fez comentários desde 1905. Dessas leituras, o escritor deriva a sua concepção numa síntese lapidar: 'O bovarismo é o poder partilhado do homem de se conceber outro que não é'".

No caso do escritor carioca, ao aproximar da narrativa ficcional os fatos reais, criou uma estrutura estética que permitia facilmente captar e compreender o real. E, ainda, o que se postula como imprescindível: a amplitude de temas[24] – muitos deles, declaradamente telúricos, a diversidade no uso de personagens[25] e de ambientes[26], revelando um retrato maciço e condensado do presente à época, imprimindo em sua obra vários níveis de compreensão numa mescla de estímulos do imaginário e registros da realidade, expondo, sobretudo, suas fissuras e tensões. Aqui o ponto: por meio de seu método contundente, em que transmitia aos leitores sua concepção sobre os eventos que o circundavam, incitava, via arte estética, um posicionamento crítico por parte deles, buscando interferir nos determinismos e engodos impostos por uma elite aristocrática.

Toda essa aproximação objetivava desnudar o cenário frio que compunha a imagem do centro do Rio de Janeiro, reservada para os benefícios da elite que buscava usufruir das mordomias proporcionadas pelas transformações históricas que deram um novo regime ao Brasil. Tinha como pretensão instigar seu leitor, revelando a realidade patológica que se escondia por detrás da fachada imponente da Avenida Central – cartão de visita da capital federal. Conforme aventa Nicolau Sevcenko, a literatura barretiana contribuía de forma positiva para um exercício crítico dos cidadãos brasileiros: "Forçava-os assim a uma tomada de posição e uma reação voluntária, na proporção do estímulo emitido. A função crítica, combatente e ativista ressalta por demais evidentes dos textos de Lima Barreto" (SEVCENKO, 1989, p. 162).

Dosando sua arte com criatividade, compôs seu estilo literário baseando-se nas literaturas do mundo que elegia como de qualidade e que realmente, para ele, configuravam-se como arte: iam desde "[...] o romance francês,

---

24 Os temas: "[...] transformações sociais, políticas, econômicas e culturais, ideais sociais, políticos e econômicos, crítica social, moral e cultural, discussões filosóficas e científicas, referências ao presente imediato, recente e ao futuro próximo, ao cotidiano urbano e suburbano, à política nacional e internacional, à burocracia, dados biográficos, realidade do sertão, descrições geológicas e geográficas (fragmentos) e análises históricas. Cf. SEVCENKO, Nicolau. *Literatura como missão*: tensões sociais e criação cultural na Primeira República. 3. ed. São Paulo: Brasiliense, 1989. p. 162."

25 Cf. SEVCENKO, 1989, p. 162, "[...] a galeria de personagens de Lima Barreto é uma das mais vastas e variadas da Literatura Brasileira, compondo-a encontram-se: burocratas, apaniguados, padrinhos, 'influências', grandes, médios e pequenos burgueses, arrivistas, charlatães, 'almofadinhas', 'melindrosas', aristocratas, militares, populares, gente dos subúrbios, operários, artesãos, caixeiros, subempregados, desempregados, violeiros, vadios, mendigos, mandriões, ébrios, capangas, cabos eleitorais, capoeiras, prostitutas, policiais, intelectuais, jornalistas, bacharéis, ex-escravos, agregados, criados, políticos, sertanejos, moças casadeiras, noivas, solteironas, recém-casadas, mulheres arrimo da família, crianças, casais, loucos, turbeculosos, leprosos, criminosos, adúlteros, uxoricidas, agitadores, estrangeiros, usuários, mascates, grandes e pequenos comerciantes, atravessadores, banqueiors, desportistas, artistas de teatro, cançonetistas, coristas e alcoviteiras".

26 Cf. SEVCENKO, 1989, p. 163, "[...] os ambientes utilizados nas narrativas barretianas configuram-se em: interiores domésticos burgueses e populares, estabelecimentos de grande e pequeno comércio, cassinos e bancas de jogo do bicho, festas e cerimônias burguesas, cosmopolitas, cívicas e populares, bares, malocas, bordéis, alcovas, pensões baratas, hotéis, *freges*, pardieiros, repartições públicas, ministérios, gabinete presidencial, cortiços, favelas, prisões, hospícios, redações, livrarias, confeitarias, interior de navios, trens, automóveis e bondes, zonas rurais, ruas, praias, jardins, teatros, cinemas, estações ferroviárias, pontos de bonde, cais, portos, escolas, academias, clubes, ligas cívicas, casernas, *caberets*, cemitérios, circos, teatros de marionetes, tribunais e oficinas".

a ficção russa, a novela humorística inglesa, perpassando as parábolas do classicismo e também o teatro escandinavo" (SEVCENKO, 1989, p. 164). Intuía, dessa forma, seduzir, reforçando a capacidade comunicativa proporcionada pela interação entre o autor da obra e o seu portador. Por isso, buscava mesclar suas narrativas, incutindo, em sua produção, diferentes vertentes literárias que decorriam de várias leituras e de diversas pesquisas por ele desenvolvidas. Ao fundir os estilos, imprime em sua narrativa, contudo, um tom de homogeneidade, que, sob o efeito da fusão, define as características de um fazer literário inovador para a época, com vistas para o real.

> Nós não temos mais tempo nem o péssimo critério de fixar rígidos gêneros literários, à moda dos retóricos clássicos com as produções do seu tempo e anteriores. Os gêneros que herdamos e que criamos estão a toda a hora a se entrelaçar, a se enxertar, para variar e atrair (BARRETO, 1961, p. 116).

Os deslocamentos e as reaproximações das leituras realizadas por Lima Barreto expõem o perfil de um escritor que, por meio de suas referências e predileções literárias, construiu conceitos aplicando-os em sua obra de ficção. Construtora de sentidos e fonte de novas correlações – também telúricas –, a leitura referência do autor constrói um conjunto de conceitos que se tornaram ponto de partida para suas personagens. Buscava tornar mais versáteis os recursos literários, destacando, na Literatura, a possibilidade de múltiplos planos da realidade. Nesse aspecto, mais uma vez, Nicolau Sevcenko percebe a grande relevância dos andaimes semânticos que sustentam o projeto estético de Lima Barreto: "Daí a força de penetração e impacto perfeitamente calculada de seus textos, ajustados de forma notável ao papel crítico atuante e inconformista a que o autor os destinava" (SEVCENKO, 1989, p. 169).

Dentre os temas nucleares propostos pela produção barretiana, o que ganha maior evidência por condensar o seu acervo temático é o poder, compreendido pelo autor numa acepção bastante particular – sob a perspectiva política que influenciava diretamente a vida social da nação. Sobressai, nesse sentido, sua sensibilidade em perceber o quanto esse tema influi diretamente no comportamento da sociedade e também os efeitos por ele desencadeados. Para Lima Barreto, a obstinação pelo poder, tanto na esfera política, social e cultural, além da científica, cegava o pensamento dos homens, prejudicando os meios propostos para um desenvolvimento equilibrado que deveria primar por uma justa inserção social.

Por conseguinte, toda a obra de Lima Barreto ostenta sua crítica sobre a implantação do ideário republicano, revelando o grau desmoralizante de corrupção política e econômica que emprestava o regime. O cenário apresentado, portanto, chocava-se com a realidade, o que concorre para compor o quadro irônico pintado pelo autor no *Triste fim de Policarpo Quaresma*. A política impregnada de favores e de corrupção representava um regime de irracionalidade administrativa, repercutindo sobre todo o país e, consequentemente, em sua população, gerando mal estar, insegurança, privação, miséria e marginalização. As estruturas sociais e econômicas geravam a inoperância e estabeleciam-se num marasmo político que foi percebido e ironizado tão contumazmente pelo autor na voz da personagem Policarpo Quaresma:

> [...] Aquela rede de leis, posturas, de códigos e de preceitos, nas mãos desses regulotes, de tais caciques, se transformava em potro, em polé, em instrumento de suplícios para torturar os inimigos, oprimir as populações, crestar-lhes as iniciativas e a independência, abatendo-as e desmoralizando-as.
> Pelos seus olhos passaram num instante aquelas faces amareladas e chupadas que se encostavam nos portais das vendas preguiçosamente, viu também aquelas crianças maltrapilhas e sujas, d´olhos baixos, a esmolar disfarçadamente pelas estradas, viu aquelas terras abandonadas, improdutivas, entregues às ervas e insetos daninhos, viu ainda o desespero de Felizardo, homem bom, ativo e trabalhador, sem ânimo de plantar um grão de milho em casa e bebendo todo o dinheiro que lhe passava pelas mãos [...] (BARRETO, 1994, p. 91).

A concepção de uma sociedade brasileira formada por diferentes etnias em virtude da mestiçagem do povo configurava-se como um entrave político e cultural para a promoção da nova nação. Lima Barreto, numa subjetividade telúrica, abominava a preocupação elitista/política de transmitir uma imagem branca e civilizada para os visitantes, e mesmo para o público europeu. Predominavam as razões de uma burguesia republicana cosmopolitista que elegia e valorizava o modo de vida europeu como referência. Todo esse jogo de interesses que o autor suburbano buscou representar com sua literatura convergia para revelar o quanto uma imagem bovárica do Brasil estava sendo projetada, gerando reflexos no modo de vida dos ditos cidadãos fluminenses. A intolerância do autor quanto às projeções de uma pátria mitificada é percebida por Idilva Maria Pires Germano:

> Para Lima Barreto, a ilusão [...] era um dos piores traços da sociedade brasileira. Falava constantemente do insidioso 'bovarismo', que fazia um modesto funcionário acreditar-se importante e, assim, mostrar-se presunçoso com as pessoas aparentemente mais humildes (GERMANO, 2000, p. 42).

O bovarismo, segundo Jules de Gaultier, se traduziria na capacidade dos indivíduos de construírem imagens de si próprios diferentes daquilo que são na realidade. Ou, em outras palavras, o bovarismo seria responsável pelo choque entre o real e o imaginário, levando as pessoas a enxergarem, a si próprias e ao mundo, de uma forma distorcida. Dentro desse conceito, o mundo não obedece a uma mimese ou a uma imagem pautada na realidade, mas transfigura-se, projeta-se para além do que verdadeiramente é real.

Sob determinado ângulo, o bovarismo pode configurar-se como uma neurose trágica que busca, em certa medida, ser e parecer o outro. Como uma espécie de desvio de personalidade, esse comportamento pode tornar-se patológico, pois, quem o adota, seja um indivíduo ou uma nação, se arrisca a jamais igualar-se ao modelo desejado, criando uma falsa concepção de si mesmo. Paradoxalmente, esse mesmo caminho, enquanto capacidade imaginária e matriz de uma ilusão criadora, constituir-se-ia como uma força que habilitaria os indivíduos a superarem as frustrações e os descontentamentos da existência dentro da esfera do cotidiano – conceito que não predominou nas reflexões críticas propostas por Lima Barreto.

Jules de Gaultier foi buscar a concepção do bovarismo – ou o poder do indivíduo se conceber como outro – na obra de Flaubert, particularmente, na personagem de Emma Bovary. A personagem Madame Bovary – universalmente conhecida – dispensa apresentações e atravessa os tempos, sendo reutilizada com o passar das épocas. O poder desse mito literário justifica-se em sua capacidade de tornar-se uma representação coletiva. Madame Bovary não é esta ou aquela mulher, mas, como mulher imaginária, representa um ponto de encontro de todas as mulheres. Ela é, fundamentalmente, a personificação romanceada do desejo de alteridade ou da capacidade humana de querer-se outra. Madame Bovary é o outro, é a alteridade desejada, sonhada e/ou negada pela existência, é a forma de sobrevivência pelo imaginário que pode dar mais consistência à vida do que o real concreto.

Lima Barreto, leitor profícuo de Flaubert, vislumbrou um índice bovárico na nação brasileira quando intuiu que as imagens construídas pelo imaginário vinham a ter um "efeito de real". Tal comportamento tornaria distante a realidade e as pessoas viveriam de acordo com o que pensam ver e ser, o que viria a representar, em última análise, uma forma de adaptação do indivíduo ao mundo, que nele enxerga aquilo que quer. O autor apropriou-se do conceito de bovarismo para ler e entender o Brasil: sabia da capacidade nacional de enxergar-se segundo a identidade desejada, tinha noção da consistência da representação imaginária de si, que passava a pautar a vida e o comportamento dos sujeitos nacionais. Nesse ponto, a literatura barretiana contribui para comprovar os mecanismos eficazes do simbólico e diluir a fronteira presente entre o real e o imaginário, podendo, projetar-se, conforme mencionou Ferrari (2010, p. 26), "[...] uma analogia entre o arejamento da terra e o trabalho do poeta com as palavras". As estratégias literárias funcionavam como mecanismo de sedução. Apesar da dureza das palavras, o poético em Lima Barreto poderia ser traduzido pelo seu aborígene sentimento de amor à pátria-Terra. A relação telúrica seria embrionária, uma vez que tudo se convertia para a quimera de uma vivência plena entre seus pares.

Seu discurso literário estava centrado no espaço urbano do Rio de Janeiro. Dele, adotava formas de "dizer o Brasil". A percepção do autor projeta o embate entre duas cidades: a "cidade sonho" – que tem na Europa um modelo ideal a ser perseguido e a "cidade real" – testemunha de uma elite introspecta, sempre a favor das vantagens que o novo regime poderiam lhe oferecer. A idealização imaginária do urbano confrontada com a realidade da existência dá o tom para a formulação identitária da cidade, agindo como forças opostas e contribuindo de alguma forma para a consolidação de uma estrutura de referência, articulando uma sensação de pertencimento.

Após a transformação da Avenida Central, a euforia do Brasil em ter uma referência identitária criou situações-miragens que influenciaram fortemente a elite, bem como, a comunidade intelectual da época. Aplicando a "teoria do espelho", a cidade de Paris seria a referência emblemática de modernidade, a imagem da cidade como um elemento para a compreensão do todo. Sendo o imaginário social uma forma de representação do mundo, ele se legitima pela crença, e não pela autenticidade ou comprovação. Nesse ponto age a estética de Lima Barreto, pois

> [...] põe em perspectiva os discursos correntes sobre a nação e assinala suas contradições, seus pontos cegos, seus vazios, suas fugas. Permite, assim, uma espécie de conhecimento que, mais do que conhecimento sobre o país, é conhecimento das formas pelas quais um país se imagina (MARQUES; CASTRO, 2006, p. 21).

A partir dessas constatações, o autor projetou os prejuízos ao desprezar o autenticamente nacional: a não utilização do criativo para compor as estruturas de sustentação da nação. Confirma o ficcionista que o predomínio do simbólico sobre o real, da representação sobre o seu referente, dá margem a um processo ampliado de metaforização social. O que mais interessa a ele é a travessia entre os dois mundos, o confronto, a luta, o embate: quais resultados, quais ações podem tornar tênue a linha que separa não só duas nações, Brasil e França, mas duas cidades, a que serve aos interesses da elite e a que despeja seus ocupantes com desprezo e sem piedade?

Um país tropical de herança colonial e escravista, com uma imensa população pobre e mestiça, é prova de que o processo de identidade avança muito além do universal para imprimir sua história local, mesmo que muitos queiram apagar essa etapa fundamental para o entendimento e para a construção do conceito de que é o Brasil. Contudo, a representação provoca o efeito de verdade e a cidade imaginária sobrepõe-se à cidade real em sua globalidade – a vida urbana da capital era vivenciada no diálogo com o *ethos* moderno.

A cidade sede da República foi para Afonso Henriques de Lima Barreto um sítio de análise para a reflexão sobre o Brasil e sobre a forma de como os cidadãos nacionais se projetavam diferentemente daquilo que realmente eram. Por que resistir? Sandra Jatahy Pesavento avalia essas constatações e contribui para uma possível conclusão: "As pessoas acreditavam naquilo que queriam ver, e assim o Rio de Janeiro apresentava aquela situação de fachada, de teatralização da vida, distorcendo o real ou, então, ignorando o lado incômodo da existência" (PESAVENTO, 1997, p. 36).

Imersos no universo citadino carioca, as personagens do intelectual de Todos os Santos representavam figuras e situações metafóricas, cujos significados seriam traduzidos na capacidade do homem de conceber-se diferente do que é. Nessa configuração, a ironia maior do autor recai sobre a postura europeizante, falsamente erudita e adepta da mentalidade progressista. Ao mesmo tempo, ele não se apresenta como defensor de um nacionalismo puro, pelo contrário, a tensão entre o local e o universal, tão imanente no processo identitário brasileiro ao longo de sua história, faz-se presente na obra ficcional de Lima Barreto.

O autor, por meio de suas narrativas e, especialmente, em *Triste fim de Policarpo Quaresma*, fez uma aplicação social do conceito de bovarismo. Para ele, a jovem República estava submersa em atitudes bovaristas. A sua própria gênese fora decorrência de uma atitude bovárica, como menciona Nicolau Sevcenko: "[...] a fé incondicional na fórmula republicana, mais que isso, na palavra República [...] era [...] tomada como a panacéia que resolveria todos os males do país" (SEVCENKO, 1989, p. 177). A personagem-expoente de Lima Barreto, Policarpo Quaresma, é um caso limite do bovarismo, ao não conseguir ver o mundo nem como os demais gostariam que ele fosse nem como ele realmente é. Nesse contexto, o ultranacionalista Quaresma representa um olhar e uma voz discordante às práticas oficiais e ao imaginário sancionado.

Na visão do escritor, os grupos intelectuais, responsáveis pela implantação do novo regime e pelo término da política do Império, deram a ele – Policarpo – uma ideologia nacionalista destemperada, de teor ufanista, revestindo-o de um otimismo ingênuo, com vínculos nos ideais românticos.

Nessa vertente, a contribuição, tanto do bovarismo ufanista, como do cosmopolitismo que buscava referências na Europa, alienou o país criando um efeito de fachada. E o único modo de vencer a ambos seria por meio da consciência crítica, capaz de aproximar da realidade aqueles que viviam imersos nos quadros fantasiosos do país. E, "[...] essa passagem do ufanismo à lucidez crítica resume a própria trajetória do Major Quaresma, símbolo de uma intelectualidade que reformula suas posturas" (SEVCENKO, 1989, p. 178).

Lima Barreto chega a considerar um "índice bovárico", que mediria o afastamento entre o indivíduo real e o imaginário, entre o que é e o que ele acredita ser. Podendo-se conjecturar que sem a possibilidade da crítica, o processo literário induziria o indivíduo a uma completa alienação, fazendo com que o imaginário, distanciado da realidade, assumisse uma dimensão que se aproximasse do concreto. Sobre a figura construída Policarpo Quaresma e a mentalidade da nação, afirma com veemência Nicolau Sevcenko: "Ora, esse ufanismo bovarista, assim como o cosmopolitismo, era outra forma de se alienar do país, só que parecendo que se estava fazendo o contrário. Era um efeito de fachada, ou o cosmopolitismo às avessas" (SEVCENKO, 1989, p. 178).

A trajetória da personagem-centro quer criar o choque necessário no leitor para aproximá-lo da realidade, forçá-lo a mudar o olhar, "[...] exigindo que saísse das páginas dos livros e da cultura letrada [...] para um contato direto com a realidade do país" (SEVCENKO, 1989, p. 178). Nas páginas de *Triste fim de Policarpo Quaresma*, quando em referência à realidade agrícola do país, Lima Barreto revela a experiência existencial do homem com a terra, confrontando o que Quaresma concebia no "silêncio de seu gabinete" e as reais condições do país, quando em sua permanência no sítio "Sossego".

O escritor carioca, via texto literário, vai desnudando a imagem do meio rural construída a partir de preceitos da imaginação, estimulados por uma política de fachada. A incapacidade da população sertaneja de vencer a natureza por sua própria iniciativa, pela falta de recursos e métodos, é apresentada como efeito da longa tradição escravista – receber qualquer apoio oficial era remoto. O governo justificava a improdutividade julgando lasciva a parcela da população que buscava no campo o seu sustento e não admitia que os investimentos destinados eram insuficientes para proporcionar uma melhor estrutura aos ruralistas.

A estratégica irônica do autor presente maciçamente nas entrelinhas do *Triste fim de Policarpo Quaresma* quer contribuir para a desmistificação dos ideais quiméricos de pátria, revelando que as certezas do protagonista – configurado como um herói romanesco – são sonhos irrealizáveis e que seu tenaz patriotismo não teria vez no Estado plutocrático instaurado no Rio de Janeiro do limiar do século passado. No propósito de satirizar o *ethos* brasileiro adotando a forma romanesca, Lima Barreto por meio de seu exercício escritural, abriu novas sendas para uma reflexão do Brasil quando compôs a obra considerada o retrato do período florianista, conforme indica a historiadora Sandra Jatahy Pesavento:

> [...] a violência, a miséria e a crueldade que os descaminhos da história brasileira revelam são apresentadas de forma tragicômica. A farsa predomina sobre o drama. Traço de lucidez ou escapismo, este apelo à ironia pela literatura poderia talvez vir a representar a 'solução' para enunciar questões muito antigas, não resolvidas pela nação e que continuamente se reatualizam (PESAVENTO, 1997, p. 42).

O bovarismo vem turvar esse problema e tantos outros presentes na incipiente República tirando-os de foco, impedindo que a população e o próprio governo projetassem um olhar crítico e, consequentemente, criassem propostas de ajustamentos. O efeito de uma concepção bovárica no Brasil da época foi obscurecer, desviar e tornar estéreis as ações sociais por parte dos grupos de pressão, do governo, ou dos intelectuais.

Assim, a tensão entre o local e o universal, localizada no cerne da identidade nacional foi captada por Lima Barreto na sua visão crítica sobre a elite cultural do país. E é por esse viés da tendência cosmopolita e bovárica que Lima Barreto prossegue sua crítica sociocultural, indicando tal como vê a capital da República na *Belle Époque* carioca. Sua crítica ao cosmopolitismo não é uma recusa à cultura universal, mas sim ao aspecto de fachada por aqueles que realizavam citações e nomeavam autores sem saber o que diziam. É contra, pois, a mediocridade ilustrada – e bem-sucedida – de seu tempo a bandeira erguida pelo escritor que intuía com argúcia os dilemas do país que iam desde a cultura de fachada, o gosto pelas aparências à valorização dos signos exteriores do requinte e da riqueza. Sua crítica, sua irreverência e a sua tradicional ironia vêm desvelar uma terra onde todos queriam ser nobres a todo custo, não passando de arrivistas, numa sociedade que se mascarava, como num eterno carnaval, fingindo-se aristocrata.

Entende-se, assim, que Lima Barreto utilizou o bovarismo como matriz de explicação do Brasil. Desnudou a "identidade nacional" por meio de seus complexos vieses de construção evidenciando a tensão universal *versus* local, a celebração da aparência, o viver via representação, a busca da alteridade desejada a qualquer custo. A análise do ficcionista acerca da identidade do Brasil atinge a universalidade e conduz seus interlocutores à conclusão de que a força do imaginário viabiliza o desejo de ser o outro. Por outro lado, a sua escritura atinge a dimensão trágica do bovarismo ao não identificar-se com a imagem negada e rejeitada dos não cidadãos, predominando uma frustração, um descrédito do caráter nacional. É o impasse descortinado por meio de sua arte-estética: o viés bovárico da existência nacional revela o drama que persiste e chega até a atualidade – a cidadania é uma questão aberta.

Triste fim de Policarpo Quaresma torna-se o referente maior de Lima Barreto. Como um tributo ao nacional, o autor tornou, por meio dessa obra, eterna sua relação com o Rio de Janeiro, sua terra primeira. As gentes, a política, a cultura e as relações sociais potencializam sua estética que, além de pôr em evidência traços dos contornos da cidade, trouxe à baila a paisagem humana. Aqui se justificam as raízes telúricas presentes em sua arte, que fincam um compromisso de lealdade ao território que o acolheu. Sendo um bom filho da *Tellus Mater*, o autor ampliou o conceito da mítica telúrica, provando ser um sentimento real de amor à pátria. As estirpes que o vincavam ao Rio de Janeiro, quiçá ao Brasil, dotaram-no da capacidade de revelar diversas contradições históricas de um passado colonialista. A convergência entre o telúrico e o estético, deu vista a principal matéria-prima de sua produção: seus irmãos de pátria excluídos. Os matizes de uma ficção irrestritamente ligada à realidade quotidiana promoveram a tensão do discurso barretiano, que muito mais que o brilho, pretendeu a contestação. O telúrico nessa hipótese, mais do provar o vínculo de Lima Barreto à terra, serviu para desconstruiu o mito da pátria perfeita.

REFERÊNCIAS

BARBOSA, Francisco de Assis. *A vida de Lima Barreto*: 1881-1922. Rio de Janeiro: Civilização Brasileira, 1964.

BARRETO, Afonso Henriques de Lima. *Diário Íntimo*. São Paulo: Brasiliense, 1956.

_____. *Impressões de Leitura*. 2. ed. São Paulo: Brasiliense, 1961.

_____. *Recordações do Escrivão Isaías Caminha*. São Paulo: Ática, 1984.

_____. *Triste fim de Policarpo Quaresma*. São Paulo: Scipione, 1994.

BARRETO, Lima. *Diário do hospício; O cemitério dos vivos*. Augusto Massi e Murilo Marcondes de Moura (Org.). São Paulo. Cosac Naify, 2010.

BERND, Zilá. *Literatura e Identidade nacional*. 2. ed. Porto Alegre: Editora da UFMRGS, 2003.

BLANCHOT, Maurice. *O espaço literário*. Trad. Álvaro Cabral. Rio de Janeiro: Rocco, 2011.

BOSI, Alfredo. Prefácio. In: *Diário do hospício*; O cemitério dos vivos. Augusto Massi e Murilo Marcondes de Moura (Org.). São Paulo: Cosac Naify, 2010.

BRANDÃO, Luis Alberto. Ficção brasileira contemporânea e imaginário social. In: *Ficções do Brasil*: conferências sobre literatura e identidade nacional. Marcílio França Castro (Coord.), Ana Martins Marques e Francisco Moraes Mendes (Cols.). Belo Horizonte: Assembleia Legislativa do Estado de Minas Gerais, 2006. p. 259-287.

CAMPOS, Eduardo. *A memória imperfeita*: ideias, fatos e costumes. Fortaleza: UFC, 1993. p. 321-340.

CANDIDO, Antonio. *Literatura e sociedade*. São Paulo: Nacional, 1980.

CHEVALIER, Jean; GHEERBRANT, Alain. *Dicionários de símbolos*. C. Sussekind. (Coord.). Trad. V. da Costa e Silva et. al. 20. ed. Rio de Janeiro: José Olympio Editora, 2006.

DARDEL, Eric. *O homem e a terra*: natureza da realidade geográfica. Trad. Werther Holzer. São Paulo: Perspectiva, 2011.

FERRARI. Viviane de Cássia Duarte. *O telurismo e a poética de Manoel de Barros em tratado geral das grandezas do ínfimo*. TCC – UNESP, SP, 2010.

GERMANO, Idilva Maria Pires. *Alegorias do Brasil*: imagens de brasilidade em Triste fim de Policarpo Quaresma e Viva o povo brasileiro. São Paulo: Annablume; Fortaleza: Secretaria de Cultura e Desporto do Estado do Ceará, 2000.

HIDALGO, Luciana. *Literatura de urgência*: Lima Barreto no domínio da loucura. São Paulo: Annablume, 2008.

_____. *O passeador.* Rio de Janeiro: Rocco, 2011.

LIMA, Luiz Costa. *Sociedade e discurso ficcional*. Rio de Janeiro: Guanabara, 1986.

LINS, Osman. *Lima Barreto e o Espaço Romanesco*. São Paulo: Ática, 1976.

LINS, Ronaldo Lima. O 'destino errado' de Lima Barreto. In: BARRETO, Afonso Henriques de Lima. *Triste fim de Policarpo Quaresma.* Edição Crítica. Antonio Houaiss e Carmem Lúcia Negreiros de Figueiredo (Coords.). Madri; Paris; México; Buenos Aires; São Paulo; Lima; Guatemala; San José de Costa Rica; Santiago de Chile: ALLCA XX; Scipione Cultural, 1997. p. 295-317. (Coleção Archivos).

MACEDO, Clarissa Moreira de. *O homem na voz dos bichos*: o antropomorfismo em contos de Guimarães Rosa e Miguel Torga. Dissertação (Mestrado) – Universidade Estadual de Feira de Santana, Feira de Santana, 2013.

MARQUES, Ana Martins; CASTRO, Marcílio França. Prólogo. In: *Ficções do Brasil*: conferências sobre literatura e identidade nacional. Marcílio França Castro (Coord.), Ana Maria Marques e Francisco de Morais Mendes (Col.). Belo Horizonte: Assembléia Legislativa do Estado de Minas Gerais, 2006.

MENEGAZZO, Maria Adélia. *Alquimia do verbo e das tintas nas poéticas de vanguarda*. Campo Grande: Cecitec; UFMS, 1991.

PAES, José Paulo apud LINS, Lima Ronaldo. O 'destino errado' de Lima Barreto In: BARRETO, Afonso Henriques de Lima. *Triste fim de Policarpo*

Quaresma. Edição Crítica. Antonio Houaiss e Carmem Lúcia Negreiros de Figueiredo (Coords.). Madri; Paris; México; Buenos Aires; São Paulo; Lima; Guatemala; San José de Costa Rica; Santiago de Chile: ALLCA XX; Scipione Cultural, 1997. (Coleção Archivos).

PEREIRA, Kênia Maria de Almeida. *A poética da resistência em Bento Teixeira e Antônio José da Silva, o Judeu*. São Paulo: Annablume, 1998.

PESAVENTO. Sandra Jatahy. A cor da alma: ambivalências e ambigüidades da identidade nacional. *Ensaios FEE*, Porto Alegre, v. 20, n. 1, p. 124-133, 1999. Disponível em: <http://revistas.fee.tche.br/index.php/ensaios/article>. Acesso em: 15 jun. 2017.

_____. Contribuição da história e da literatura para a construção da cidade: a abordagem nacional. In: LEENHARDT, Jacques; PESAVENTO, Sandra J. *Discurso histórico e narrativa literária*. Campinas: UNICAMP, 1998.

_____. Da cidade maravilhosa ao país das maravilhas: Lima Barreto e o "caráter nacional". *Revista Anos 90*, Porto Alegre, v. 8, p. 30-44, 1997. Disponível em: <http<revistafenix.pro.br/ARTIGO_1_DOSSIE_Nadia> Acesso em: 14 jun. 2017.

PRADO, Antônio Arnoni. *Lima Barreto*: O crítico e a crise. São Paulo: Martins Fontes, 1989.

RESENDE, Beatriz. *Lima Barreto e o Rio de Janeiro em fragmentos*. Rio de Janeiro: Editora UFRJ; Editora UNICAMP, 1993.

_____. O Lima Barreto que nos olha. *Revista Serrote*, n. 21. Disponível em: <http://www.revistaserrote.com.br/2016/01/o-lima-barreto-que-nos-olha--beatriz-resende/>. Acesso em: 16 jun. 2016.

SANTIAGO, Silviano. Uma ferroada no peito do pé (Dupla leitura de *Triste fim de Policarpo Quaresma*). In: BARRETO, Afonso Henriques de Lima. *Triste fim de Policarpo Quaresma*. Edição Crítica. Antonio Houaiss e Carmem Lúcia Negreiros de Figueiredo (Coords.). Madri; Paris; México; Buenos Aires; São Paulo; Lima; Guatemala; San José de Costa Rica; Santiago de Chile: ALLCA XX; Scipione Cultural, 1997. (Coleção Archivos).

SCHWARZ, Roberto. Opção pela marginália. In: *Os pobres na literatura brasileira*. São Paulo: Duas Cidades, 1977.

SEVECENKO, Nicolau. Lima Barreto, a consciência sob assédio. In: BARRETO, Afonso Henriques de Lima. *Triste fim de Policarpo Quaresma.* Edição Crítica. Antonio Houaiss e Carmem Lúcia Negreiros de Figueiredo (Coords.). Madri; Paris; México; Buenos Aires; São Paulo; Lima; Guatemala; San José de Costa Rica; Santiago de Chile: ALLCA XX; Scipione Cultural, 1997. p. 318-350. (Coleção Archivos).

_____. *Literatura como missão*: tensões sociais e criação cultural na Primeira República. 3. ed. São Paulo: Brasiliense, 1989.

TOLEDO, Roberto Pompeu de. *Revista Veja*, 13 jul. 2011.

_____. *Revista Veja*, 28 jun. 2017.

8. A PENA CRÔNICA DE HILDA HILST E A CARA DO BRASIL: um país de memória cultural escrita ao rés do chão

> *Não se pede que retomemos (se para tal não encontramos no nosso foro íntimo motivos nem razões) os caminhos de natureza sociológica, ideológica ou política que, com resultados estéticos variáveis, levaram ao que se chamou literatura comprometida – mas que tenhamos a honestidade de reconhecer que os escritores, em sua grande maioria, deixaram eles próprios de comprometer-se, e que algumas das hábeis teorizações com que hoje nos envolvemos acabaram por constituir-se como escapatórias intelectuais, modos mais ou menos brilhantes de disfarçar a má-consciência, o mal-estar de um grupo de pessoas – os escritores, precisamente – que, depois de se terem proclamado a si mesmas como o farol do mundo, estão acrescentando agora, à escuridão do ato criador, as trevas da renúncia e da abdicação cívicas* (José Saramago, *Os escritores perante o racismo*).

> É
> A cruz na testa
> Os dados do que já fui
> Do que serei:
> Nasci matemático, mago
> Nasci poeta.
> A cruz na testa
> O riso seco
> O grito
> Descubro-me rei
> Lantejoulado de treva
> As facas golpeando
> Tempo e sensatez. (Hilda Hilst. *Com os meus olhos de cão*)

Seguindo o raciocínio de Antonio Candido (1992, p. 13-19), ao afirmar que "O problema é que a magnitude do assunto e a pompa da linguagem podem atuar como disfarce da realidade e mesmo da verdade" e ainda que "A literatura corre com frequência este risco, cujo resultado é quebrar no leitor a possibilidade de ver as coisas com retidão e pensar em consequência disto" (CANDIDO, 1992, p. 13), não é difícil apontar para certas questões que têm vindo à baila neste momento por que passa o nosso país e as representações midiáticas e/ou artísticas literárias em torno de manifestações que traduzem o descontentamento, a revolta e a humilhação a que, na cena contemporânea brasileira, somos todos feitos reféns. Isto ocorre desde que Brasil é Brasil, desde ainda, nossa Independência, na abolição da escravatura e na proclamação e no início da República. O que é magnitude na literatura? O que é pompa? Na produção ou na recepção? Literatura e sociedade, literatura e política. Debate. E a história? E a crônica? E a ficcionalização da História? E a narrativa-nação? E a nação-invenção? Na cena contemporânea, o Brasil é uma nação vista do FORA, segundo Foucault, que releu Blanchot, que deu asas a Deleuze.

No entanto, antes de propor um debate, do que é o Brasil, ou no que deu a imagem do Brasil, neste recorte da discussão, invocamos Hilda Hilst, para espelhar o seguinte: o certo é que o Brasil vive, atualmente, um momento de "tensão" e pode estar diante de um "retrocesso injustificável" causado pelo suposto abuso de autoridades políticas corruptas, golpistas e policiais e de criminalização pelo Estado dos integrantes de protestos nas ruas do país hoje. Mas o Brasil não é somente presente. Precisa e muito ser relido à luz de seu inventário literário. O escambo é o maior de sua história política. O descrédito na justiça é um teatro da crueldade para iludir aqueles que ainda acreditam no *slogan* positivista "Ordem e Progresso" de nossa bandeira. No campo da escrita, recentemente, o diretor-executivo da Anistia Internacional no Brasil, Átila Roque, afirmou que "o enquadramento de manifestantes presos em crime de formação de quadrilha, a tentativa de proibição de máscaras e a decretação de prisão preventiva por suposta incitação à violência pelas redes sociais são algumas das arbitrariedades enfrentadas pelos ativistas no país" (Disponível em: <http://noticias.uol.com.br/cotidiano/ultimas-noticias/2013/09/10>. Acesso em: 10 set. 2013). Como a literatura traz até nós uma historiografia? Uma História ou uma crônica bem-humorada? As teorias nos dão algumas pistas para ler certos momentos da nossa ficção/realidade.

Por outro lado, em "O frívolo cronista", Drummond define a crônica como "a representação daquilo que não caberia em certos espaços do jornal, tidos como "nobres", como aqueles reservados à "informação apurada", às "altas missões". Nela caberia o "inútil" em sua utilidade particular; "gavetas de miudezas" – espaço descompromissado, "canto de página", lugar ideal para que "os nadas de uma existência" ganhem voz" (ANDRADE, 1998, p. 199).

Voz! Essa é a tópica do momento. Ou vozes, para fazer jus ao coro de vozes que se apresentam na literatura que aqui será analisada. No todo, o país vive um verdadeiro caos na sua brasilidade, na sua latinidade e não precisamos ir muito longe para entender nossas próprias contradições e paradoxos. No olhar de Candido (1992, p. 13-19), a literatura, a que ele chama "A vida ao rés do chão",

> ... o seu intuito não é o dos escritores que pensam em "ficar", isto é, permanecer na lembrança e na admiração da posteridade; e a sua perspectiva não é a dos que escrevem do alto da montanha, mas do simples rés-do-chão. Por isso mesmo, consegue quase sem querer transformar a literatura em algo íntimo com relação à vida de cada um; e, quando passa do jornal ao livro, nós verificamos meio espantados que a sua durabilidade pode ser maior do que ela própria pensava, talvez como prêmio por ser tão despretensiosa, insinuante e reveladora" (CANDIDO, 1992, p. 15).

Antonio Candido refere-se à crônica, considerada um gênero menor, mas justaposto ao nosso cotidiano, fotografando fatos, cronogramando eventos, rebaixando rasteiramente o registro, muitas vezes, das marginalidades, das periferias, da violência, da fome, da corrupção e da maldição, que se constitui, com toque de humor e sardonia, nas diversas redes sociais e na mídia eletrônica e chapada, em uma linguagem de ancestralidade que a leva e a nós à literatura maldita[27]. Uma possibilidade para se pensar nessa condição de "peru de natal" de pobre, se pensarmos a sua anticanonização é:

> ... o fato de ficar tão perto do dia-a-dia age como quebra do monumental e da ênfase. A crônica está sempre ajudando a estabelecer ou restabelecer a dimensão das coisas e das pessoas. Em lugar de oferecer um cenário excelso, numa revoada de adjetivos e períodos candentes, pega o miúdo e mostra nele uma grandeza, uma beleza ou uma singularidade insuspeitadas. Ela é amiga da verdade e da poesia nas suas formas mais diretas e também nas suas formas mais fantásticas, sobretudo porque quase sempre utiliza o humor" (CANDIDO, 1992, p. 16).

Para compor este ensaio, usamos essa visão de Antonio Candido e a de Carlos Drummond de Andrade sobre vozes "nadas", para estabelecer o que tem sido a representação da brasilidade, tanto nas suas formas mais diretas quanto nas suas formas mais fantásticas, visionárias e quixotescas, na

---

27 Poeta maldito (em francês: *poète maudit*) é um termo utilizado para referir os poetas que mantêm um estilo de vida que pretende demarcar-se do resto da sociedade, considerada como meio alienante que aprisiona os indivíduos nas suas normas e regras, excluindo-se mesmo dela ao adotar hábitos considerados autodestrutivos, como o abuso de drogas. Sob este conceito está o mito de que o gênio criador tem terreno especialmente fértil entre indivíduos mergulhados num ambiente de insanidade, crime, violência, miséria e melancolia, frequentemente resultando no suicídio ou outro gênero de morte prematura. A rejeição de regras manifesta-se também, geralmente, com a recusa em pertencer a qualquer ideologia instituída. A desobediência, enquanto conceito moral exemplificado no mito de Antígona é uma das características dos poetas malditos. Por analogia, considero as prosas de Lima Barreto e Hilda Hilst malditas.

literatura de Hilda Hilst, enquanto autora maldita, para o século XX – leia-se *A Obscena Senhora D, Com os meus olhos de cão e outras novelas e Cartas de um sedutor.* Isto porque o humor e a sátira, operados pelo narrador hilstiano, desmontam o nacionalismo neoutópico[28] *lato sensu*. Em vista disso, creio também que a própria linguagem dos textos hilstianos elabora a subjetividade estética antirromântica, posto que esta retoma o signo nacional para desfigurá-lo e, dessa forma, expõe como a arte literária aponta uma fratura na experiência representativa da linguagem na história da Literatura Brasileira – num terreno bastante profícuo para o texto ao rés do chão de que trata Candido (1992), portanto, "diferente". Tentando ser mais preciso, quanto a uma crítica à estética romântica formulada que indica a nervura da problemática nacionalista à medida que toma desta para desconstruí-la, colocando-a em tensão pelo viés da "diferença". Ao reler *Com os meus olhos de cão e outras novelas* – leia-se "Axelrod", de Hilda Hilst (1986, p. 209), que, já em finais do século passado, não fosse a profundidade do seu lirismo, a verve do seu escracho, até mesmo da sua pilhéria, e, principalmente, o valor estético de sua literatura, estaria fadada ao esquecimento e ao fracasso no sentido mesmo que lhe dá George Bataille. Para Bataille, o fracasso está associado ao desejo de transgressão, ao risco do desconhecido, a experiência do não-saber. Fracassar como risco, como procura de formas novas. Com o conceito de informe, o autor quer desclassificar, desorientar a exigência de que cada coisa tenha a sua forma. E por conseguinte a recepção das obras.

Em relação a essa observação, podemos citar a escassa penetração de Lima Barreto e Hilda Hilst junto ao grande público, que permanece ainda sem maiores alterações, como era de se esperar num país de poucos maus leitores. Porém, sua importância para a crítica, particularmente, tem passado por um processo de mudanças significativas. Na sociedade contemporânea, há de se lembrar, os leitores são levados a se entreterem com amenidades, ou ainda futilidades, imperando os valores de "troca", o escambo, em que o descartável, prático e fácil prevalecem.

Outrossim, parece-nos que Hilst investe todo o tempo de sua ficção maldita em uma leitura política do nosso país, salvaguardados o tempo histórico e o contexto social, o que provoca no leitor uma familiaridade com o que ele tem de mais contemporâneo em seu espírito de brasilidade e latinidade, em se tratando da (im)possível tarefa de construção de uma identidade nacional: a chegada, a esse projeto de construção, das marginalidades

---

[28] In the contemporary urban lexicon, one word, perhaps more than any other, has characterized the last three decades of neoliberal expansion. In: CITY: analysis of urban trends, culture, theory, policy, action, v. 16, Issue 5, p. 595-606. No léxico urbano contemporâneo nenhuma palavra mais que qualquer outra tem caracterizado as três últimas décadas da expansão neoliberal (tradução nossa).

periféricas em sua inumanidade. A unumanidade de Hillé e de Vittorio são exemplos claros disso.

Em *Com os meus olhos de cão e outras novelas* (1986, p. 209), Hilda Hilst investe, no conto de nome "Axelrod (da proporção)", no contraste contínuo, no paradoxo permanente, para nos mostrar as verdades da nossa latinidade e da nossa brasilidade, estas, sim, postas de quatro aos olhos do mundo. É uma literatura que nos impõe, leitores, uma reflexão sobre a corrupção nativa endêmica, que já mostramos no início, na Carta de Caminha.

As definições, aporias, fanfarras e pilhérias nos são mostradas no limiar do conflito interior e externo de Seo Axelrod Silva, um **professor**, entre a loucura e a sanidade, pinceladas no lento fluxo de consciência do narrador hilstiano. A narrativa de Axelrod fala mais uma vez sobre tempo e finitude, e esfacela a visão que tínhamos até então dos dois primeiros contos que compõem a trilogia "Tu não te moves de ti", "Tadeu" (da razão) e "Matamoros" (da fantasia). Axelrod, protagonista, é um professor ortodoxo de história política, cuja fábula é muito significativa, principalmente no que diz respeito ao nome da obra. Em uma viagem à casa de seus pais, teluricamente, Axel repensa sua vida. O que mais intriga Axelrod é como seu imaginário espera reações e respostas dele, diferenciadas. A viagem que a personagem está fazendo em retorno a sua cidade natal, onde passou a sua infância, é completamente simbólica, nesta obra, fazendo com que a consciência histórica formada de Axel seja posta a prova nesta viagem de trem. O desfecho das novelas em *Com os meus olhos de cão e outras novelas* (1986) é proposto pelo personagem de Axelrod, que almeja, talvez, achar a proporção entre a razão (Tadeu) e a fantasia (Maria). O sujeito da narrativa experimenta uma espécie de êxtase ao se envolver com a textualidade histórica, moral e da terra natal.

Na relação com seu imaginário Axelrod vai além do que se imagina com tal, ele chega a ter relações sexuais dentro do trem com seu imaginário. Axel sofre com a mistura de sentimentos, está apenas sonhando enquanto seu trem da vida está movimentando, e ele mesmo não consegue se mover. Perde completamente o domínio de tudo que vive, não quer mais aquela realidade, que parece nem saber mais qual é. Conhecimento, prazer, opressão e delírio o convidam a experimentar seus limites, deixando-o em êxtase físico e intelectual. Essa última viagem dá um ritmo mais intenso à narrativa, sendo ela mais fragmentada que as outras novelas, e as vozes se misturam várias vezes, sem podermos compreender com quem Axel fala, a quem ele se refere. A parada do trem é o final da viagem e o início da instauração do cenário da morte.

Essa prosa erudita, porém mista de chulo, como entremeio da pilhéria que (des)organiza o discurso antiautoritarista, com traços de romance memorial e ironia machadiana, reflete um grito mudo de angústia, mas de lucidez das nossas passividades diante de uma opressão política e de um comportamento autoritário. É o cão anticanônico, apesar de desejar estar no cânone, mesmo com sua atitude transgressora na linguagem, apesar de já ser valorizada e reconhecida pela Academia e pela crítica:

> Unir-se, Axelrod, unir-se a alguém, é disso que precisas. A quem? À História? como se ela fosse alguém essa falada História, penugenta andando por aí, como se ela fosse real, olha aí a História, tá passando aí, olha pra ela, olha a História te engolindo, jantas hoje com a História, os filhinhos da História, Marat marx mao, o primeiro homicida, o segundo tantas coisas humanista sociólogo economista Agitador, ó tão fundo esse segundo, tão História tão Estado. E que terceiro, ó gente, que terceiro (HILST, 1986, p. 222).

Ao dizer que a literatura desloca-se do papel de representar, mostramos que ela cria imaginários sobre as coisas e que tais imaginários só são passíveis de serem elaborados a partir de seu desdobramento infinito enquanto linguagem. Isso ficará bem lúcido para o leitor, em "Axelrod", de Hilda Hilst, por outro viés, obviamente.

Vejamos: Já em "Axelrod", em *Com os meus olhos de cão e outras novelas* (HILST, 1986, p. 209), se o brasileiro vive, no conto, um formato dicotômico de passividade ainda mais pronunciado na alienação pessoal reprimida, o seu devir na *suposta performance* de nacionalidade sugada pelo imperialismo se sobressai. Uma das funções do telurismo na América Latina, em autores citados na apresentação. Hilda Hilst vem nos mostrar em seu texto a "palmeira sem sangue", ou seja, o verde-amarelismo telúrico que não luta por seus direitos, seus lugares, tampouco por sua identidade. Uma questão da Terra, moralmente, desta feita, seu texto-protesto-aviso se faz telúrico pois transcende e a alienação da pátria performatizada toma o lugar do sujeito para elaborar um discurso mais nacional/mais universal, e que realmente jorre sangue nos quadrados, espaço agonístico, da luta, da constituição de um registro meticuloso de luta, de interiorização, delírio, em que os machos brasileiros já agonizam diante de seus discursos oblíquos e inodoros, além de neuróticos. O escambo permeia todo o texto de forma telúrica e revolucionária, um ato político significativo nas nossas letras:

> Significante, perolado, o todo dele estendido em jade lá no fundo, assim a si mesmo se via, ele via-se, humanoso, respirando historicidade,

> historiador composto, umas risadas hôhô estufadas como aquelas antigas lustrosas gravatas, via-se em ordem, os livros anotados, vermelho-cereja sobre os bolcheviques, pequenas cruzes verdes verticais amarelas nas brasilidades revolucionárias, sangue nenhum sob as palmeiras, sangue nenhum à vista, só no cimento dos quadrados, no centro das grades, no escuro das paredes, sangue em segredo, ah disso ele sabia, mas vivo, comprido significante na sua austeridade era melhor calar o sangue em segredo, depois que tinha ele a ver com isso? (HILST, 1986, p. 209).

Em Hilda Hilst, a narrativa nos mostra a contrapartida: "[...] Axelrod-povo, Axelrod-coesão, virulência, Axelrod-filho do povo, HISTÓRIA/POVO, janto com meus pais, engulo o monopólio, emocionado bebo a revolução [...] cago o capitalismo, o lucro, a bolsa de títulos, e ainda estou faminto, ô meu deus, eu me quero a mim, ossudo seco, eu" (HILST, 1986, p. 224) – esse povo nunca, na realidade, esteve presente nas decisões que geram a nação. Todavia, enquanto construto linguístico-político, adverso ao autoritarismo, portanto, um ficcional texto de linguagem política, Hilst não poupa a crítica às metanarrativas das coisas escritas sobre o Brasil, acentuando teluricamente, na forma e no conteúdo, a crítica ferrenha ao colonialismo que sustenta o escambo cultural, material e moral.

É, no entanto, na revolução da linguagem que se dá a denúncia do escambo antinacionalista. A respeito da revolução da linguagem, em Hilda Hilst, nos mostra Weverson Dadalto (2010, p. 132), a respeito da novela *Rútilo Nada* (2003):

> Por que uma história relativamente simples é narrada a partir de uma desorganização aparentemente tão cuidadosa dos elementos constitutivos da narrativa (tempo, espaço, personagens, narrador, enredo)? Como se faz a conjugação, no texto, de temas superficialmente distintos, tais como o erotismo, a moral, a política e a poesia? E em que consiste a identidade dos personagens, se é que há identidade? Mais do que perguntas ao texto, são perguntas do texto, o qual, aliás, desde o início, toma a forma geral de um grande desabafo diante da ausência de sentido e de soluções definitivas para as angústias do homem contemporâneo e a sensação de diluição da sua identidade. Isso não significa, contudo, que não haja no texto um anseio latente por definições e uma constatação mais ou menos explícita: o homem se constitui como linguagem, apenas como linguagem, e justamente o que lhe constitui é a maior barreira para o contato com os outros homens; a linguagem que insere o

homem no mundo e o dilui na grande rede de significações é a mesma que lhe recusa uma identidade e um sentido fixos [...].

Usando a citação acima, pode-se afirmar que é justamente pela linguagem que o conto de Hilda Hilst narra uma confusão sociopolítica que desemboca na crise existencial do protagonista. A narrativa parte, então, a circundar em torno de fatos externos da época da ditadura militar pós-64 e importantes são as observações que o texto faz a respeito dos vilipendiados – nós:

> [...] homens num só ritmo, sangue sempre, ambições, as máscaras endurecidas sobre a cara, repetia curioso, curioso meus alunos a verdade é nil novi super terram, nada de novo, nada de novo professor Axelrod Silva? Nada, roda sempre cuspindo a mesma água axial a história meus queridos, feixes duros partindo de um só eixo, intensíssima ordem, a luz batendo nos feixes e no eixo em diversificadas horas é que vos dá a idéia de na história nada se repete, oh sim tudo, tudo é um só dente, uma só carne, uma garra grossa, um grossar indecomponível, um ISSO para sempre (HILST, 1986, p. 36).

A narrativa complexa, combinando memórias falsas, conto, drama, em texto intensamente híbrido, é centrada no Professor Axelrod Silva, um **professor culto**, atravessando vários traumas provocados por dilemas pessoais e por dilemas filosófico-patrióticos, nas mãos do aparato repressivo, autoritário e politicamente covarde, realçando a miséria do nosso povo, a decadência das nossas instituições, o racismo, enfim, o total descaso com os direitos humanos no Brasil e em alguns países da América Latina: "Axelrod bizantino, seus paradoxos, seu quase todo ininteligível, pergunto fatos e me respondo tortuoso, pergunto de concretudes e vem um sopro, tenuidade, emoções, ou vem o bizantino histórico "paraíso do monopólio, do privilégio, do paternalismo"(permito-me um aparte: idêntico ao painel de agora)" (HILST, 1986, p. 221). Para tal, Hilda joga o protagonista em um mergulho pátrio-memorialista, que lhe dá como atividade terapêutica o narrador, o que lhe permite e a nós leitores, meditar sobre a repressão e as condições de nossa latinidade cada vez maior dia a dia, dialeticamente:

> Num intróito purificador monologou: um aquém de mim mesmo, um, que não sei, move-se se vejo fotografias daqueles escavados, aqueles de Auschwitz Belsek Treblinka Madjanek, se vejo bocas de fome, esquálidas negruras, se vejo vejamos, se penso no relato de minha aluna, eu vou contar professor Axelrod, vou contar colada ao seu ouvido: choques elétricos na vagina, no ânus, dentro dos ouvidos, depois os

> pêlos aqui debaixo incendiados, um médico filho da puta ao lado, rápidas passagens a cada desmaio, vermelheduras, clarões, os buracos sangrando. Por quê? Levantou a máscara de acrílico de um soldado do rei? Confidenciou? Disse coisas de fúria boca a boca? Ela contava e nele moviam-se uns agressivos moles, ânsia e solidão, dilatado espremeu as pernas, e um outro ele ejaculou terrores e pobreza, um outro dele significante, um outro grotesco espasmódico fluía, um ISSO inoportuno e desordenado em Axelrod, Axelrod que até então se conhecia invicto (HILST, 1986, p. 210-211).

Especificamente, o registro onisciente descreve um cenário de tragédias universais – de Auschwitz ao Milagre brasileiro, ao insólito descaso com os brasileiros (até hoje), para nos mostrar o prototípico permeado de um sabor medieval, enfatizado pelas aparentes peregrinações anacrônicas pelos fatos históricos recônditos, supostamente o repertório predileto do professor Seo Silva. As bufonarias, no entanto, é que fortalecerão o discurso político, já que Hilst ao falar da escrita, pronuncia-se assim:

> Eu escrevo movida por uma compulsão ética, a meu ver, a única importante para qualquer escritor; a de não pactuar, não transigir com a mentira que nos circunda. Essa é uma atitude visceral, que parte da alma, da mente, do coração do escritor. O escritor é aquele que diz "não", não participa do engodo armado para ludibriar as pessoas! (HILST, 1980).

Ao usar essa anarquia literária como provocadora da construção de uma metáfora do Brasil e, sabiamente, o professor Axelrod Silva como sinédoque do Brasil, do brasilismo e da nossa latinidade, Hilda Hilst, em *Com os meus olhos de cão e outras novelas* (1986), "Axelrod" (da proporção), desconjunta o senso de tempo para parabolar em tom tragicômico o retrato do Brasil na voz do educador, do professor, representante de uma classe (des)eticizada, como fio da meada, em essência, de um povo maltratado pelas sucessivas confusões estabelecidas nos poderes estabelecidos, flagelados que somos pelo grande capital. Para o narrador Hilstiano, não há salvação para nossa latinidade, pois somos flagelados na dicotomia do sectarismo coronelesco, fatalismo, das metanarrativas históricas em diálogos dramáticos e dispositivos metaliterários. Toda a narrativa, em "Axelrod", expõe um ato de violência. Assim, Hilda escava a ferida por sob a máscara do saber-poder.

> Cheiro como um homem, aprumo-me, sou um homem, tropeço, estou de bruços, de bruços, pronto para ser usado, saqueado, ajustado à

minha latinidade, esta sim, real, esta de bruços, as incontáveis infinitas cósmicas fornicações em toda a minha brasilidade, eu de bruços vilipendiado, mil duros no meu acósmico buraco, entregando tudo, meus ricos fundos de dentro, minha alma, ah muito conforme Seo Silva, muitíssimo adequado tu de bruços, e no aparente arrotando grosso, chutando a bola, cantando, te chamam de bundeiro os ricos lá de fora seo Silva brasileiro, seo Macho Silva, hôhôhôhô enquanto fornicas bundeiramente as tuas mulheres cantando chutando a bola, que pepinão seo Silva na tua rodela, tuas pobres junturas se rompendo, entregando teu ferro, teu sangue, tua cabeça, amoitado, às apalpadelas, meio cego cedendo, cedendo sempre, ah grande Saqueado, grande pobre macho saqueado, de bruços flexionado, de quatro, multiplicado de vazios, de cais, de multi-racionais, boca de miséria, me exteriorizo grudado à minha História, ela me engolindo, eu engolido por todas as quimeras (HILST, 1986, p. 227).

O escritor latino-americano tem que lidar com essas mazelas. Telúricas! A História nos diz que somos, de alguma forma, levados, na narrativa hilstiana, a perseguir, por mais difícil que isso pareça ser, os destinos de nossas próprias narrativas, sem perdas e sem ganhos. Os referenciais lógicos das prosas doces, leves e sem compromissos não estão no projeto ético-literário--político de Hilst. Seguir este caminho parece nos querer dizer a autora, é não ter medo da ida e não precisar de uma volta. É adentrar um terreno perigoso, onde inúteis são as armas da consciência e os limites da razão. O texto teatral *O Verdugo* (1969), de Hilst, é um exemplo desse recurso. O fluxo de consciência, sem dúvida, um artifício (*tékhné*) de aristocratas (não em termos econômicos, mas no sentido nietzscheano original dos "melhores"). É necessário ver a ficção de Hilst como o contraponto necessário a este entendimento, não para negá-lo, mas para trazer ao centro da reflexão o elemento oculto – a domesticação da existência – que se conecta a toda retórica da alteridade. Ao mesmo tempo em que se põe a falar o Outro e o particular, a história não pode escapar aos limites da tradução: o "fazer ver" funda-se necessariamente como apresentação narrativa elaborada segundo o juízo de quem tece o texto-história: a metanarrativa escrachada em "Axelrod", os textos monumentais da história monumental, no termo nietzscheano. Até quando os aristocratas, os melhores, a fineza, a Academia, iremos sucumbir ante um tal de *Hístor*? Os fatos não configuram *Hístor*. São fatos, região estreita onde podemos, furtivamente, gozar: uma anca, um peito, uma glande, em que configuram sequências? Formas? Um carnaval, uma quarta-feira, um(a) *Hístor*(ia) de Amor? Não. São eventos cuja costura é tarefa de nossas biografias. Será? Mas a grande narrativa, o grande *Hístor*, gravado no tempo à ponta de sabre, ou baioneta, é sempre isso mesmo: dor. Num movimento de ruína, pode-se afirmar que não há homossexuais na cúpula da Burocracia. Assim como não há negros. Uniformes? São brins passados. Sejam da OTAN ou da China. Milícias, comandos: Movimentos dos sem-Vida. Vidas cáqui. Entre o homem boçal normal, aquele que quer dar a coça no xibungo, e o Movimento dos de Alma-Cáqui. Não pode restar a mente em decomposição de Proust, Hilst, Mallarmé, Woolf, Eu, Você etc. Hilst ressalta o prazer no trânsito efêmero entre as coisas lúbricas, lubrificadas e oleaginosas. É a desconstrução de um *récit* fadado ao fracasso. Se pensarmos no cânone que se fecha para os malditos. Porém, fracasso que se encontra no "Eterno transitório", "o oxímoro benjaminiano que aponta para esse interlúdio em que a história é suspensa e contemplada na cristalização de suas ruínas. A natureza se converte aqui em emblema da morte e da decadência, modo de relatar uma história que já não pode ser concebida como uma totalidade positiva" (AVELAR, 2003, p. 85). O texto hilstiano seria, então, "uma alegoria, a própria expressão estética da desesperança" (AVELAR, 2003, p. 85). Por quê? Na esteira de Idelber Avelar (2003, p. 85-87), a alegoria seria a face estética da derrota política. Ora, vemos isso também acontecer em *Triste Fim de Policarpo Quaresma*, de Lima Barreto (1915 [2001]), onde as "ruínas são a única matéria-prima que a alegoria tem a sua disposição" (AVELAR, 2003, p. 85). Literalmente telúrico! Vejam: a derrota de Quaresma em relação à República é uma derrota política, moral e individual, mas que tem um nome: pátria! A Terra. Assim como Seo Axelrod Silva, em Hilst, é decadente, mas a matéria da literatura é toda trabalhada em ruínas, dando à alegoria hilstiana um horizonte de possibilidade, de relevância, em relação à contemporaneidade: "me exteriorizo grudado à minha História, ela me engolindo, eu engolido por todas as quimeras" (HILST, 1986, p. 227). Hilst escreve enfatizando na linguagem as imagens petrificadas das ruínas, da História ao rés do chão, em sua imanência, como única possibilidade de narrar a derrota: "Isso imundo do mundo, Axelrod-verdugo então conseguiste hen? [...] Tu não te mover de ti, tu não te mover de ti, ainda que se mova o trem não te moves de ti [...]" (HILST, 1986, p. 218).

José Castello (1999, p. 107-108), nos chama a atenção para:

> Até o século XIX, o escritor era um homem que vivia em eterna aliança com o fracasso. Baudelaire é, desde muito, o símbolo deste escritor amaldiçoado e incompreendido, que vivia com problemas de dinheiro, era visto como inadaptado, desprezado pela família e estava condenado ao isolamento e ao desastre. Piglia diz que hoje, ao contrário, o escritor se tornou a imagem por excelência do homem bem-sucedido,

> ainda que essa representação se construa, muitas vezes, mais à custa de fantasias que de fatos. [...] Nesse novo quadro, o êxito, e não mais a maldição, é o grande problema do escritor, já que o sucesso o obriga a se repetir e o impede de falhar, quando toda literatura que merece esse nome se constrói sempre à beira do abismo, sendo o fracasso sua condição primeira de existência. [...] Ao repetir insistentemente que está condenada por uma maldição, Hilda Hilst nada mais faz, pode-se cogitar, que fugir do problema do sucesso e se refugiar no papel mais seguro da ruína, solução que pode não trazer vantagens imediatas, mas cerca sua literatura de sombras que apontam para o futuro.

Seo Silva, seu protagonista, se constrói à medida de sua captura pela linguagem: "O que é a linguagem do meu corpo? O que é a minha linguagem? Linguagem para o meu corpo: um funeral de mim, regado, gordo, funeral de boninas e açucenas, alguém repetindo uma inútil cadência: girassóis para a mulher-menina" (HILST, 1993, p. 130).

Stamatius, alterego de Hilda, em *Cartas de um sedutor* (1991), livro escrito mais a frente, assim nos informa de seu papel de escritor:

> Palomita, lembras-te que mergulhavas o meu pau na tua xícara de chocolate e em seguida me lambias o ganso? Ahhh! tua formosa língua! Evoco todos os ruídos, todos os tons da paisagem daquelas tardes... cigarras, os anus pretos (aves cuculiformes da família dos cuculídeos... meu Deus!) e os cheiros... o jasmim-manga, os limoeiros... e teus movimentos suaves, alongados, meus movimentos frenéticos... Ahhh! Marcel, se te lembras, sentiu todo um universo com as dele madeleines... Deve ter sugado aquela manjuba magnífica do dele motorista com madeleines e avós e chás e tudo... Ah, irmanita, as cortinas malvas, a jarra de prata, os crisântemos dourados, algumas pétalas sobre a mesa de mogno, tu diluída nos meus olhos semicerrados, teu hálito de chocolate e de... "solução fecundante" como diria aquele teu juiz. Ando me sentindo um escroto de um escritor e quando isso começa não acaba mais. O que me faz pensar que eu talvez os seja é toda aquela minha história-tara do dedão do pé do pai. Pulhices de escritor. Outro dia contei ao Tom a história do dedão do pai, como se fosse a história de outro cara, não a minha. Sabes o que me respondeu? "Se algum filho meu tivesse a tara de me chupar o dedão eu dormiria armado". Ciao. Petite chegou. Apaixonou-se. Uma maçada. Continuo daqui a pouco.

Acompanhando o modelo do romance epistolar libertino do século XVIII e submetendo-o a procedimentos como os de *mise en abîme* do *noveau roman* francês, *Cartas de um Sedutor* (1991) constitui-se no coroamento das obras obscenas de Hilda Hilst, de que fazem parte ainda *O Caderno Rosa de Lori Lamby* (2003) e *Contos d'Escárnio / Textos Grotescos* (2004), ambas em prosa, e *Bufólicas* (2004), em poesia. Nelas, a pornografia está pensada, dialeticamente, como uma injunção do mercado livreiro na liberdade do artista e também como um lugar de resistência da imaginação autocriadora contra a pudicícia e o moralismo das sociedades conservadoras e da indústria cultural. Hilda costura linguagens e revela os desejos banais e frivolidades. *Cartas de um Sedutor* (1991) apresenta, ademais, as bases da poética que orienta o conjunto das obras de Hilda Hilst e não apenas as que fazem parte da série obscena. Trata-se de uma poética de personagens sem histórias definidas, sem biografias individuais nítidas, sem profundidade psicológica, mas que se desdobram como formas breves de voo de uma inteligência radicalmente perscrutadora, que não admite separar pensamento e existência. *Cartas de um Sedutor* (1991) é, principalmente, um romance de questões vivas.

Seguindo seu projeto de mandalas linguísticas, encontra-se *Contos D'Escárnio – Textos Grotescos* (2004, p. 74), um conjunto de receitas antitédio e de teatrinhos obscenos nos quais a autora se esmera em sardonia:

> Teatrinho nota 0, n.º 2 Autor: Nenê Casca Grossa
>
> A Ursa
> eu a amo, pai
> mas ela é uma ursa, filho.
> o senhor não sabe como são as ursas, pai.
> claro que eu sei. Eu as caço todos os dias.
> não seja cruel, pai.
> muito bem, filho. Chame a ursa.
> Ursa!
> (O pai examinando a ursa) E então, meu filho? É peluda, tem focinho, tem patas, (examina os dentes) tem dentes de ursa.
> o ser não notou uma coisa diferente que ela tem?
> que coisa, filho?
> aquilo.
> aquilo... o que pode ser aquilo? Tem rabo?
> a coisa da Ursa, pai.
> (pensativo) A coisa... Tudo é coisa, filho. E ninguém sabe o que é coisa.
> porra, pai! A boceta da ursa.
> caralho! E por que não falou logo?
> a gente tenta não explicitar, né, pai.
> Mas que mania que as gentes têm de não serem exatas.
> Coisa. Coisa. Muito bem. E o que há com a xereca da ursa?

> é quente como a de gente. É doce como merengue.
> Homo sum, humani nihil a me alienum puto. E isso
> quer dizer: homem sou e nada do que é humano me é estranho.
> mas ela não é humana, imbecil.
> você é que pensa. Ursulinhaaaa, vai fazer o almoço (a ursa e traz velozmente o almoço). Ursulinhaaaa, vai lavar a roupa (a ursa vai e traz velozmente a roupa lavada). Ursulinhaaaa, começa a varrer (a ursa varre adoidada).
> (o pai muito entusiasmado)
> pede, filho, para ela me fazer aquilo. Aquilo que eu gosto.
> como é que eu vou saber o que você gosta?
> aquilo, aquilo.
> bananas cozidas, nabos, doce de abóbora... Pepinos?
> (o pai entusiasmado)
> isso! Isso!
> mas o senhor nunca me disse que gostava de pepinos!
> ó, pelos céus! Maldito! Quero saber se a ursa sabe chupar cacetes! Sabe?
> e porque não disse logo, pai? Aquilo... Aquilo... Pois
> ela chupa cacetes muito bem.
> ó, filho, casemo-nos com ela! É tão raro e singular uma ursa como essa!
> vai ser bom, papai. Obrigado, papai.
> vai ser bom, meu filho. Obrigado, meu filho.
> (As atitudes da ursa durante a peça ficam a cargo do diretor)

Sempre à beira do abismo, sua narrativa passeia por todos os gêneros e modalidades, mas tem sua principal âncora, como nos esclarece, na nota introdutória ao livro, Alcir Pécora, organizador das obras reunidas da autora publicadas pela Editora Globo, *Com os meus olhos de cão e outras novelas* (1986) se situa entre a novela *A obscena senhora D* (1993) e o romance *O caderno rosa de Lori Lamby* (2004), podendo ser visto como uma ponte, portanto, entre a literatura dita "séria" e a dita "obscena", como Pécora prefere caracterizar, em oposição à ideia de que a autora teria escrito literatura pornográfica (Ver Também AZEVEDO FILHO, 2007).

Em *Com os meus olhos de cão e outras novelas* (1986), para finalizar, nos encontramos com uma autora absolutamente madura, orquestrando com vigor todos os domínios técnicos da escrita. Como já se sugeriu, a prosa de Hilda é poética, o que se evidencia em qualquer fragmento do texto, que mistura poemas, diálogos e prosa propriamente dita. Retomando recursos anteriormente já experimentados, a autora também multiplica os narradores, tornando ambíguos os enunciadores e criando relações fantasmáticas entre eles, podendo inclusive se replicar em diversos alteregos. O leitor tem que estar atento, pois a passagem de um narrador para outro ou entre presente e passado não é efetuada por procedimentos óbvios da prosa, cabendo ir desmontando, frase após frase, os enunciadores. Espelhos do Brasil! Vozes do Brasil! Literatura que é uma alegoria do Brasil de hoje, telúrica, pois, bundeiros que somos, os brasileiros criadores de pepinos para uso próprio!

> Deus? Uma superfície de gelo ancorada no riso. Isso era Deus. Ainda assim tentava agarrar-se àquele nada, deslizava geladas cambalhotas até encontrar o cordame grosso da âncora e descia descia em direção àquele riso. Tocou-se. Estava vivo sim. Quando menino perguntou à mãe: e o cachorro? A mãe: o cachorro morreu. Então atirou-se à terra coalhada de abóboras, colou-se a uma toda torta, cilindro e cabeça ocre, e esgoelou: como morreu? O pai: mulher, esse menino é idiota, tira ele de cima dessa abóbora. Morreu. Fodeu-se disse o pai, assim ó, fechou os dedos da mão esquerda sobre a palma espalmada da direita, repetiu: fodeu-se. Assim é que soube da morte. Amós Kéres, quarenta e oito anos, matemático, parou o carro no topo da pequena colina, abriu a porta e desceu. De onde estava via o edifício da Universidade. Prostíbulos Igreja Estado Universidade. Todos se pareciam. Cochichos, confissões, vaidade, discursos, paramentos, obscenidades, confraria. O reitor: professor Amós Kéres, certos rumores chegaram ao meu conhecimento. Pois não. Quer um café? Não. O reitor tira os óculos. Mastiga suavemente uma das hastes. Não quer mesmo um café? Obrigado não. Bem, vejamos, eu compreendo que a matemática pura evite as evidências, gosta de Bertrand Russell, professor Amós? Sim. Bem, saiba que jamais me esqueci de uma certa frase em algum de seus magníficos livros. Dos meus? O senhor escreveu algum livro, professor? Não. Falo dos livros de Bertrand Russell. Ah. E a frase é a seguinte: a evidência é sempre inimiga da exatidão´. Claro, Pois bem, o que sei sobre suas aulas é que não só elas não são nada evidentes como... perdão, professor, alô alô, claro minha querida, evidente que sou eu, agora estou ocupado, claro meu bem, então vai levá-lo ao dentista, não sei... Amós passou a língua sobre as gengivas (HILST, 1986, p. 13-14).

Na caricatura desse culturalmente obsceno Brasil, Hilst não poupa, portanto, o nosso jeito de fazer política, de lamber as gengivas do Outro, criticando, sobretudo, nosso jeito de fracassar na comunidade acadêmica e no seu critério de canonicidade, na nossa sexualidade hipócrita, no meio ambiente, enfim, aborda, em tom obsceno e sardônico, os problemas sociais graves, até porque acredita que sua literatura pode contribuir, mostrando o obsceno sociopolítico cultural. Explora, assim, como tema, o delírio de um povo: a nossa miséria maior, a ignorância, legado de mais de 500 anos de existência, com sua estética do social que desconstrói o pudibundo, triste mundo este de nós todos, a atolar nossas línguas. Eliane Robert Moraes (1999, p. 118) escreve, em um ensaio no qual exalta o valor da obra de Hilda Hilst, destacando o que chama de "inusitada violência poética, sem paralelos na literatura brasileira". Seu ensaio ratifica o constante confronto entre o alto e o baixo nos escritos da autora, que teria como consequência, tanto estética quanto moral, uma subversão de hierarquias mais estanques, sejam as subdivisões de gêneros, seja o nivelamento dos discursos (MORAES, 1999, p. 118).

Assim, retomando *A Obscena Senhora D* (1993),

> Do corpo derrisório à obra de arte, da obra de arte às Ideias, há toda uma expansão que se deve realizar sob uma expectativa de imaginação dialética. Hillé é toda feita de uma técnica de retorno, é palimpséstica, de deslocação, de remissão, de disfarce e de desdobramento. A dialética em *A Obscena Senhora D* (1993) não significa apenas uma circulação do discurso, mas tansposições e deslocações do estilo hilstiano, que têm como resultado a representação da mesma cena em diversos níveis, de acordo com retornos e desdobramentos na distribuição dos papéis na narrativa e da digressão da linguagem.
> É bem verdade que o obsceno pretende, antes de tudo, pôr a linguagem no seu limite máximo, provocando sempre estranhamentos entre o "limitado humano e o amorfo, invisível, inapreensível"[29] (AZEVEDO FILHO, 2007, p. 38-39).

São grandes obras de ficção que dialogam justamente no viés da farpa, nas ruínas anticanônicas de um país que, na realidade, vive em exceção, mesmo parecendo ou querendo mostrar-se, romanticamente, sempre ao rés do chão, democrático e revolucionário. Subverte-se, assim, nossa real brasilidade, nossa mágica latinidade, ficcionalizando-as! Subverte-se o cânone! O Brasil ilumina, com essas obras, seus terreiros de alteridade! Suas vozes marginais! O coro dos malditos, a biblioteca dos malditos, faz com que as obras de Hilda Hilst (apesar de depois de ter morrido ter sido canonizada), esteja, anticanonicamente, ao lado de obras de Oscar Wilde, Antonin Artaud, Henry Miller, Charles Bukowski, Pedro Juan Gutierrez, Roberto Piva, Maurice Dantrec entre tantos outros.

Em Hilda Hilst, a ficção transita entre uma tradição relida do 2º. Modernismo brasileiro e a intertextualidade com autores do Cânone ocidental, realizando, sem dúvida, uma revolução política na literatura (mas não engajada!), em prosas nas quais a fusão de diferentes gêneros, como já foi

---
29   Cf. RIBEIRO, Leo Gilson, 1999, p. 88.

dito, explicita uma percepção que vai do baixo ao sublime, do escatológico ao espiritual, do gozo ao martírio, da violência mística ao acento retórico, evocando sempre uma consciência sombria da passagem do tempo e pelas contingências da vida tragicamente atrelada à morte, trabalhando sempre nas "bordas do sentido", para usar um termo de Eliane Robert Moraes (1999, p. 180). As personagens são, assim, imediatamente incluídas em nosso cotidiano – e o nosso cotidiano na ficção – apontando claramente para o que poderíamos compreender como uma obscenidade sociocultural, identificada com a mídia. Essa é a verdadeira obscenidade, nos diz a autora, rasgando a fantasia, e nos legando uma câmara de ecos, uma memória cultural em que o escambo capitalista sempre sucumbe para dar voz à "outridade".

REFERÊNCIAS

ANDRADE, Carlos Drummond de. O frívolo cronista. In: BOCA de Luar. 9. ed. Rio de Janeiro: Record, 1998.

ANJOS, Augusto dos. *Obra Completa.* Rio de Janeiro: Nova Aguilar, 1996.

AVELAR, Idelber. *Alegorias da derrota.* A ficção pós-ditatorial e o trabalho do luto na América Latina. Belo Horizonte: Editora da UFMG, 2003.

AZEVEDO FILHO, Deneval Siqueira de. *A bela, a fera e a santa sem saia – ensaios sobre Hilda Hilst.* Vitória: GM; PPGL; Ufes, 2007.

CANDIDO, Antonio et al. *A crônica*: o gênero, sua fixação e suas transformações no Brasil. Campinas: Editora da Unicamp,1992.

CATTERAL, Bob. City analysis of urban trends, culture, theory, policy, action. *Notes on neoutopia,* v. 16, Issue 5, p. 595-606. Disponível em: <http://www.tandfonline.com/toc/ccit20/15/6#.UkNxR8qxfKA>. Acesso em: 15 set. 2013.

DADALTO, Weverson. Muros de linguagem em Rútilo Nada, de Hilda Hilst. In: *Contexto*. Dossiê Hilda Hilst. Vitória: Edufes, 2010. n. 18, p. 131-156.

HILST, Hilda. Axelrod (da proporção). In: *Com os meus olhos de cão e outras novelas*. São Paulo: Brasiliense, 1986.

_____. *Cartas de um sedutor.* São Paulo: Brasiliense, 1991.

_____. Com os meus olhos de cão. In: *Com os meus olhos de cão e outras novelas*. São Paulo: Brasiliense, 1986.

_____. *Contos D`escarnio Textos grotescos.* São Paulo: Globo, 2004.

_____. Entrevista de Hilda Hilst a Leo Gibson Ribeiro. *Jornal da Tarde,* São Paulo, 15 mar. 1980.

_____. *O Caderno Rosa de Lori Lamby.* São Paulo: Globo, 2004.

_____. Rútilo Nada. In: *Rútilos.* São Paulo: Globo, 2003.

_____. *Rútilo Nada. A Obscena Senhora D. Qadós.* Campinas: Pontes, 1993.

MORAES, Eliane Robert. Da medida estilhaçada. In: DE FRANCESCHI, Antonio Fernando (Ed.). *Hilda Hilst*. São Paulo: Instituto Moreira Sales, 1999. p. 114-126. (Cadernos de literatura brasileira, n. 8).

RIBEIRO, Leo Gilson. Da ficção. In: *Hilda Hilst*. São Paulo: Instituto Moreira Sales, 1999. p. 88. (Cadernos de literatura brasileira, n. 8).

ROQUE, Átila. Disponível em: <http://noticias.uol.com.br/cotidiano/ultimas-noticias/2013/09/10>. Acesso em: 13 set. 2013.

SARAMAGO, José. *Os escritores perante o racismo*. Disponível em: <http://pensador.uol.com.br/autor/jose_saramago/>. Acesso em: 16 jun. 2013.

9. *Ó*, DE NUNO RAMOS: o espanto das máscaras mortuárias – a nova literatura brasileira contemporânea do século XXI, "uma literatura exigente"

Em artigo publicado na *Folha de S. Paulo* (*Folha de S.Paulo*, Ilustríssima, A literatura exigente, 25 mar. 2012), Leyla Perrone-Moisés afirma que "entre as várias correntes da prosa brasileira atual, existe uma bem consolidada, que poderíamos chamar de literatura exigente. São obras de gênero inclassificável, misto de ficção, diário, ensaio, crônica e poesia" (PERRONE-MOISÉS, 2012)

Uma nova literatura surge, já não mais seguindo um cânone. "Exigem leitura atenta, releitura, reflexão e uma bagagem razoável de cultura, alta e pop, para partilhar as referências explícitas e implícitas". Ainda completa, em seu instigante artigo que "A linhagem literária reivindicada por esses autores é constituída dos mais complexos escritores da alta modernidade: Joyce, Kafka, Beckett, Blanchot, Borges, Thomas Bernhard, Clarice Lispector, Pessoa..".

Esses escritores brasileiros, nascidos quase todos por volta de 1960, a maioria passou por ou está na universidade, como pós-graduando ou professor, o que lhes fornece boa bagagem de leituras e de teoria literária; alguns são também artistas plásticos, o que acentua o caráter transgenérico dessa produção. E diga-se, desde já, que, se para alguns leitores, entre os quais me incluo, são excelentes escritores, para muitos outros são aborrecidos e incompreensíveis, completa Perrone-Moisés em seu artigo, com o qual concordo plenamente. Os mais interessantes e que mais ilustram essa tendência são Evando Nascimento, Nuno Ramos, André Queiroz, Carlos de Brito e Mello, Julián Fuks, Juliano Garcia Pessanha e Alberto Martins. Em Silviano Santiago, *Machado* (2017), certamente é o mais completo, alto-culto e rigoroso romance-ensaio que encontramos hoje.

Nas palavras de Perrone-Moisés, "Desconfiam do sujeito como "eu", do narrador, da narrativa, das personagens, da verdade e das possibilidades da linguagem de dizer a realidade. Pertencem ainda e cada vez mais àquele tempo que Stendhal chamou, já no século 19, de "era da suspeita" e que Nathalie Sarraute consagrou ao caracterizar o romance experimental do século 20".

Escolhemos Nuno Ramos para aprofundar um pouco essa reflexão. Seu livro *Ó* (Iluminuras, 2010) é um romance-ensaio dos mais instigantes desse nosso tempo, principalmente, porque enfrenta tragicamente a questão da decepção dos mitos e, especialmente, a lógica da falência que instaura a linguagem. *Ó* presta-se, com efeito, entre as produções contemporâneas no Brasil, ao exercício da crítica literária como diálogo e reflexão ético-política sobre o espaço ocupado hoje pela literatura. Defendemos, também, a obra *Ó*, como um romance trágico, telúrico, de vida e de morte, constituído por uma poética da negatividade, no conceito de Ricardo Piglia (apud AVELAR, 2010. Disponível em: <http://www.periodicos.ufsc.br/index.php/travessia/article/view/14632/13381>. Acesso em: 19 ago. 2011).

O acento dessa literatura contemporânea hoje, que não está somente na força do fragmento, mas também atualiza a interrogação sobre uma outra "subjetividade", ou "não subjetividade", fundamental para situar o lugar em que a literatura repropõe a pergunta existencial de cada tempo, descrevendo, assim, um sujeito que se disfarça atrás de uma máscara mortuária, ultimato da máscara trágica e que perdeu o uso da razão, uma vez que deixou de buscar ou de indicar uma verdade.

Referimo-nos ao ensaio "O pensamento do exterior", de 1966, publicado na obra *Estética, Literatura e Pintura, Música e Cinema* (2001, p. 119-246), ensaios que Michel Foucault reuniu no decorrer de sua vida de pensador. O argumento principal de Michel Foucault, nesse ensaio, é de que a literatura (mas não apenas) deve ousar-se se perder no exterior de suas próprias linguagens, por meio da fuga sem fim para o exterior de toda e qualquer forma de subjetividade, interiorização e intimismos.

Para tanto, Foucault argumenta que o ser da linguagem, e especialmente o ser da linguagem literária é antes de tudo um "ser" que se funda não na verdade do dizer, mas na assunção da mentira, pois o "eu falo" corresponde não à verdade referencial de quem fala, mas a um "eu minto" na ficção. Esse "eu minto" da ficção, segundo Foucault, não se diz de forma introspectiva, mas, pelo contrário, expande para o exterior de si e da linguagem, dizendo e inventando o fora ao dizer, ao mentir, ao produzir ficções. Para delimitar este enfoque, a ideia de exterioridade em *Ó*, como telurismo em Nuno Ramos, valho-me deste fragmento de Foucault:

> Habituou-se a crer que a literatura moderna se caracteriza por um redobramento que lhe permitiria designar-se a si mesma: nessa auto-referência ela teria encontrado o meio, ao mesmo tempo, de se interiorizar ao extremo (de ser apenas o seu próprio enunciado) e de se manifestar no signo cintilante de sua longínqua existência. De fato,

> o acontecimento que fez nascer o que no sentido estrito se entende por "literatura" só é da ordem da exteriorização em uma abordagem superficial: trata-se muito mais de uma passagem (grifo nosso) para o "fora": a linguagem escapa ao mundo de ser do discurso – ou seja, à dinastia da representação – e o discurso literário se desenvolve a partir dele mesmo, formando uma rede em que ponto, distinto dos outros, a distância mesmo dos mais próximos, está situado em relação a todos em um espaço que ao mesmo tempo nos abriga e os separa. A literatura não é a linguagem se aproximando de si até o ponto de sua ardente manifestação, é linguagem se colocando o mais possível dela mesma e se, nessa colocação "fora de si", ela desvela seu ser próprio, essa súbita clareza revela mais uma dispersão do que uma refração, mais uma dispersão do que um retorno dos signos sobre eles mesmos. O "sujeito" da literatura (o que fala nela e aquele sobre o qual ela fala) não seria tanto a linguagem em sua positividade quanto o vazio em que ela encontra seu espaço quando se enuncia na nudez do 'eu falo' (FOUCAULT, 2001, p. 220-221).

Ou seja: na máscara. E em *Ó*, na máscara mortuária que conserva a matéria linguística e o corpo das coisas exteriores. Assim, na narrativa de Nuno Ramos, a alegoria "ruinosa" da máscara mortuária, a que revela a impossibilidade de ser testemunha, mas valoriza a possibilidade do "testemunho" no tecido trágico do texto narrativo. Na escrita de Nuno Ramos, assiste-se a uma fragmentação sempre mais acentuada do eu textual e do tecido narrativo. No telurismo da Terra que recebe os cadáveres da linguagem, é importante frisar que a desestabilização da verdade atualiza o mecanismo da tragédia. Narrar passa, então, a ser possível somente sobre e a partir da morte. A este respeito, é conhecida a reflexão de Heidegger sobre linguagem e sujeito, linguagem e morte. Trata-se de uma "relação impensada", conforme as próprias palavras do filósofo, mas necessária à reflexão aqui proposta:

> Os mortais são aqueles que podem ter a experiência da morte como morte. O animal não pode. Mas o animal tampouco pode falar. A relação essencial entre morte e linguagem surge como num relâmpago, mas permanece impensada. Ela pode, contudo, dar-nos um indício relativo ao modo como a essência da linguagem nos reivindica para si e nos mantém desta forma junto de si, no caso de a morte pertencer originariamente àquilo que nos reivindica (HEIDEGGER, 1967, p. 215).

O texto narrativo – confirma Nuno Ramos (2010) – deve tratar, como se estivesse tratando de um dever moral – dessa ferramenta que é a linguagem: o sujeito "procura abrigo – nas imagens, nos braços de outra pessoa e, no limite, pois é a isto que sempre recorre, *na linguagem*" (RAMOS, 2010, p. 17, grifos nossos) e "tentar apreendê-la, indeciso entre o mugido daquilo que vai sob a camisa e a fatuidade grandiosa de minhas frases" (RAMOS, 2010, p. 18) A linguagem é matéria, pergunta-se o autor de *Ó*? Se ela é ferramenta, ela tem de ser criada? – "É aí que tudo se complica, pois aqui a única pergunta que realmente interessa é: de que é feita essa ferramenta?" (RAMOS, 2010, p. 19) Talvez para ver a materialidade dessa ferramenta seja necessária a entrada da literatura, com suas dúvidas, com sua predisposição à falência, com sua mediação confusa, ou a ameaça de um "vírus de irrelevância" de que tratou Pécora.

Esse "mundo diverso", abundante em signos, que o ser não pode evitar de tentar traduzir na linguagem dele, pode ser considerado o mundo do mito, mas também a realidade em sua essência, a resposta às perguntas que a existência propõe e impõe. Em *Ó*, o sujeito narrativo tenta uma via intermediária que se revela, mais uma vez, decepcionante e frágil:

> Como uma via intermediária, procuro entrar e permanecer no reino da pergunta – ou de uma explicação que não se explica nunca. Assim, suspenso, murmuro um nome confuso a cada ser que chama minha atenção e toco com meu dedo e sua frágil solidez, fingindo que são homogêneos e contínuos. [...] Acabo por me conformar com uma vaga e humilde dispersão dos seres, fechados em seu desinteresse e incomunicabilidade de fundo, e como um modelo mal-ajustado ao modelaço permaneço em meu torpor indagativo, deitado na relva, tentando unir pedaços de frases a pedaços de coisas vivas (RAMOS, 2010, p. 18-19).

A união desses pedaços é possível para um tecelão de signos? Abre-se uma terceira discussão. A investigação dos signos que são em sua grande maioria sintomas de uma "poética da negatividade", feliz expressão de Ricardo Piglia (apud AVELAR, 2010. Disponível em: <http://www.periodicos.ufsc.br/index.php/travessia/article/view/14632/13381>. Acesso em: 19 ago. 2011), ao identificar uma das tendências do romance contemporâneo, aquele que, por um lado, recusa as convenções da cultura de massa e, por outro lado, assume uma posição de negação radical cujo resultado final seria o silêncio ou o silêncio do espanto – Ó!. É importante também, mostrar, com base na sua escrita em *Ó*, que Nuno Ramos está inscrito no núcleo desses escritores que:

> Convergem ao "negar-se a entrar nessa espécie de manipulação que pressupões a indústria cultural e ao desmontar os mitos da comunicação direta e transparência lingüística que fundamentam tal indústria.

> A poética da negatividade seria portanto uma crítica de todas as concepções instrumentais e pragmáticas de linguagem. [...] Acenando ao silêncio e ao não dito [...], a poética da negatividade herda o projeto suicida, moderno, de levar a linguagem a seus limites mais extremos, limites que podem incluir a total impossibilidade da própria linguagem (AVELAR, 1999, p. 167)

Na esteira de Idelber Avelar, esta possibilidade de tal negatividade não estar associada a uma posição ou justificação ético-moral, em *Ó*, se consolida, pois ela coincide com uma reflexão linguística, no sentido de uma reflexão sobre a linguagem como lugar da impossibilidade do dizer e revelar verdades. Trata-se de uma recusa absoluta da linguagem-espetáculo, de uma linguagem cinematográfica banal, superficial, reduzida a um conjunto de gestualidades, propostas idiomáticas, de um cotidiano estéril e rotinário. A linguagem posta em xeque pela narrativa de Nuno Ramos é "o espanto sobre a origem daquilo". Assim, a pergunta dessa literatura (existencial, ontológica e social), irá fundamentar o grito ou o estupor, ou o espanto dado pelo "Ó" do título da obra de Nuno Ramos: a palavra funciona como pulsão e tensão do sujeito narrativo.

Em "Manchas na pele, linguagem", Nuno Ramos aposta na busca de um ponto, de um marco zero ou ante-zero da linguagem que, paradoxalmente, pode ser o seu limite, ou algo pré-linguístico, talvez, onde escrever não é mostrar, fazer aparecer, representar a verdade, possibilidade de comunicar; mas é onde se afirma a impossibilidade e a ausência de sentido, a desaparição das coisas e daquele que escreve. Escrever deixa de se abrigar num horizonte estável para ser tornar atividade de ruína. A literatura entra então em dispersão aproximando-se de si própria na busca de um único ponto, o "ponto zero"[30], ponto neutro onde a literatura desaparece, vazio que permite sua reconstrução.

> Se fosse possível, por exemplo, estudar as árvores numa língua feita de árvores, a terra numa língua feita de terra, se o peso do mármore fosse calculado em números de mármore, se descrevêssemos uma paisagem com a quantidade exata de materiais e de elementos que a compõem, então estenderíamos a mão até o próximo corpo e saberíamos pelo tato seu nome e seu sentido, e seríamos deuses corpóreos, e a natureza seria nossa como uma gramática viva, um dicionário de musgo e limo, um rio cuja foz fosse seu nome próprio (RAMOS, 2010, p. 20).

---

30 A ideia de que a linguagem literária expressa o próprio poder de falar da linguagem, o próprio ser da linguagem, filia-se à concepção de intransitividade da linguagem proposta por Barthes em *O grau zero da escritura*, e que tanto Foucault quanto Blanchot retomam. Ver BLANCHOT, M. *O livro por vir*. Parte IV, capítulo II.

Para Foucault e Blanchot, a literatura/a escritura é experiência de linguagem. Mas a noção de experiência, eles a desenvolvem fora do sentido usual. Ambos guardam a linguagem em seu estatuto ontológico. Foucault se ocupa com a constituição do ser como experiência na literatura, ou seja, o ser da linguagem na experiência literária. Na literatura como espaço da experiência ele busca aproximar pensamento e linguagem, então, pensar a experiência é pensar o ser da linguagem. A experiência, assim como a morte, é questão presente em toda a obra de Blanchot. Ele toma a experiência como escritura, literatura, ato ou movimento de escrever. Desde Mallarmé, a busca literária colocaria o problema da linguagem e o da escritura:

> la escritura que, por su propia fuerza liberada lentamente – fuerza aleatoria de ausencia –, parece dedicar-se únicamente a sí misma y queda sin identidad, señalando poco a poco posibilidades muy distintas, esto es, una manera anónima, distraída, diferida y dispersa de estar en relación, con lo cual todo está implicado, empezando por la idea de Dios, del Yo, del Sujeto, y luego de la Verdad, y terminando por la idea del Libro y de la Obra [...]
> Invisiblemente, a la escritura le correspondería deshacer el discurso en el que, pese la desgracia en que sospechamos estar, quedamos cómodamente instalados, nosotros que disponemos de él. Desde este punto de vista, escribir es la violencia más grande porque transgrede la ley, toda ley y su propia ley (BLANCHOT, 1996, p. 10-11).

Assim, para Foucault, a escritura como experiência poética também é a experiência transgressora da linguagem, do discurso. Já Blanchot explora a literatura, marginal ao saber moderno, como experiência de contestação aos saberes, poderes e verdades. A experiência não tem sentido fenomenológico, é experiência de espaço e tempo fora da percepção. É experiência da não experiência. A escritura se desvia, escapa, da experiência sensível; está fora da relação visível/invisível. É experiência de si própria, experiência total. Em *L'entretien infini*, capítulo IX, sobre Bataille e Sade, Blanchot fala da experiência-limite: experiência em relação ao extremo, ao impossível, ao impensado no pensamento. Em *O livro por vir* (1984), capítulo IV, ele trata da experiência total que diz respeito à própria exigência de escrever. Para Foucault, a experiência é dobra, retorno sobre si mesma, não remete a nada além dela. Para Nuno Ramos, a experiência de nomear não é uma experiência de saber. Ao contrário, nossa língua, para ele, é um "pequeno vento" que chamamos "vento verdadeiro", e tem, sim, um enorme poder, autoritária, que é capaz de coagular, numa experiência-limite: "Mais do que comer, correr ou flechar a carne alheia, mais do que aquecer a prole sob a palha, nós nos sentamos e damos nomes, como pequenos imperadores do todo e de tudo" (RAMOS, 2010, p. 20).

A escritura como experiência, Blanchot nos mostra com Orfeu[31]. Escrever é ser atraído para fora do vivido, do mundo, em direção à Eurídice, aos infernos – espaço da escritura. Orfeu se volta para Eurídice, pois não se voltar seria trair uma experiência simultaneamente essencial e arruinadora da obra, experiência onde se atinge o ponto extremo, o extremo risco, exigência paradoxalmente impossível da obra. A experiência é experiência da escritura, busca impossível da origem e da morte. É experiência da atração da origem: o desobrar; e impossibilidade de "olhar" a origem: o obrar. Nuno Ramos, em "Manchas na pele, linguagem", em *Ó*, traz para o leitor uma experiência que é também a experiência do Fora, de aproximação do neutro, Na linguagem, a escritura abre um vazio, um espaço neutro, não humano e não objetivo, onde ela se desdobra, desdobrando-se em um espaço e tempo próprios, espaço da experiência, da obra: espaço infinito e tempo da repetição. E é neste deserto inocupável, neste espaço literário, que o escritor vaga, erra, na "solidão essencial", nos seus cinco Ós. *Ó* é o circulo dos horrores da linguagem, o círculo dos infernos euridicianos,

> pois circula em toda a natureza um halo de inexpressividade – por exemplo, nas feições impassíveis com que o sapo é devorado pela cobra, como se levemente espantado (e por isso arregala os olhos) com o que está lhe acontecendo, ou quando a louva-a-deus devora calmamente a cabeça de seu macho, com um pequeno galho de bambu, enquanto copula com ele – é porque nada ali precisa ser comunicado, arrastado que está pela própria e intensa atividade. Apenas a nós, que trocamos tal fluxo pelas modulações de voz, que entre todas as matérias internas e externas, entre todos os sólidos, os musgos e as mucosas, entre o que voa e o que afunda, entre o que plana e o que nasce do apodrecimento, selecionamos apenas a voz e o vento, organizados em acordes, para tomar o mundo, apenas a nós é dada a labuta das expressões faciais e dos gestos, apenas em nós a dor parece alhear-se numa *expressão*, facial ou linguística. Pois afirmo que mesmo aí, quando recebemos a mordida de nosso assassino, quando a patada do ferino nos alcança pelas costas ou o veneno de uma serpente aos poucos nos faz dormir, mesmo aí mentimos, e fabricamos com nossa cara um falso duplo para nos poupar (RAMOS, 2010, p. 21).

O neutro diz respeito ao negativo, ao ser como negativo, e não à negação. Como diz Foucault em *O pensamento do exterior* (1966), a linguagem de Blanchot não faz uso dialético da negação. A literatura é linguagem do neutro, onde a tensão dos contrários se mantém como paradoxo, não se dilui.

---
31 "O olhar de Orfeu", texto central de *O espaço literário*, como diz Blanchot na abertura do livro.

A dimensão do neutro, para Blanchot e Foucault, se opõe à dialética, o negativo sendo "impoder". Blanchot distingue entre a linguagem do discurso, do mundo, comunicativa, dialética e a escritura, onde a linguagem se diz linguagem. A escritura, a palavra literária, é indiferente a uma verdade que subsista fora dela e também à cultura onde ela é operatória. Ela é o silêncio mais silencioso, pois capaz de interromper o ruído e transformá-lo em palavra. Ela só atende às suas próprias exigências, sendo linguagem do impossível, na qual a dualidade da linguagem, a ambiguidade, se mantém, sem o dizer e o não dizer diluírem-se um no outro ou contestarem-se. É um "e" outro.

Considerando o fragmento acima de Nuno Ramos, é na forma poética da linguagem, que a linguagem revela seu abismo e seu centro, sua essência, que não é ocultar ou desvelar um sentido escondido. Sua essência é seu vazio, sua ausência: "ponto" para o qual seu ser é atraído e onde ela desmorona. Na linguagem desdobrada, em sua repetição, está o ser da linguagem, que "nasce" não como positividade de um sentido, mas como negatividade, ausência de sentido. A linguagem não representa as coisas. A linguagem se dobra sobre si mesma. Ao se reduplicar, a linguagem demonstra que não existe linguagem que seja verdade em espelho de uma linguagem primeira, original. A verdade da linguagem está na sua permanente proliferação. A este respeito encontro em Ramos (2010) a seguinte reflexão:

> Mas talvez não importe tanto fabular sobre a origem da linguagem quanto compreender a enorme cisão que ela causou. Pois uma vez amarrada esta corda entre todos, uma vez expulsos ou mortos aqueles que não quiseram valer-se dela, não mais qualquer possibilidade de retorno, pois é próprio da mais estranhas das ferramentas, da mais exótica das invenções (a linguagem), parecer tão natural e verdadeira quanto uma rocha, um cajado ou uma cuspada. Este é seu verdadeiro fundamento, sua, digamos, astúcia – a de substituir-se ao real como um vírus à célula sadia. Há aí uma potência de esquecimento que não pode ser diminuída, uma armadilha na agonia que serviu a alguns (e não a todos), sacrificando violentamente àqueles que não a utilizaram (Idem, p. 22-23).

Em *Ó*, Ramos, ao trabalhar seus modelos (Ele já o faz desde *O pão do Corvo* e continua em seus poemas de *Junco*), acaba por traçar trilhas que apontam o jogo sempre, ao mesmo tempo, pós-empírico e provisório a partir do qual se articulam estratégias de poder e técnicas com pretensão de verdade. Daí a empresa infrutífera do leitor que buscar distinguir o verdadeiro do falso, o fundado do não fundado, o legítimo e do ilusório – "ensaios amalucados", pois, o verdadeiro lugar da literatura. No primitivo telúrico mundo das palavras.

REFERÊNCIAS

BLANCHOT, Maurice. *A parte do fogo*. Rio de Janeiro: Rocco, 1997.

_____. *El diálogo inconcluso*. Caracas: Monte Ávila Latinoamericana, 1996.

_____. *O espaço literário*. Rio de Janeiro: Rocco, 1987.

_____. *O livro por vir*. Lisboa: Relógio d´Água, 1984.

D'ANGELO, Biagio. Ó, o lugar da negatividade. In: PEREIRA, Helena Bonito (Org.). *Novas leituras da ficção brasileira no século XXI*. São Paulo: Universidade Presbiteriana Mackenzie, 2011.

DERRIDA, Jacques; FOUCAULT, Michel. *Três tempos sobre a história da loucura*. Textos organizados por Maria Cristina Franco Ferraz. Rio de Janeiro: Relume-Dumará, 2000.

DESCOMBES, Vicent. *Le même et l'autre*: quarante-cinq ans de philosophie française (1933-1978). Paris: Minuit, 1979. (Coll. Critique).

DREYFUS, Hubert; RABINOW, Paul. *Michel Foucault, uma trajetória filosófica*: para além do estruturalismo e da hermenêutica. Trad. Vera Porto Carrero e Antônio Carlos Maia. Rio de Janeiro: Forense Universitária, 1995.

FOUCAULT, Michel. *As palavras e as coisas*: uma arqueologia das ciências humanas. São Paulo: Martins Fontes, 1987.

_____. *Ditos e escritos III – Estética*: literatura e pintura, música e cinema. Rio de Janeiro: Forense Universitária, 2006.

_____. *Dits et écrits, 1954-1988*. Édition établie sous la direction de Daniel Defert et François Ewald, avec la collaboration de Jacques Lagrange. Paris: Gallimard, 1994. v. I, II, III e IV.

_____. *Histoire de la folie à l'âge classique*. Paris: Gallimard, 1972. (Coll. Tel).

_____. *Le pouvoir psychiatrique*. Cours au Collège de France, 1973-1974. Édition établie par François Ewald et Alessandro Fontana, par Jacques Lagrange. Paris: Gallimard/Seuil, 2003. (Coll. Hautes études).

FOUCAULT, Michel. *Les mots et les choses*: une archéologie des sciences humaines. Paris: Gallimard, 1966. (Coll. Tel).

_____. *Naissance de la clinique*. 5. ed. Paris: Quadriage; P.U.F., 1997.

_____. Nietzsche, a genealogia e a história. In: MACHADO, Roberto. *Microfísica do poder*. 15. ed. Rio de Janeiro: Graal, 2000. p. 15-38.

_____. Qu'est-ce que la Critique? *Bulletin de la Société Française de Philosophie*, t. LXXXIV, année 84, n. 2, p. 35-63, avr./juin. 1990.

_____. *Sécurité, territoire, population*. Cours au Collège de France, 1977-1978. Édition établie par François Ewald et Alessandro Fontana, par Michel Senellart. Paris: Gallimard; Seuil, 2004. (Coll. Hautes Études).

MARTON, Scarlett. Foucault leitor de Nietzsche. In: RIBEIRO, Renato Janine. *Recordar Foucault*. São Paulo: Brasiliense, 1985. p. 36-46. Links.

NIETZSCHE, F. A 'razão' na filosofia. In: *Crepúsculo dos Ídolos*. Lisboa: Guimarães, 1985.

RAMOS, Nuno. *Junco*. São Paulo: Iluminuras, 2011.

_____. *Ó*. São Paulo: Iluminuras, 2010.

_____. *O Pão do corvo*. São Paulo: Editora 34, 2001.

10. *MACHADO*, DE SILVIANO SANTIAGO: uma trama romanesca ensaística e documental de memória cultural

Silviano Santiago, lê-se na orelha do romance *Machado* (2017), Professor, Crítico e Ficcionista, é "aclamado pelos romances que recriam os primeiros meses da vida de Graciliano Ramos depois do cárcere – *Em Liberdade* (1981) – e a viagem de Antonin Artaud ao México – *Viagem ao México* (1995)", e "traz agora uma passagem inaudita da vida de um dos maiores romancistas de todos os tempos". Ainda nos diz o texto de orelha: "Ancorado em extensa e rigorosa investigação, o ficcionista retrata um Machado solitário e sofrido nos seus últimos dias, cercado ao mesmo tempo por fantasmas da literatura mundial e temas obsedantes de sua obra, como o amor e o ciúme, a viuvez e o adultério, a religiosidade" (SANTIAGO, 2017, texto de orelha).

Silviano traça uma trama meticulosamente armada, para nos mostrar a realidade de Machado, no decorrer e final de sua vida, esbanjando magistralmente fatos de sua vida e aparências que apontam para o verossímil, a serem explorados por um narrador propositadamente bem machadiano, que ora é o próprio narrador machadiano, em sua plena onisciência, ora é o próprio autor, que não se furta de, no processo de criação fabular durante a trama romanesca, apontando, diria, de forma negativa e pessimista para a "maledicência dos amigos e confrades"que lhe são próximos ou distantes, e dos futuros leitores (SANTIAGO, 2017, p. 53). Seu interlocutor mais próximo é Mário de Alencar, filho de José de Alencar, a quem Machado fizera confidências e destilara solilóquios em almoços e jantares "entre os quatro primeiros anos da primeira década do século XX, que antecedem a morte do protagonista, e os poucos anos de vida que se descortinam para contra o horizonte do século XXI" (SANTIAGO, 2017, p. 53).

Na contemporaneidade, Gilles Deleuze concebe o Devir no sentido de que a realidade se perfaz em uma zona de indiscernibilidade, onde as definições dos termos de uma relação se constituem pela própria relação que os une, de forma dinâmica, recíproca e complexa. Podemos dizer que essa concepção encontra-se no bojo da virada epistemológica promovida no final do sec. XIX e que tem repercussões em efeito cascata no séc. XX e XXI, embora ainda persista uma noção teleológica do Devir. Cientificamente, após o advento e a grande aceitação da Teoria da

Evolução de Darwin, a questão do Devir acaba por tornar-se constituinte de todo o pensar contemporâneo: traz à baila a responsabilidade humana na construção do real e na valorização da diferença e da descontinuidade, como nos mostra não só Deleuze como Foucault, Derrida e outros. Espero usar este tecido teórico para levantar algumas questões que considero primordiais na leitura de *Machado*, de Silviano Santiago (2017) e ampliar esses temas trazendo o pensamento deleuziano para explicar que o devir nos comprova a importância do resgate na historiografia, no documento e na fusão narrador e autor, ou na alternância de ambos em Silviano Santiago da Memória Cultural: "Dissolvendo as fronteiras entre pesquisa biográfica, romance e ensaio, esta narrativa imprescindível lança nova luz sobre a vida e obra de Machado de Assis" (Orelha do livro de SANTIAGO).

> Quando Foucault admira Kant por ter colocado o problema da filosofia não remetendo ao eterno, mas remetendo ao Agora, ele quer dizer que a filosofia não tem como objeto contemplar o eterno, nem refletir a história, mas diagnosticar nossos devires atuais: um devir-revolucionário que, segundo o próprio Kant, não se confunde com o passado, o presente nem o porvir das revoluções. Um devir-democrático que não se confunde com o que são os Estados de direito, ou mesmo um devir--grego que não se confunde com o que foram os gregos. Diagnosticar os devires, em cada presente que passa, é o que Nietzsche atribuía ao filósofo como médico, "médico da civilização" ou inventor de novos modos de existência imanentes. A filosofia eterna, mas também a história da filosofia, cedem lugar a um devir-filosófico. Que devires nos atravessam hoje, que recaem na história, mas que dela não provêm, ou antes, que só vêm dela para dela sair? (DELEUZE; GUATTARI, 1992, p. 144-145).

É essencialmente com o olhar voltado para essa teoria nietzschiana, que faremos algumas condiderações, neste texto, como leitores muito atentos de Machado e leitores mais estudiosos de Silviano há algum tempo. Silviano Santiago, em 2002, nos presenteou com um texto que houvera escrito para a abertura do I Congresso da Associação Brasileira de Estudos da Homocultura. Escreveu um texto instigante, usado mais adiante neste ensaio: "O público, é preciso em primeiro lugar que a literatura seja", uma paráfrase muito genial da máxima de Antonin Artaud, retirada de *O teatro e seu duplo* (1983, p. 54), em *Livros & Idéias – ensaios sem fronteira* (2004, p. 13-28): "O público, é preciso em primeiro lugar que o teatro seja". Para este ensaio, e sua breve amostra da forte Memória Cultural nele presente, usarei o *commentaire composé*, como estratégia e método para a leitura da obra:

Em fins do século XIX e início do século XX, quando Machado viveu, a imortalidade era guiada por blocos tipográficos móveis, fundidos em chumbo em carne e osso. Pela impressão gráfica é que se reproduzem e se disseminam as falas, os pensamentos, as reflexões, os poemas, os teoremas, os livros e nossas vidas" (SANTIAGO, 2017, p. 53).

Na página seguinte, o autor Silviano escreve: "1908. Os obituários falam do doce e benévolo ceticismo de Machado de Assis, *cultivado à vista da bela paisagem colonial carioca* (grifos nossos) que, nos primeiros anos do século XX está sendo posta abaixo pelos poderosos do dia" (Idem, p. 54). Ainda, "Que a capital federal da República do Brasil e seus moradores se civilizem!" (Idem, p. 54)

Surpreendentemente, o telurismo carioca que serviu de pano de fundo em toda a obra machadiana reaparece em *Machado* (SANTIAGO, 2017) em uma obra que se coloca frente aos conceitos contemporâneos filosóficos de Devir, para provocar, numa crítica ferrenha, ao que se entende por pós--verdade, hoje, já dicionarizado o vocábulo:

> Uma nova palavra entrou para o léxico mundial em 2016 e fecha o ano em alta, frequentando as mais diversas bocas e páginas do mundo político e jornalístico. É a "pós-verdade", um elegante étimo composto que pode parecer fruto da mais refinada filosofia contemporânea, mas não vai muito além de "tucanar" a mentira, naquele antigo e consagrado sentido de falar difícil, com sotaque tecnocrático, o que pode ser dito de forma simples e direta.
> A "pós-verdade" despontou para a fama graças ao *Dicionário Oxford*, editado pela universidade britânica, que anualmente elege uma palavra de maior destaque na língua inglesa. Oxford definiu a acepção e mostrou a evolução do termo, observando que ele não foi cunhado neste *annus horribilis* da história humana, mas seu uso cresceu 2.000% nele. O Google registra mais de 20,2 milhões de citações em inglês, 11 milhões em espanhol e 9 milhões em português, uma ideia de seu sucesso.
> Na definição britânica, "pós-verdade" é um adjetivo "que se relaciona ou denota circunstâncias nas quais fatos objetivos têm menos influência em moldar a opinião pública do que apelos à emoção e a crenças pessoais".
> Não seria então, exatamente, o culto à mentira, mas a **indiferença com a verdade** dos fatos. Eles podem ou não existir, e ocorrer ou não da forma divulgada, que tanto faz para os indivíduos. Não afetam os seus julgamentos e preferências consolidados. **O termo, diz a Oxford**, foi empregado pela primeira vez em 1992 pelo dramaturgo sérvio-americano Steve Tesich, em um ensaio para a revista *The Nation*. Em 2004, o escritor norte-americano Ralph Keyes colocou-o

no título de seu livro *The Post-Truth Era: Dishonesty and Deception in Contemporary Life*. Mas quem mais contribuiu para a sua popularização mundial foi a revista *The Economist*, desde quando publicou, em setembro passado, o artigo "Arte da mentira" (Disponível em: <https://www.cartacapital.com.br/revista/933/a-era-da-pos-verdade>. Acesso em: 27 maio 2017.)

Como o faz? Valorizando a narrativa, a crônica, a linguagem descritiva e rica em detalhes realistas. O jogo, verdade, mentira, ficção, ensaio, historiografia, crítica, testemunho, arquivologia, fotografias e ilustrações de época são a marca dessa ficção tão "exigente" que o leitor vai encontrar na mais recente obra de Silviano Santiago. E haverá de ser um leitor cultíssimo.

> No dia 1º. de maio de 1897, a antiga praça Salema muda defitivamente de nome. A ideia de levantar uma estátua à memória do escritor José de Alencar veio da cidade de Campanha, onde se publica o jornal *Monitor Sul-Mineiro*. Os redatores daquele jornal abrem uma subscrição, logo encampada na capital federal pelo jornal *Gazeta de Notícias* e por ele monitorada. A estátua seria erguida no local onde uma pequena ponte cobria o rio Carioca e permitia o trânsito da rua do Catete para a bifurcação das ruas senador Vergueiro e Marquês de Abrantes. A ponte Selema desaparece. O rio Carioca se torna subterrâneo. A parça ganha o nome do romancista cearense. O dinheiro arrecado prpicia as festividades. Contam com uma multidão de populares e com a presença de Prudente de Morais, presidente da República, de Furquim Werneck, então prefeito da capital federal, de três bandas de música e de inúmeros escritores, entre eles o filho do homenageado, o jovem Mário de Alencar. A estátua do escritor cearense é de bronze. Foi modelada por Rodolfo Bernadelli (SANTIAGO, 2017, p. 175).

Em 2004, publicado *Livros e Idéias – ensaios sem fronteiras*, pela Artes e Ciências (SP), sob a organização de Deneval Siqueira de Azevedo Filho e de Rita Maria de Abreu Maia, foi de autoria de Silviano Santiago o Capítulo I do livro, intitulado "O público, é preciso em primeiro lugar que a literatura seja". Ele nos diz:

> É com o cidadão em processo de construção ou de reconstrução, e não com o indivíduo, que a literatura dialoga. Nos tempos atuais, o cidadão é o indivíduo que, ao querer conhecer a si e à sociedade em que vive, dá início ao infindável diálogo com o sangue das letras, para retomar a palavra nietzscheana. O livro é o melhor mediador no seu diálogo com o mundo, vale dizer com os pares (SANTIAGO, 2004, p. 17).

Tal citação vem nos mostrar que Silviano emprega a concepção de Devir de Deleuze para tratar da relação do livro com o leitor. Já se trata de uma relação muito democrática ou devir-democrático, pois em *Machado* (2017), essencialmente, "O livro é o melhor mediador no seu diálogo". "Ao contrário do que se pensa, não é o leitor o criador da boa literatura a escolher tal tema ou tal outro para a sua ficção ou os seus poemas. O livro só o é na plena acepção do termo quando ele *cria seu leitor*, quando ele ajuda o seu leitor a se transformar em cidadão" (SANTIAGO, 2004, p. 17).

A descrição da Praça José de Alencar é um exemplo desse Devir do leitor:

> O famoso autor de Iracema está sentado numa poltrona que tem por peanha um bloco de mármore cinzento, lavrado de círculo. No pedestal estão incrustados quatro baixo-relevos e quatro medalhões, todos esculpidos pelo mesmo artista. Representam cenas de obras literárias do romancista comprometidas com a formação da nação brasileira: *O guarani*, *O sertanejo*, *Iracema* e *O gaúcho*. O monumento é iluminado pelos quatro lampiões que o cercam (SANTIAGO, 2017, p. 176).

Época, descrita abaixo da foto da Praça: 1906. Silviano faz questão de enfatizar a crítica de Machado ao Rio de Janeiro da época. Telurismo e Memória cultural: "Os cariocas boêmios viram de pernas pro ar o elegante e bem-comportado ambiente comercial diurno" (SANTIAGO, 2017, p. 177). Ainda, sobre Machado de Assis narrado e bem teluricamente ressentido, o autor nos diz:

> Em carta de 1906 ao amigo Heitor de Bento Cordeiro, cujo palacete em Laranjeiras fora elegante e concorrido ponto de reunião da sociedade carioca durante o Segundo Reinado, Machado de Assis, com a memória voltada para o esplendor da vida doméstica no passado (memória cultural e devir – grifo meu), informa ao amigo que se cura de doença incurável na Europa: "A avenida Central continua a encher-se de gente, e há muito quem tome refresco nas calçadas. Veja se isto é o nosso Rio" (SANTIAGO, 2017, p. 178).

De maneira sutil e elegante, Santiago põe em cena o narrador machadiano perverso, sardônico e maestro. Segundo ele próprio, em seu artigo em *Livros e Idéias – ensaios sem fronteiras* (2004, p. 18), "O verdadeiro artista da palavra invade a abscôndita caverna dos totens e dos tabus, iluminando com suas palavras corredores, estalactites, estalagmites e abismos. Ele traz o ambiente cavernoso para a convivência com a emoção e a lucidez, com o sol e a razão do leitor". Indubitavelmente assim ele narra o narrador

Machadiano, com fina ironia! No mais puro devir narrativo. A alma do artista. Um obelisco à onisciência do narrador Machadiano. Na página 284, o autor confirma essa observação, ao falar da construção do capitalista Nóbrega de *Esaú e Jacó*:

> O Nóbrega tem uma função semelhante à da vidente do Castelo. Ela previu o futuro glorioso dos gêmeos; o Nóbrega prevê a morte iminente da moça por quem se apaixona. Preterido por Flora, o capitalista age como cópia bastarda da astura raposa da fábula de La Fontaine. Ao descobrir que o cacho de uvas que lhe apetece está fora de seu alcance, diz que as uvas estão verdes. [...] Ao retomar no romance o personagem do irmão das almas Machado não economiza palavras. Descreve de maneira notável a metamormofose do irmão espertalhão em milionário. Capricha nos jogos irônicos que derrubam por terra os parvenus da sociedade brasileira sob o regime republicano. Associa-os ao enriquecimento ilícito e rápido à custa da desgraça alheia, acontecido durante o período econômico da história nacional conhecido como Encilhamento. Para Machado, o Encilhamento é a grande bacia das almas. A bacia das almas é a bacia da nota de dois mil-réis roubada às almas e é a bacia do capital (SANTIAGO, 2017, p. 284).

Uma pergunta a seguir, sobre a leitura de *Esaú e Jacó*, dá a dimensão da contemporaneidade da narrativa de Silviano Santiago: "Seria o capitalista brasileiro um mero ladrão das almas? Ou um espertalhão a fazer compras de terrenos e de imóveis na bacia das almas? O conselheiro Aires acode-me com a resposta sob a forma de provérbio em capítulo no meio do romance. Meu leitor não escapará desta outra "errata pensante" (SANTIAGO, 2017, p. 285). E completa: "Diz o Conselheiro que, onde se lê: "A ocasião faz o ladrão", deve-se ler: "A ocasião faz o furto, o ladrão nasce feito" (SANTIAGO, 2017, p. 285).

A dimensão das reflexões sobre as digressões machadianas nos remete, leitores, a fatos muito atuais e acho que são claras as intenções do autor quando coloca o escambo, em Machado, ao rés do chão, pois o Nóbrega voltará a se meter sempre com as ruas e as pessoas, e quase a ceder à reles esmola que outrora costumava roubar da igreja e outros espaços de outridade", quando já havia enriquecido de repente ao ter embolsado a mais polpuda das esmolas. Essa relação Brasil X Outro, a relação da vantagem gratuita e escambo corrupto, se dá já nos contos mais famosos de Machado de Assis. Só para lembrar o leitor, *Cantigas de Esponsais* (*Volume de contos*. Rio de Janeiro: Garnier, 1884) e *Um Homem Célebre* (ASSIS, Machado de. *Obra Completa*. Rio de Janeiro: Nova Aguilar, 1994. v. II), que nos mostram a impotência do artista diante da criação, do ato criador, também celebram, cruelmente, a fama do Mestre Romão que é famoso por reger a orquestra numa missa cantado na Igreja do Carmo, com músicas de outro compositor, pois é estéril musicalmente e, por ironia, vai escutar a música que sempre perseguiu compor durante vinte anos, uma cantiga esponsalícia, na voz do Outro, uma vizinha que houvera mudado para a casa do lado muito recentemente e estava em lua de mel. Já na hora de sua morte! Por seu turno, Pestana, em *Um homem Célebre*, era um frustrado compositor clássico, que tinha fama por compor polcas encomendadas pelo editor e que faziam muito sucesso. O valor de troca compensa o valor estético, nos pergunta Machado de Assis, a respeito do mercado editorial e das artes.

Silviano Santiago (2017, p. 306) nos dá a dimensão desse Machado amargo, que se queixava em *Memorial de Aires*, já doente de sua solidão, morando e andando na cidade do Rio de Janeiro:

> A partir de meados de novembro, o espaço da vida social carioca é controlado pelos preparativos para as festas de fim de ano. Na sexta 30 de novembro, pouco antes de se despedir de Mário (trata-se de Mário de Alencar, filho de José de Alencar, amigo – grifo meu) e tomar o bonde para o Cosme Velho, Machado queixava-se da crescente solidão. Inesperadamente, convida-o a sair na noite de sábado para uma conversa particular, longe da família. Acertam o encontro. No sábado, saem os dois para jantar num bom restaurante do Largo do Machado. Pouco preso ao lar, Mário lhe parece então como o amigo ideal para confidências no mês em que o corre-corre que antecede o Natal e o Réveillon não se casa com a solidão da viuvez que, por sua vez, se casa e mal com as criadas em casa e principalmente com as misérias da velhice.

Este encontro nos é descrito pelo autor/narrador ("As criadas só faltam me matar", p. 307) como uma conversa em solilóquio crescente, pois à medida que Machado vai armando as situações de sua narrativa oral, para, segundo Silviano, "tirar proveito delas" (SANTIAGO, 2017, p. 307), nomeia cuidadosamente os problemas por que passa. A narrativa de Silviano torna-se aí, mais uma vez, uma narrativa machadiana: "Perde-se na descrição da fraquesa geral do organismo para logo retomar o fôlego e se deter em lamento sobre a imaginação criativa em polvorosa" (Idem).

Não é novidade nenhuma a preocupação de Machado de Assis com a criação da obra de arte, mote de muitos outros contos de sua autoria, além dos dois citados acima. Silviano não poupa o autor quando arremata o parágrafo meticuloso da página 307: "Esquecimentos e equívocos dificultam mais e mais o progresso do novo romance. O verão está aí e se anuncia inclemente – arremata ele".

Observe-se, mais uma vez, a crueldade do narrador machadiano, de que faz uso Silviano ao terminar o relato: "O desinteresse involuntário pela confissão do amigo é o modo como se ouriça a proverbial aflição de Mário. Ouriça-se, ganha dimensão e se contrapõe *às lamúrias do velho escritor, doente e solitário, servindo de cenário para elas*" (SANTIAGO, 2017, p. 307, grifos nossos). Até que "Machado de Assis se cansa do blá-blá-blá e silencia definitivamente. Recolhe-se, deixando que o monólogo retórico do amigo se prolongue jantar adentro, sem interrupções" (SANTIAGO, 2017, p. 307).

Em *Memória cultural: o vínculo entre passado, presente e futuro*, **de** Flávia Dourado (Disponível em: <http://www.iea.usp.br/noticias/memoria-cultural>. Publicado em: 23 maio 2013, às 11h45, última modificação: 12 fev. 2016, às 10h49. Acesso em: 23 maio 2017), encontra-se o seguinte conceito de Jan Assmann, da Universidade de Constança:

> A memória cultural é constituída, assim, por heranças simbólicas materializadas em textos, ritos, monumentos, celebrações, objetos, escrituras sagradas e outros suportes mnemônicos que funcionam como gatilhos para acionar significados associados ao que passou. Além disso, remonta ao tempo mítico das origens, cristaliza experiências coletivas do passado e pode perdurar por milênios. Por isso, pressupõe um conhecimento restrito aos iniciados.
> A memória comunicativa, por outro lado, restringe-se ao passado recente, evoca lembranças pessoais e autobiográficas e é marcada pela durabilidade de curto prazo, de 80 a 110 anos, de três a quatro gerações. E, por seu caráter informal, não requer especialização por parte de quem a transmite.

Jan Assmann (2017) destacou as conexões entre memória cultural e identidade. De acordo com ele, a memória cultural é a "a faculdade que nos permite construir uma imagem narrativa do passado e, através desse processo, desenvolver uma imagem e uma identidade de nós mesmos" (Disponível em: <http://www.iea.usp.br/noticias/memoria-cultural>. Publicado em: 23 maio 2013, às 11h45, última modificação: 12 fev. 2016, às 10h49. Acesso em: 23 maio 2017).

A memória cultural atua, portanto, preservando a herança simbólica institucionalizada, à qual os indivíduos recorrem para construir suas próprias identidades e para se afirmarem como parte de um grupo. Isso é possível porque o ato de rememorar envolve aspectos normativos, de modo que, "se você quer pertencer a uma comunidade, deve seguir as regras de como lembrar e do que lembrar".

A miséria narrada por Machado de Assis a Mário de Alencar, a quem "elege... como o mais confiável dos amigos pelo silêncio ansioso com que recebe sua fala confessional e aberta" (SANTIAGO, 2017, p. 310) é a miséria da própria dor, pois se encontra corroído...pois "lhe sobrevêm ânsias de rechaçar tanto as palavras ouvidas quanto a paisagem psíquica que elas desenham, como se frases e paisagem íntima significassem quase nada ou nada, diante das suas palavras doloridas e sentidas que, por amizade e por carinho ao velho mestre, não chega a enunciar [...]" (SANTIAGO, 2017, p. 311).

O silêncio, nos diz Santiago, "cala fundo no coração de Machado de Assis". Num restaurante do Largo do Machado. E o sofredor, o Outro, Machado de Assis, encontra-se em "A subjetividade do pobre, do negro e do epiléptico tem fala secreta. Só é confidenciada em tom cavernoso e baixo, e se acolhida por silêncio em nada cúmplice" (SANTIAGO, 2017, p. 311). Ainda "Com a própria dor pacificada pela ansiedade egoísta do amigo eleito para escutar a confissão, Machado passa por um longo e acidentado final de 1906 e início de 1907, em que maneja com grande savoir-faire as tarefas do cotidiano privado e público" (SANTIAGO, 2017, p. 311). E nos diz, leitores, que "Essa forma enviesada de desafogo vital e original é semelhante à forma torta das emoções e dos sentimentos que o escritor Machado põe em ação ao fazer literatura. Ao desafogo interior se soma a beleza convulsiva que é a meta estética do *Memorial de Aires* (SANTIAGO, 2017, p. 312-313)

Interessante frisar que Santiago crítico também tece considerações que vão desde a filiação biológica de Machado de Assis, considerando-a "plebeia e marginal" à sua filiação literária "construída no avesso do ultranacionalismo romântico": "O romancista não vive no aqui e agora luso-brasileiro, embora escreva em Português clássico e tenha os pés fincados nos morros e na cidade do Rio de Janeiro. Sabe-se oriundo de personagens paternos estrangeiros, tidos como figuras fictícias, porque falsas, para retomar a comparação feita pelo comum dos mortais" (SANTIAGO, 2017, p. 317).

Assim se explica o misto de marginalidade, outridade e mítica, uma Memória Cultural que "Ao acaso da formação pessoal do intelectual e do artista segundo os padrões da Monarquia e da burguesia carioca, eles agem como padrinhos distantes e queridos que, por crítica ao bom senso e refinamento ético, se expressam por reticências e sugestões, e nunca sob a forma de escrita realista a dar conta do que é apenas carne e osso no ser humano" (SANTIAGO, 2017, p. 318).

O cruel tom telúrico dos relatos está sempre narrado quando se trata da personagem humana solitária e doente, negro, "dos morros", o Outro, repetindo com os pés fincados no morro e sua verdadeira índole, aqui, descrita no papel, na sua maior intimidade, – *Machado* é o título da obra – para nos mostrar via desmitificação da obra narrativa, o escritor do Cosme Velho, quando nos diz que "Machado anunciava a distância que tomaria em relação à visão romântica e ultranacionalista de José de Alencar (novamente a intimidade com o Devir machadiano). "Refere-se Silviano, ao famoso ensaio "Instituto de nacionalidade", em que Machado afirma "e perguntarei mais se o Hamlet, o Otelo, o Júlio César, a Julieta e Romeu têm alguma coisa com a história inglesa nem com o território britânico, e se, entretanto, Shakespeare não é, além de um gênio universal, um poeta essencialmente inglês" (SANTIAGO, 2017, p. 317).

Assim, lembro que Wander Melo Miranda, em seu livro *Corpos escritos*: Graciliano e Silviano Santiago (1992, p. 118), recupera uma importante e sintomática consideração feita pelo próprio Santiago, que considera o autor "como ser de papel e (da) sua vida como uma biografia [...] matéria de uma conexão e não de uma filiação". Para Fabíola Padilha (2007, p. 198), "Essa ideia desmobiliza, como ressalva Miranda", nos diz a autora, "o muro de origem e da propriedade". Além, diz Fabíola Padilha "de acarretar uma reavaliação das questões acerca de autoria, dívida, filiação, linhagem, questões que invariavelmente são redimensionadas ao rompermos o cordão das relações filiais" (2007, p. 198).

Silviano Santiago se torna uma personagem do livro, enquanto crítico, aquele "falso mentiroso", além de autor, narrador, e o próprio Machado: "Neste momento em que me despeço do mestre de todos nós, percebo os respingos de palavras stendhalianas a escorar a descrição da paisagem carioca" (SANTIAGO, 2017, p. 381). Aparece-nos, claramente, descrita pelo Silviano de papel, o Machado de filiação literária ultranacionalista, apesar do telurismo de berço, do Devir deleuziano. Completa Silviano: "Percebo ainda as sensações anfíbias que, tomadas de empréstimo do escritor fraterno, tornam complexa a personalidade do protagonista Félix no romance de estreia, *Ressurreição*" (SANTIAGO, 2017, p. 381).

Esses apontamentos são as definições dos termos de uma relação que se constituem pela própria relação que os une, de forma dinâmica, recíproca e complexa, autor e ser narrado, estudado, registrado, integralmente apropriado, o Devir de que trata Deleuze.

Assim, no jogo constante entre o ser e o parecer, entre o centro e a margem, entre a razão e a sandice, o livro inteiro é um perpétuo interrogar sobre a Memória Cultural. Na vertigem do abismo, ao desmontar códicos consignados, Machado de Assis – um pensador fora do centro, ou melhor, instaurador de outros centros – como mostrei na intervenção do autor sobre o texto –, nos é descrito por Santiago, também seu interlocutor em vários momentos, quando escreve os episódios nas frinchas e nos desvãos de espaços intervalares proposidatamente criados, com muitíssimas digressões ilustrativas e fotos de arquivo. Estilhaços da memória, zonas de cambiâncias, flutuações em simultaneidades vão montando as pedras basilares de uma narração em que se dão a ler os momentos mais decisivos do personagem Machado em bifurcações, metamorfoses e devires.

Na busca da forma, sem formas ainda definidas, mas que estão no processo ficção sobre ficção, Silviano faz surgir um modelo que transcende antigas configurações, o tom memorial que ondula – fragmentado e coeso – nos passos textuais "livres".

Discute-se, assim, em toda a obra, sub-repticiamente o sentido do que seja um "romance atual". Será a estrutura canonicamente até então aceita? Ou, ao contrário, aquela que trará nova dimensão à rota das dissonâncias estéticas? Fugindo, pois, do gênero que enforma a história a ser lida, usando e abusando da dubiedade e ebridez das contradições, inerentes à própria narrativa machadiana, Silviano termina seu texto riquíssimo em detalhes da Memória Cultural Mundial, em belas linhas sobre o envolvimento de Machado de Assis com a obra de arte.

Já era de se esperar que esse assunto viesse a encerrar, já que creio de firme propósito que toda obra de Machado de Assis forma uma espécie de Teoria da Obra de Arte lato sensu e volto a citar os contos que tratam da impotência diante da criação, da busca pela inspiração e do Machado ensaísta.

Silviano começa a introduzir, ao final do romance, não é à toa, diga-se, a admiração de Machado por Rafael que lhe acrescenta a "marca indelével da nobreza, da majestade e da simplicidade. Da inocência virginal" (SANTIAGO, 2017, p. 415). Trata-se da citação a um ensaio de Benito Pardo: "Machado observa que o crítico contrasta o esboço a lápis sanguínea e a tela a óleo a fim de enumerar as mudanças operadas pelo pintor ao transportar os traços da mulher do povo para os da virgem" (SANTIAGO, 2017, p. 414). São de Rafael em *Transfiguração*.

Assim, na força do simulacro desconstrutor, construindo-se na tensão das identidades e das diferenças disruptivas modernas, a escrita infratora e atualíssima de Machado toma vida. Até mesmo sua doença epilepsia. "Só ele mesmo sabe da dor que mata e da dor que ressuscita" (SANTIAGO, 2017, p. 416).

Assim, em incessante mover, a memória de vida e obra machadianas nos são trazidas – coparticipando do élan vital, da evolução criadora, da simultaneidade dos agenciamentos progressivos da *durée* – presentifica um passado narrativo de Machado, suas angústias e seu fim, ao mesmo tempo, grávido do futuro. Também, o memorável escritor brasileiro, Silviano, ao descrevê-lo e a sua obra, sua vida e intimidades, mostra-se também, como Machado, um perscrutador dos mais profundos dramas humanos que intuiu a dinâmica de tal processo, tanto que por meio de seus relatos, ele expressa que "o presente também é gérmen do futuro; "o menino é pai do homem", título do capítulo XI de *Memórias Póstumas de Brás Cubas*, ou ainda lembrando em *Dom Casmurro*, a Capitu adulta já se encontrava em embrião nos seus tempos de menina. Tudo isso nos é posto em exposição intimíssima.

Por isso, tudo, absolutamente tudo em *Machado* (SANTIAGO, 2017) é Memória Cultural rica e abundante e nos traz à tona "o leitor, é preciso em primeiro lugar que a literatura seja" (SANTIAGO, 2004, p. 17), pois neste romance a literatura é. A montagem de Machado não se exime – talvez por isso mesmo – de viver, em radicalidade e intensamente, as instâncias mais cruciais e problematizadoras da humana condição. E isso se oferece em *Machado* (SANTIAGO, 2017) em todos os níveis da narrativa, quer no lúdico volteio da dança da escrita, seus relatos, seus delírios, seus retratos, suas ilustrações e documentos, quer no trânsito da existência em transe da vida ficcionalizada do autor Silviano/Machado. Ambos são.

Pretendi, neste ensaio, demonstrar que o memorialismo do escritor brasileiro Silviano Santiago, em *Machado* (2017), aponta para o fracasso do intelecto com seu poder parcializado e centralizador. Desconstruindo paradigmas literários antes eleitos, a obra de Silviano Santiago é sempre um ensaio, uma experimentação, um torneio de imprevistos, com alternâncias de matizes, bailado criador com pesquisa ímpar. Lançando-se à aventura do advento de inusitadas paragens narracionais em busca de um modelo fora dos cânones, ou seja, ao encalço do "transmodelo", explorando a linguagem machadiana em suas pesquisa, na *arkhé* (1. **Arkhé** [Filosofia] Segundo os pré-socráticos, seria o princípio presente em tudo, a substância da qual deriva todas as coisas que existem), na instância inaugural, a arqueologia do ser e das coisas do mundo. Porém, não se fixa aí. Acompanha o pulsar do processo, encetando inusitadas formulações.

Assim, nos tons de uma escrita proteiforme, anunciadora do Devir e, por excelência desconstrutivista, Silviano Santiago abre compassos que confluem para a Teoria Unitária da Arte. Arte salvadora. Arte que dribla a morte. Memória Cultural em sua essência, *Machado* é!

REFERÊNCIAS

ARTAUD, Antonin. *Escritos de Antonin Artaud*. Porto Alegre: L&PM, 1983.

ASSIS, Machado de. *Obra Completa*. Rio de Janeiro: Nova Aguilar, 1994. v. II.

AZEVEDO FILHO, Deneval Siqueira de; MAIA, Rita Maria de Abreu. (Orgs.). *Livros & Ideias*: ensaios sem fronteiras. São Paulo: Arte & Ciência, 2004.

DELEUZE, Gilles; GUATARRI, Félix. *Mil Platôs. Capitalismo e Esquizofrenia*. Trad. Aurélio Guerra Neto e Celia Pinto Costa. São Paulo: Ed. 34, 1992. v. 1.

DOURADO, Flávia. *Memória cultural*: o vínculo entre passado, presente e futuro. Disponível em: <http://www.iea.usp.br/noticias/memoria-cultural>. Publicado em: 23 maio 2013, às 11h45, última modificação: 12 fev. 2016, às 10h49. Acesso em: 23 maio 2017.

MIRANDA, Wander Melo. *Corpos escritos*: Graciliano e Silviano Santiago. São Paulo: Edusp, 1992.

PADILHA, Fabíola. *Expedições, ficções*: sob o signo da melancolia. Vitória: Flor&Cultura, 2007.

SANTIAGO, Silviano. *Em Liberdade*. Rio de Janeiro: Rocco, 1981.

_____. *Machado*. São Paulo: Companhia das Letras, 2017.

_____. *Machado*. São Paulo: Companhia das Letras, 2017. Texto de Orelha.

_____. O leitor, é preciso em primeiro lugar que a literatura seja. In: AZEVEDO FILHO, Deneval Siqueira de; MAIA, Rita Maria de Abreu. (Orgs.) *Livros & Ideias*: ensaios sem fronteiras. São Paulo: Arte & Ciência, 2004.

_____. *Viagem ao México*. Rio de Janeiro: Rocco, 1995.

BIODATAS DOS AUTORES

Cinthia Mara Cecato da Silva
Doutora em Letras pela Universidade Federal do Espírito Santo (2017). Mestre em Letras pela Federal do Espírito Santo (2010). Possui graduação em Letras pela Faculdade de Filosofia Ciências e Letras de Colatina (2000). É professora da Prefeitura Municipal de Colatina. Publicou os capítulos de livros "Ó, de Nuno Ramos: entre a linguagem, o corpo e a crise" (2012) na obra *A multiplicidade das linguagens híbridas na ficção de Nuno Ramos*, "A plataforma anticanônica na literatura de Lima Barreto: embates entre o isomorfo e o plural" (2014), em *Por um (im)possível (anti)cânone contemporâneo*, "O mito cerventino erigido e as quimeras de Policarpo Quaresma: possíveis interseções literárias" (2016), "Estratégias de leitura versus educação básica: possibilidade de interlocução no texto literário" (2017) além de artigos em revistas. E-mail: cinthia.net@hotmail.com

Cláudia Fachetti Barros
Doutora em Letras pela Universidade Federal do Espírito Santo (UFES/2015). Mestra em Letras (UFES/2010). Possui graduação em História pela Faculdade de Filosofia Ciências e Letras de Colatina (FAFIC/1998) e Direito pela Faculdade de Direito de Colatina (FADIC/1994). É Advogada – OAB:8141/ES e professora de História pela Prefeitura Municipal de Colatina e Secretaria de Educação do Estado do Espírito Santo. Publicou os seguintes capítulos de livros – na obra: Bravos companheiros e fantasmas IV: estudos críticos sobre o autor capixaba: **"O romance histórico: a arte na escrita de Luiz Guilherme Santos Neves evidenciando As chamas na missa e O capitão do fim"** (2011), na obra: Dossiê Literatura brasileira contemporânea dos anos 1980 ao século XXI – **"A física do medo e o emergir dos anônimos e silenciados em As chamas na missa de Luiz Guilherme Santos Neves"** (2011), na obra: Leitor, Leitora: Literatura, recepção, Gênero – **"O romance histórico contemporâneo no Espírito Santo, a literatura preenchendo lacunas da História sob a poética de Luiz Guilherme Santos Neves (2011)**, na obra: A Multiplicidade das linguagens híbridas na ficção de Nuno Ramos – **"O chamado da linguagem em Ó – as diversas vozes em Nuno Ramos – um fruto estranho ou um estranho fruto?"** (2012), na obra: Multiplicidades Literatura e Filosofia – **"As crônicas de Luiz Guilherme Santos Neves em um corpo sem órgãos (re)apresentando a História"** (2013), na obra: *Por um (im)possível (anti)cânone contemporâneo* – **"A poética de Luiz Guilherme**

Santos Neves em consulta ao oráculo: Literatura do Espírito Santo, no Espírito Santo ou Capixaba?" (2014), além de artigos em revistas, sendo o mais recente o publicado na **Revista Contexto (2017)**, "'Ed e Tom', de Silviano Santiago: sob a égide da autoficção" (em coautoria com Elizabete Gerlânia Caron Sandrini).

Deneval Siqueira de Azevedo Filho

É campista-goitacá (RJ). Possui bacharelado em Arquitetura e Artes (Universidade Santa Úrsula, 1978) e graduação em Letras-Português/Inglês e respectivas literaturas pela UNIFLU – Faculdade de Filosofia de Campos (1985), mestrado em Teoria e História Literária pelo IEL/ Universidade Estadual de Campinas (1996) e doutorado em Teoria e História Literária pelo IEL/ Universidade Estadual de Campinas (1999). Atualmente é Research Associate Professor – campus Nassau College – State University of New York, Research Associate Professor da Fairfield University, Connecticut, E.U.A. e Professor Titular de Teoria e História Literária do Centro de Ciências Humanas e Naturais da Universidade Federal do Espírito Santo (Aposentado). Tem experiência na área de Letras e Artes, Multiarte, com ênfase em Crítica Literária, atuando principalmente nos seguintes temas: literatura – história e crítica, crítica literária, teoria e história literária, escritores brasileiros e literatura brasileira contemporânea. Possui pós-doutorado em Literatura Comparada e Estudos Culturais pelo Harpor College of Arts, State University of New York in Binghamton (2001) e Pós-doutorado em Letras, Artes e Culturas, no International College of Letters and Cultures, Hispanic Research Center, da Arizona State University (2007) e Pós--doutorado Sênior pela Universidade Federal Fluminense, em Literatura Brasileira Contemporânea (2011). É membro da Academia Campista de Letras e Curador do acervo de Literatura do Espírito Santo nas bibliotecas estaduais no Estado do Espírito Santo. Já publicou diversos artigos em revistas científicas, organizou coletâneas, publicou capítulos de livro e editou/organizou periódicos, entre os quais "O Teatro de Hilda Hilst", Revista do PPGL, Contexto, Ufes e Hilda Hilst, Prosa e Verso, Contexto, PPGL, Ufes. São de sua autoria: *Desarraigados – ensaios* (Edufes, 1995), *De cantos, de fotografias, de (in)vocação, do obsceno e dos palcos* (Edufes, 1999), *Holocausto das Fadas – a trilogia obscena e o Carmelo bufólico de Hilda Hilst* (Annablume/Edufes, 2002), *Lira dos sete dedos – a poética de Valdo Motta* (2002), *Anjos Cadentes – a poética de Bernadette Lyra* (ACL, 2006), *A bela, a fera e a santa sem saia – ensaios sobre Hilda Hilst* (PPGL/UFES/Edgeites, 2007), *ETA – Estudos Avançados de Transgressão* (Edgeites, 2007), *Os bandidos na mesa do café* (Edufes, 2012) Organizou

Masculinidades Excluídas (Flor&Cultura, 2007), *Bandid@s na pista – ensaios homoculturais* (2008), *A Multiplicidade das linguagens híbridas na ficção de Nuno Ramos* (Arte & Ciência, 2012), *Por um (im)possível (anti)cânone contemporâneo – literatura, artes plásticas, cinema e música* (Arte & Ciência, 2014) e *Literatura em Transe* – labirintos, abismos, humor, transe e dor (CRV, 2016).

Elizabete Gerlânia Caron Sandrini
Doutora em Letras pela Universidade Federal do Espírito Santo (Ufes). Mestra, também em Letras, pela Ufes. Servidora do Instituto Federal do Espírito Santo – Ifes *campus* Colatina. Reside em Colatina, no estado do Espírito Santo. Os principais **artigos publicados** são: **(2011):** "Interfaces entre as vidas secas: produção literária e produção cinematográfica"; **(2014)** "No (des)tecer do texto: a marca das relações de gênero no fio do destino feminino em *A Moça Tecelã*, de Marina Colasanti"; **(2015)** "O pensamento rizomático da personagem Fabiano de *Vidas secas*, de Graciliano Ramos"; **(2016)** "A fabulação da sociedade do controle soberano".; **(2017)** "'Ed e Tom', de Silviano Santiago: sob a égide da autoficção" (em coautoria com Cláudia Fachetti Barros). **Capítulos de livros**: **(2013):** "Vidas secas de Graciliano Ramos: um romance, um rizoma"; **(2014):** "No despontar da estrela clariciana, Graciliano Ramos: um (im)possível cânone da literatura brasileira contemporânea?"; **(2015)** Sob a égide da desconstrução: o marxismo e o modernismo em *São Bernardo*, de Graciliano Ramos"; "*São Bernardo*, de Graciliano Ramos: um enlace entre cultura, imperialismo e regime de signos"; **(2016)**. "Literatura, Lacan e o Comunismo: no gozo da personagem Paulo Honório, de Graciliano Ramos".

SOBRE O LIVRO
Tiragem: 1000
Formato: 16 x 23 cm
Mancha: 12,3 x 19,3 cm
Tipologia: Times New Roman 10,5/12/16/18
Arial 7,5/8/9
Papel: Pólen 80 g (miolo)
Royal Supremo 250 g (capa)